Auxiliando a humanidade a encontrar a Verdade

MOISÉS,
o libertador de Israel
Trilogia livro 2

Roger Bottini Paranhos

MOISÉS
O libertador de Israel
Trilogia livro 2

© 2004
Roger Bottini Paranhos

Moisés, o libertador de Israel
Trilogia livro 2
Roger Bottini Paranhos

Todos os direitos desta edição reservados à
CONHECIMENTO EDITORIAL LTDA.
Caixa Postal 404
CEP 13480-970 - Limeira - SP
Fone/Fax: 19 3451-0143
www.edconhecimento.com.br
conhecimento@edconhecimento.com.br

Nos termos da lei que resguarda os direitos
autorais, é proibida a reprodução total ou parcial, de qualquer forma ou por qualquer meio —
eletrônico ou mecânico, inclusive por processos
xerográficos, de fotocópia e de gravação — sem
permissão, por escrito, do Editor.

Ilustração da Capa: Banco de Imagens
Projeto Gráfico: Sérgio Carvalho
Revisão: Margareth Rose Fonseca Carvalho
Colaborou nesta edição:
Paulo Contijo de Almeida

ISBN 85-7618-036-7 - 1ª EDIÇÃO — 2004

• Impresso no Brasil • *Printed in Brazil*
• *Presita en Brazilo*

Produzido no Departamento Gráfico de
CONHECIMENTO EDITORIAL LTDA

Dados Internacionais de Catalogação na Publicação (CIP)
(Câmara Brasileira do Livro, SP, Brasil)

Hermes (Espírito)
Moisés, o libertador de Israel : Trilogia 2 / obra
mediúnica orientada pelos espíritos Hermes e Natanael
; (psicografado por) Roger Bottini Paranhos. — 1. ed.
— Limeira, SP : Editora do Conhecimento, 2004.

ISBN 85-7618-036-7

1. Bíblia. A.T. — Crítica e interpretação 2. Espiritismo 3. História
antiga 4. Moisés (Líder bíblico) 5. Psicografia 6. Reencarnação I.
Natanael. II. Paranhos, Roger Bottini III. Título.

04-5960   CDD - 133.93

Índice para catálogo sistemático:
1. Mensagens mediúnicas psicografadas : Espiritismo 133.93

Roger Bottini Paranhos

MOISÉS
O libertador de Israel
Trilogia livro 2

EDITORA DO
CONHECIMENTO

Obras do autor editadas pela Editora do Conhecimento:

- A HISTÓRIA DE UM ANJO
A vida nos mundos invisíveis
2000

- SOB O SIGNO DE AQUÁRIO
Narrações sobre viagens astrais
2001

- A NOVA ERA
Orientações Espirituais para o Terceiro Milênio
2004

- AKHENATON (trilogia livro 1)
A revolução espiritual do Antigo Egito
2002

- MOISÉS (trilogia livro 2)
O libertador de Israel
2004

- MOISÉS (trilogia livro 3)
Em busca da terra prometida
2005

- UNIVERSALISMO CRÍSTICO
O futuro das religiões
2007

- ATLÂNTIDA (bilogia livro 1)
No reino da luz
2009

- ATLÂNTIDA (bilogia livro 2)
No reino das trevas
2010

- UNIVERSALISMO CRÍSTICO AVANÇADO
2012

De tempos em tempos, o Criador envia ao mundo físico espíritos incomuns, com a finalidade de dar novos rumos à evolução da humanidade. Moisés foi um desses grandes homens. Caso sua missão não tivesse sido realizada com êxito, talvez ainda estivéssemos escravizados às trevas insensatas do politeísmo.

Hermes

Sumário

Prefácio de Hermes, 11

Prefácio de Radamés, 13

1. Radamés retorna ao Mundo Maior, 17

2. Reencontro com Ise, 29

3. O nascimento de Moisés, 40

4. A formação espiritual em Heliópolis, 52

5. A reunião dos sábios, 61

6. O retorno para a capital do Império, 72

7. O encontro com o povo de Israel, 85

8. A fuga do Egito, 95

9. Moisés ouve a voz de Yahwéh, 109

10. A desilusão de Apirus, 122

11. A morte de Zuar, 132

12. A espera do libertador, 139

13. Moisés volta ao Egito, 153

14. O duelo das serpentes e o Nilo sangra, 170

15. A invasão das rãs, 184

16. As úlceras, 198

17. A tempestade assola o Egito, 211

18. Enfim, os gafanhotos, 226

19. A morte dos primogênitos, 239

20. O Mar dos Juncos, 258

Prefácio de Hermes

Ramsés II, quando era apenas uma criança.

Amados irmãos:
Engana-se quem pensa que Deus se curva aos caprichos humanos. Aos olhos dos homens imprevidentes, pode parecer que o acaso reina, mas aquele que já conquistou a sabedoria espiritual compreende que o mundo físico é regido por sábias leis que promovem, paulatinamente, a evolução espiritual dos que nele vivem.

Akhenaton, o faraó "Filho do Sol", foi morto, e sua memória espezinhada pela ignorância dos homens. Entretanto, a Vontade Divina não se dobrou à rebeldia de uma humanidade ainda imatura. Se a mensagem amorosa do deus Aton não foi compreendida, então fez-se necessária a intervenção da dor, que agiu decisivamente no processo de retificação espiritual das almas em evolução na Terra, preparando a humanidade para o advento de Jesus.

A dor e os problemas da vida somente se fazem presentes quando optamos pelo caminho do erro, renegando as sábias ofertas de Luz dos planos superiores. A mensagem de Aton, amorável deus único de Akhenaton, foi desprezada pela orgulhosa nação egípcia de outrora, escrava de seus caprichos e vaidades. Mas, não havia mais tempo. No século treze antes de Cristo, chegara ao fim a época do politeísmo infantil e do culto aos deuses com corpo de homem e cabeça de animal; crença em que o homem se debateu por vários séculos, fruto de sua primitiva cultura e passado espiritual.

Em vista disso, os celestes Emissários Divinos, seguindo os desígnios do Criador, enviaram ao mundo físico o grande legislador, que, com sua perseverança e ousadia incomuns, dobraria, a qualquer preço, todos que se opusessem à concretização de sua missão.

Sob o teto ricamente ornamentado com ouro e lápis-lazúli dos palácios de Ramsés, o grande faraó do Egito, nasceria indefesa criança que assombraria o mundo por todas as gerações futuras, por sua obstinação em criar uma nova e forte nação que cultuaria um único Deus e seguiria um código moral renovador, diferenciando-a de todos os povos de sua época.

Este grande líder espiritual não aceitaria jamais a imposição grosseira das crenças politeístas. Com uma determinação sem igual, Moisés transformou radicalmente o mundo em que viveu, comprovando que o homem não é apenas produto do meio em que vive, mas sim uma alma imortal encarnada no mundo físico para executar uma missão delegada por Deus. Aquele que tiver olhos para ver, verá!

Hermes
Porto Alegre, 22/04/2003

Prefácio de Radamés (agora Natanael)

Os deuses Hórus e Anúbis realizando o ritual de posse do faraó.

Jesus atendeu às nossas preces e com o seu infinito amor e compaixão autorizou-nos a dar continuidade aos relatos das fantásticas experiências que mudaram definitivamente a face religiosa do mundo, com a mesma riqueza de detalhes apresentada na obra "Akhenaton — A Revolução Espiritual do Antigo Egito", também orientada pelo mentor espiritual Hermes.

A revolução monoteísta que imprimiu progresso espiritual à humanidade e preparou o terreno para a chegada de Jesus foi certamente um dos períodos mais importantes e transformadores da história evolutiva de nosso planeta. Durante o reinado de Akhenaton, a humanidade teve chance de realizar pacificamente a sua benéfica metamorfose espiritual, mas a maldade infelizmente prevaleceu. Então, reencarnados sob o cetro de Moisés, aqueles mesmos rebeldes do tempo de Akhenaton já não tiveram mais a oportunidade de sabotar o grande projeto divino. A personalidade forte do grande legislador em momento algum se curvou ao grupo de outrora, que compunha a elite do Egito: os nobres de Tebas e os inescrupulosos sacerdotes de Amon.

Alertamos os leitores que adotaremos nesta narrativa uma linha totalmente independente dos textos bíblicos, por terem sido eles compilados inicialmente por Aarão, irmão de Moisés, e seus descendentes, o que resultou em distorções no Pentateuco, causadas não somente pelo limitado entendimento do povo da época, mas também pela inveja e despeito que Aarão nutria por seu meio-irmão. Além do mais, o conjunto da obra creditada erroneamente a Moisés sofreu grosseiras alterações durante vários séculos, depois da saída do povo israelita do Egito, a fim de adequá-la aos interesses dos poderosos que se sucederam à divina missão de libertação de Israel do Egito, concluída por Josué.

Somente após o reinado de Josias, portanto, mais de mil anos depois do período desta narrativa, os textos do Velho Testamento começaram a ser protegidos das alterações e inserções arbitrárias dos reis por abnegados sacerdotes. Mas, infelizmente, já era tarde, o que nos isenta do compromisso de traçar qualquer paralelo com relação a esse documento contraditório e incoerente.

Pedimos a compreensão dos leitores para o que iremos relatar, pois não nos proporíamos a escrever uma obra de ficção para agradar a interesses religiosos ou românticos. Como disse Akhenaton: "Temos um pacto com a verdade", e jamais iríamos proteger ou denegrir a imagem das personagens somente para não causar melindres ou para enaltecer figuras heróicas. Tal como fizemos na obra "Akhenaton – A Revolução Espiritual do Antigo Egito", apresentaremos aos leitores um trabalho honesto e coerente com as recentes pesquisas históricas e arqueológicas sobre a inesquecível missão do Grande Profeta, sem, contudo, prescindir de uma narrativa emocionante e inesquecível.

É impossível que, ao observar o novo enfoque apresentado nesta obra, os leitores não terminem por admirar ainda mais as suas personagens, compreendendo que o povo daquela época era rude e precisava ser "domesticado" para adquirir conceitos espirituais mais profundos, quando do advento de Jesus, o que só aconteceu pelo "pulso de ferro" de Moisés, que conseguiu dobrar aos seus pés inclusive o poderoso faraó do Egito. Por isso, o leitor não deve esperar encontrar qualquer grau de civilidade cristã naquele povo, como estamos acostumados nos dias atuais, três mil e duzentos anos após os fatos desta narrativa.

Nosso desejo é demonstrar de forma clara e objetiva que os fenômenos ocorridos durante a missão de Moisés não foram fantasiosos; algumas vezes foram narrados nos textos bíblicos de forma exagerada, mas em sua maior parte realmente ocorreram, e, até nos dias de hoje, com todo o conhecimento científico atual, assombrariam a humanidade. Somente em raros momentos da história humana, espíritos com tal poder mental desceram à crosta terrestre e exerceram plenamente os seus poderes. Moisés foi um desses excepcionais casos.

Que o leitor possa tirar as suas conclusões por si só, pois a verdade reside em nossa própria consciência e na forma como vemos o mundo ao nosso redor.

Na realidade, vivemos num mundo de ilusões, cabendo a cada um de nós a tarefa de trabalhar por nossa própria iluminação interior, objetivando encontrar o nosso verdadeiro "eu" e nos libertar definitivamente das amarras que nos aprisionam ao mundo perecível das formas.

O homem simples conforma-se com o que lhe dizem; já o sábio, estuda e procura a verdade, porque, como nos ensinou Allan Kardec, o codificador do Espiritismo: "Toda fé deve ser raciocinada."

Natanael (Radamés)
Porto Alegre, 01/05/2003

Radamés retorna ao Mundo Maior 1

Seti I, pai de Ramsés II.

O vento típico dos fins de tarde na estação da cheia do Nilo balançava os meus cabelos, enquanto o disco solar se preparava para repousar no horizonte, na Terra do Sol Poente. Os soldados de Horemheb corriam para as suas casas com o intuito de despedirem-se dos seus familiares e prepararem-se para a marcha em direção à terra dos hititas, que se iniciaria no dia seguinte. Apesar do rebuliço das ruas, eu ouvia tão-somente o ruído monótono das pequenas ondas provocadas pelo vento nas margens do Nilo. O mundo ao meu redor parecia não existir. O movimento das ruas apresentava-se aos meus olhos como um filme mudo, onde só era possível assistir as cenas desenrolando-se lentamente.

Com olhar apático, absorto em minha angústia, eu refletia sobre a tragédia que havia transformado radicalmente a minha vida. Em um átimo de segundo, desenrolou-se diante dos meus olhos as cenas de toda a minha incomum existência. Vislumbrei em breves instantes a minha infância, como um filho desprezado, e o momento feliz da adoção de meu generoso genro Ramósis (Hermes), que terminou me conduzindo a uma vida de realizações inesquecíveis.

Também assisti as alegrias da cidade de Akhetaton, o sonho dourado do faraó "Filho do Sol", e as tragédias do fim de um projeto grandioso que visava à construção de um mundo melhor, mais humano e fraterno. Em minha mente,

---

Nota do autor - Neste capítulo, Natanael narra, de forma detalhada, os últimos momentos de sua encarnação anterior como Radamés, um dos personagens da obra "Akhenaton — A Revolução Espiritual do Antigo Egito".

passou célere, do mesmo modo, cenas da morte comovente do querido amigo e faraó Akhenaton e a manipulação sórdida de Aye sobre as pobres crianças Tutankhamon e Ankhesenamon, filhos do grande rei.

Em seguida, sob intensa torrente de lágrimas, recordei a morte trágica de minha amada Ise e de Ramósis, que foram murados vivos no anexo do Templo de Amon. Tudo passou rapidamente pela minha mente, como se fosse um raio impiedoso que me queimava a alma, até que estacionei na cena insensata que havia cometido poucos minutos antes.

Ainda não crendo no gesto absurdo que cometera, levantei-me e caminhei pelo terraço em direção à escada que ligava o piso superior à sala principal de minha casa, onde vislumbrei o corpo de Kermosa esparramado próximo ao divã, sobre uma tétrica poça de sangue.

Pouco a pouco, fui recuperando a lucidez e compreendi a monstruosidade que havia cometido. Kermosa fora a responsável pela condenação à morte de minha primeira esposa Ise e de Ramósis, mas a bárbara atitude justiceira que eu tinha tomado revoltava-me. Os olhos suplicantes e apaixonados da vítima, no momento extremo, não me saíam da mente, como se estivessem me julgando pelo ato insano que eu tinha cometido. Em minha mão esquerda, eu ainda carregava o punhal com que lhe roubara a vida que ela tanto amava. Lembrei-me de nossa juventude e de suas loucas e apaixonadas declarações de amor. Kermosa não era um monstro, apenas uma alma infantil que se escravizara desesperadamente aos laços ilusórios da paixão e não soubera superar o fato de que jamais viria a ter o meu amor exclusivamente só para si.

Com movimentos quase mecânicos, como se estivesse hipnotizado, lancei de lado a arma utilizada no crime insano e joguei-me numa das poltronas do terraço. E, assim, com a mente e o coração transtornados, respirei profundamente o ar inebriante das tardes tebanas de há três mil anos. Por fim, olhei ao meu redor e concluí que não fazia mais parte daquele mundo.

O que fazer em meio a um mundo estranho? Todas as pessoas que um dia eu tinha amado já haviam partido para a pátria espiritual. Deles, não existiam mais nem sombras ou vestígios, pois o novo faraó Aye havia abominado as suas memórias para que jamais tivessem vida eterna, conforme as crenças egípcias.

O sonho da fé no Deus único, Aton, havia perecido definitivamente e a crença no disco solar tornara-se ainda mais proscrita, sofrendo graves perseguições por parte do novo governo.

Só me restava, então, duas opções: seguir para a guerra com Horemheb ou partir para a Terra do Poente, ou seja, a pátria espiritual.

Perdido nesses funestos pensamentos, me dirigi ao topo de uma colina, nos arredores de Tebas, onde orei por alguns instantes procurando entender o que tínhamos feito de errado para que o nobre ideal de converter o povo egípcio a uma crença religiosa superior fracassasse. Segundo Ramósis, caso tivéssemos obtido êxito, o Egito tornar-se-ia uma grande nação que receberia em seus braços o "Grande Espírito", que viria a ser conhecido no futuro como Jesus de Nazaré.

A minha alma imperfeita e ainda escravizada ao luxo, à vaidade e aos caprichos da vida humana, não compreendia que as grandes transformações espirituais só seriam encaminhadas pela dor e humilhação, como ocorreria com o próprio Jesus e seus seguidores, mil e trezentos anos depois, em conseqüência da insanidade e despreparo espiritual de nossa atrasada humanidade.

Após algum tempo de hesitação, caminhei dois passos em direção ao penhasco e permaneci observando a correnteza incessante das águas do Nilo. Estaquei o passo e fiquei balançando, como se estivesse desejando ingressar na Terra do Sol Poente pela porta dos fundos.

Naquele momento, ouvi a voz de Ramósis, dizendo:

— Radamés, não cometas esse ato que causar-te-á um sofrimento inenarrável! O suicídio é um dos atos mais contrários à lei de Aton. Ele dá a vida; somente Ele pode subtraí-la.

Era possível sentir a presença do nobre mentor e amigo atrás de mim, como se ele estivesse trajando um corpo físico, como eu me habituara a vê-lo durante toda aquela existência. Lembrei-me dos belos momentos em que divagávamos sobre o futuro espiritual da humanidade, muitas vezes prescindindo de palavras, tal era a sintonia entre nossas almas. Estas reflexões intensificaram a minha dor e a saudade assaltou-me de tal forma que novamente demonstrei intenção de me arremessar nas águas escuras do Nilo.

— Radamés — falou Ramósis novamente —, essa atitude não nos aproximará. Pelo contrário, ficaremos um tempo ainda mais longo separados. Abandonar a vida antes do prazo determinado pelo Criador somente atrasará a tua jornada rumo à perfeição espiritual. Resiste Radamés, por Deus, resiste!

Lágrimas ardentes correram de meus olhos, já cansados de vislumbrarem a maldade e a ignorância dos homens. Inclinei-me, determinado a lançar-me ao desconhecido e abandonar aquele mundo maldito. Nesse momento, ouvi a voz serena e

Moisés, o libertador de Israel

harmoniosa de minha bela Ise:

— Não faças isso, meu amor! Não faças! Eu te amo e não quero ver-te sofrer!

Ao ouvir a voz meiga e serena de minha idolatrada esposa, da qual não fui digno de viver à sua altura, cerrei os olhos, impulsionado por louca saudade, e apenas disse:

— Preciso descansar! Há muita dor em meu coração!

Resignada, Ise abaixou a cabeça e falou, em tom triste:

— Não terás descanso depois desse ato insano. Tem a certeza disso!

Eu apenas balbuciei, já fora de mim:

— Eu sei, meu amor, mas essa dor é maior que a minha fraca força moral. Ao contrário de ti, não sei aceitar as adversidades da vida. Não posso mais evitar.

Sem esperar uma nova contestação, embalei definitivamente o meu corpo em direção ao penhasco. Em meio à queda, bati com o joelho direito numa rocha, rasgando a pele e provocando uma fratura exposta, antes de submergir nas águas revoltosas do Nilo.

Ao debater-me nas corredeiras do rio sagrado, pude ver Ise e Ramósis, abraçados, entre lágrimas, no topo da colina; um retrato fiel da dor e do sofrimento daqueles que amam e sofrem intensamente com a miséria alheia.

Por alguns instantes, o relógio do tempo parou e fiquei a observá-los, belos e iluminados, enquanto o meu espírito se afogava em trevas, assim como ocorria ao meu corpo nas águas do rio caudaloso.

Passado algum tempo, não mais os vi. Era-me dado o direito apenas de observar o movimento assustador das águas, como jamais tinha visto no Nilo. A todo instante, eu engolia golfadas de água e o meu joelho doía como se um punhal o atravessasse impiedosamente. Então, orei intensamente para que minha vida se extinguisse o mais breve possível e, assim, me libertasse daquela agonia que parecia interminável.

Mas não era o que acontecia! O tempo passava, mas a minha existência e a noite não se findavam. Em alguns momentos, eu perdia a consciência, mas logo despertava para a dura realidade. Em outros instantes, parecia que eu vivia um terrível pesadelo. Como não despertava daquelas cenas de horror, terminava por certificar-me de que realmente tudo aquilo era real.

Na verdade, o meu corpo já tinha sido resgatado há muitos anos das margens do Nilo, mas eu ainda acreditava estar lutando contra a morte, que parecia insistir em não me levar. O corpo morre, mas a alma continua sempre lúcida, vivendo intensamente o fruto de nossas ações. Como viria a dizer Jesus, em sua inesquecível passagem pelo mundo: "A cada um será dado segundo as suas obras." E as minhas infelizes obras não poderiam oferecer-me outro destino senão aquele que eu vivia. Em determinado momento daquela noite infindável, percebi a aproximação de um barco de pescadores. Gritei desesperadamente por socorro, mas eles não perceberam a minha presença, mesmo estando a curta distância. Eles cantavam os hinos a Amon e conversavam alegremente enquanto pescavam. E, assim, as horas se passaram até que em determinado momento pude ouvir nítidas referências ao "grande faraó Horemheb". Aquela informação assustou-me. Como Horemheb poderia ser faraó, se naquele mesmo dia, que parecia não acabar, ele havia partido para a guerra contra os hititas?

Lembrei-me, então, dos estudos que realizávamos em Akhetaton sobre a imortalidade da alma, nas quais constatávamos que o tempo e o espaço eram muito diferentes nas esferas espirituais. Então, compreendi que já não fazia mais parte do mundo dos vivos e que estava colhendo os frutos de meu ato absurdo, extinguindo a minha própria vida.

Daquele dia em diante, consegui controlar parcialmente a dor no joelho e a asfixia que sofria pelo afogamento, que me parecia eterno. As preces fervorosas que realizava geravam energias que me envolviam como um bálsamo renovador oriundo das esferas superiores. Com o passar do tempo, entrei num estado de relativo controle sobre minha dolorosa situação. Utilizando-me inconscientemente de profundas técnicas de domínio mental, obtidas em encarnações anteriores, entrei num estado de catalepsia espiritual que me concedeu o direito de refletir sobre os meus atos e a minha vida, permitindo-me uma satisfatória drenagem das toxinas perispirituais que envolviam o meu corpo astral, resultantes dos atos nefastos que eu havia cometido no último dia de minha vida física.

Como um fantasma do Nilo, eu observava a aproximação dos barcos e tentava obter informações de minha pátria, procurando sempre me localizar no tempo. Horemheb havia partido para a Terra do Poente e uma nova dinastia fora instaurada por um de seus generais que se chamava Ramsés. Naqueles dias, o seu filho Seti reinava em co-regência com o seu sucessor, Ramsés II.

Após longo período de reflexões, que me pareceram séculos, fui resgatado do turbilhão das águas do Nilo pelas mãos generosas de Ramósis, que me disse:

— Radamés, nós conseguimos intervir perante o Grande

Moisés, o libertador de Israel

Tribunal de Aton para resgatar-te. Deves retornar ao cenário da vida humana para corrigires as tuas faltas e auxiliar, mais uma vez, no programa de evolução espiritual da humanidade.

Ao ver o nobre amigo e mentor, esbocei um exausto sorriso e joguei-me em seus braços. Ele me acolheu com o seu inesquecível sorriso fraternal e me transportou em seus braços, sobrevoando a terra de Kemi em direção a um destino desconhecido para mim.

Durante o deslocamento, fiquei impressionado com a Luz que irradiava intensamente de Ramósis e a beleza indescritível de seu ser. Outro fato que aguçou a minha curiosidade foi um grande fio de luz que saía da base de sua nuca e percorria os Céus, rumo ao Infinito. Mas não pude deter-me muito nessas considerações, pois mal eu havia saído das águas e o meu corpo começou a tremer vertiginosamente, por causa da intensa sensação nervosa de frio. Ramósis irradiou de seu ser uma energia de coloração rósea-avermelhada que me aqueceu, envolvendo-me em um profundo e restaurador sono.

Despertei algumas semanas depois, num avançado hospital que impressionaria aos homens dos dias atuais, que dirá à sociedade da época em que vivíamos. Modernos artefatos médicos monitoravam todos os complexos sistemas orgânicos de meu corpo astral. Em meu rosto, havia uma máscara, semelhante às de oxigênio do plano físico. Através dela, eu aspirava um elemento, meio líquido, meio vapor, de cor violeta, que me informaram tratar-se de um tipo especial de prana, para recompor as minhas vias aéreas que estavam debilitadas pelas impressões atrozes do afogamento.

Eu estava fraco e cansado, mas sentia indizível bem-estar e conforto. Então, me virei para o lado esquerdo e pude observar ampla janela com vista para um radiante jardim. E o mais importante: vi novamente a luz solar! Lá estava ele, nos céus: Aton, o deus de nossas crenças! Agradeci, com o rosto inundado de lágrimas, e prometi jamais abandonar novamente o caminho da Verdade para satisfazer os meus caprichos infantis.

Nos dias seguintes, fui conduzido numa cadeira de rodas para tomar banhos de sol nos belíssimos gramados do amplo jardim da Casa de Socorro Espiritual. Eu sentia o calor envolvente dos raios do Sol a dar-me novamente o direito à vida que eu havia desprezado, demonstrando a infinita misericórdia do Criador que jamais desampara os Seus filhos.

Em alguns momentos, eu retirava a máscara de prana para respirar o ar puríssimo daquelas paragens paradisíacas, mas, em seguida, era necessário recolocá-la, pois sentia uma grave asfixia e intensa queimação no peito.

Com o passar do tempo, a saudade de Ise e Ramósis se intensificou e eu perguntei àqueles que cuidavam de minha recuperação quando eles iriam me visitar. Os atenciosos enfermeiros recomendavam-me paciência e informavam que ambos estavam envolvidos em importantes compromissos. Assim que fosse possível, eles se fariam presentes.

Algumas vezes, eu reclamava do abandono, mas logo percebia que não tinha do que me queixar. Eu havia provocado um grave desastre em minha existência, mas agora estava tendo a oportunidade de reconstruir o meu futuro. Algo bem ao contrário do que pregavam as crenças egípcias de condenação eterna, assim como os conceitos punitivos das religiões ocidentais tradicionais dos dias de hoje.

Apesar de meus erros e crimes, eu estava sendo amparado com todo amor e desvelo, e a todo instante eu fazia questão de reconhecer isso aos médicos e enfermeiros que me atendiam carinhosamente. Esse meu humilde estado de espírito acelerou de forma fantástica a minha recuperação. O mundo é mental, tudo depende de como encaramos a vida.

Alguns meses mais tarde, notei que todos os trabalhadores do grande hospital agitaram-se realizando sensibilizada deferência a uma entidade iluminada que se aproximava das portas da grande instituição. Era Ramósis, que finalmente vinha me visitar. Meus olhos se encheram de lágrimas e, quando o inesquecível mentor e amigo aproximou-se, ergui-me lentamente da cadeira de rodas para abraçá-lo. Irradiando amor, paz e harmonia, ele me disse:

— Como fico feliz em ver-te tão bem, meu filho querido!

Sorri, agradecido por suas palavras, e sentamo-nos junto à frondosa árvore dos jardins daquele paraíso de repouso e refazimento. Com as bênçãos de Deus, conversamos por longo tempo sobre os mais diversos assuntos, até que em determinado momento não mais resisti e perguntei por Ise. Ramósis apenas respondeu:

— Isetnefret está muito bem. Neste instante, ela está trabalhando ativamente para a concretização de mais um grande projeto divino.

Fechei o semblante e disse-lhe:

— Mas será que os responsáveis por essa atividade não lhe permitem nem alguns minutos de descanso para que ela possa me visitar?

Ramósis me olhou com ternura e paciência, e, enfim, afirmou:

— Tens razão! Já que insistes, devo contar-te porque ela ainda não veio ver-te. Seria injusto ocultar-te os fatos. Radamés, o motivo é que não possuis merecimento para isso. Já recebes-te

Moisés, o libertador de Israel

dádivas muito maiores do que merecias. Portanto, apenas eleva as tuas súplicas "Àquele que cria" e procura servi-Lo, amando ao próximo e auxiliando-O em Sua grandiosa Obra. Só assim, conseguirás apagar as nódoas que maculam o teu espírito. Ramósis meneou a cabeça e voltou seus fulgurantes olhos negros para os belos canteiros floridos. Depois, virou-se novamente para mim e, olhando-me nos olhos, disse:

— Para começar o teu projeto de reerguimento espiritual, por que não demonstras um pouco de generosidade e perguntas por tua esposa Kermosa, cruelmente assassinada por tuas insensatas mãos?

Ao ouvir àquela admoestação, o sangue subiu-me à face numa fração de segundo e o coração bateu de forma acelerada e descompassada, confidenciando aos olhos do mentor minha indignação e amargura por aquela pergunta.

— O que pretendes, Ramósis? Desejas que eu pergunte pela víbora que te tirou a vida e desgraçou o meu destino, ao invés de sonhar com a presença acolhedora e carinhosa de minha bela Ise?

O nobre mentor, dedicando-me infinita paciência, falou-me serenamente:

— Radamés, como exigir o paraíso se semeaste trevas em tua existência física? Pleiteias direitos, mas esquece-te completamente de teus deveres para com Kermosa. Lembra-te dos ensinamentos que estudávamos: "O princípio de causa e efeito". A cada ação devemos antever a sua reação. Tiraste a vida de Kermosa; agora deves devolver-lhe a alegria, o equilíbrio e a harmonia. Ise foi um presente do Grande e Único Deus que não soubeste valorizar. Agora deverás descer novamente ao triste vale da vida humana para corrigir as faltas que cometeste, amparando o espírito atormentado de Kermosa.

— Espírito atormentado?! — retruquei asperamente. — Essa maldita somente nos trouxe dor e sofrimento! Graças à insanidade dela, as nossas vidas foram destruídas.

Ramósis colocou as suas iluminadas mãos sobre os meus ombros e falou com imenso carinho, como se estivesse falando de "pai para filho", enquanto eu tossia e respirava com dificuldade por causa de meu estado debilitado:

— Radamés, o ódio com amor se paga. Só assim nos libertamos dos ciclos reencarnatórios de dor e sofrimento. Em nossa última vivência, apenas colheste o que plantaste. Ama e estarás liberto; odeia e os grilhões que vos unem serão ainda mais apertados para que a harmonia finalmente se estabeleça entre vós, mesmo que isso demore séculos para ocorrer.

Eu sacudi a cabeça, com tristeza e incredulidade. Por fim,

disse com voz reticenciosa e embargada pelas lágrimas:

— Que dizes..., meu mestre?! Devo então me unir àquela que tanto odeio e viver afastado de quem tanto amo? Há décadas me penitencio por não ter sido digno do amor que Ise me dedicou. O meu desejo é ajoelhar-me aos pés da inesquecível companheira e dedicar-lhe um amor eterno.

— Radamés, agora deves dedicar-te exclusivamente a Kermosa. Assim, no futuro serás novamente digno do amor de Isetnefret. Ela agora está em uma esfera superior e não pode ser para ti mais do que um anjo bom a proteger os teus passos. Por causa do mal que semeaste, o teu destino está atrelado ao de Kermosa, a quem deves amar e auxiliar a vencer os seus traumas. Perdeste uma oportunidade única para conquistar um grande salto evolutivo durante a nossa última existência na Terra, porque renegaste a Luz para entregar-te às trevas. Hoje, Kermosa deveria ser para ti uma inesquecível irmã, mas os caprichos da vida humana fizeram com que ambos enveredassem por uma trilha escura.

Mas isso é passado! Agora o Grande Deus vos oferece uma nova oportunidade para corrigir as tuas faltas e auxiliar novamente no projeto de implantação do monoteísmo na Terra. Portanto, deverás descer ao mundo físico para colaborar nesse importante projeto divino.

Eu não desejava crer nas palavras de Ramósis, mas era impossível negar as suas sábias colocações. Procurando conter as lágrimas que se derramavam sem controle de meus olhos, perguntei-lhe:

— Eu terei de descer ao mundo físico auxiliando uma mulher problemática e que intuitivamente desejará vingança. Tudo isso sem o teu nobre amparo e o de Ise?

Ramósis sorriu, iluminando todo o ambiente e irradiando um amplexo de amor e confiança em meu pobre espírito. Em seguida, me disse:

— Ise velará a nossa caminhada, auxiliando na coordenação dessa missão num nobre posto na esfera espiritual. Já eu, estarei perto de ti no mundo físico. Na verdade, já me encontro reencarnado. Vê, meu amigo!

Ramósis virou-se e mostrou o imenso e radiante cordão prateado ligado à base de sua nuca e que se estendia a perder de vista, como um elo a ligá-lo ao seu novo corpo físico. Naquele mesmo instante, o nobre mentor projetou em minha mente o local onde terminava o seu magnífico e fulgurante fio prateado.

Em segundos, pude ver uma humilde casa iluminada por tochas na nomarquia de Avaris, no Baixo Egito. Ali repousava uma linda criança hebréia de uns sete anos. O menino era a personificação dos anjos. Um rosto claro, angelical, emoldurado por belíssimos cabelos negros, cacheados e brilhantes. Ao seu lado, uma amorável mulher velava o sono de seu abençoado filho.

Eu me surpreendi com aquela cena e perguntei, espantado:

— Ramósis, reencarnaste como escravo?

Ele sorriu serenamente, como se compreendesse os meus toscos preconceitos, frutos de minha alma imperfeita. E como se isso não fosse problema algum, respondeu:

— Nós seremos escravos, Radamés! Eu e tu, mas não por toda a vida, pois o Grande Deus Aton enviará ao solo físico um grande conhecido nosso que libertará Israel do jugo egípcio.

Espantado com aquela revelação, meditei por alguns segundos. As doze tribos de Israel eram um povo subjugado pelo Egito há mais de quatro séculos, desde a chegada de José durante o domínio hikso, na décima sétima dinastia egípcia. Os reis hikos, que dominaram o Vale do Nilo por um breve período, eram chamados pelos egípcios de "reis pastores" porque eram originários de tribos semíticas do deserto, onde a atividade pastoril era a sua principal característica, ao contrário dos faraós da corte que viviam no luxo e distantes das atividades campestres. E, agora, o Egito era governado por Ramsés, "o Grande", conhecido por ser um espírito intolerante e egocêntrico. Como seria possível libertar os hebreus de tal estrutura de poder?

Em meio a essas reflexões, perguntei:

— Mas quem poderá realizar essa fantástica proeza?

Ramósis ergueu-se, ajeitou os longos cabelos negros e a bela túnica branca que cobria o seu corpo, e disse-me, com simplicidade, enquanto apoiava o braço numa das colunatas do jardim:

— Menés!

Eu coloquei a mão sobre os lábios e percebi que fazia alguns longos minutos que já não usava a máscara de prana para respirar, provavelmente por causa da energia fabulosa de Ramósis. Mas logo voltei a me concentrar nas palavras do nobre amigo.

— Menés... — balbuciei reticencioso. — Sim, Menés! Somente ele poderia ter força e determinação para tal empreendimento diante de um inimigo tão poderoso como o Império Egípcio.

Menés, também chamado Narmer, primeiro faraó egípcio, unificou o Alto e o Baixo Egito, tornando-se, em sua época, um símbolo de poder e determinação ao vencer o seu grande rival que dominava as terras do sul e era conhecido como Escorpião-Rei.

A força mental e o domínio que Menés possuía sobre os elementos da natureza era algo realmente assombroso. Em instantes, minha mente se transportou para aquela época, em que havíamos participado de empolgantes batalhas pela unificação do poder sobre uma única coroa no Egito, fato ocorrido há séculos.

Menés estabeleceu um governo teocrático, designando-se filho do deus Osíris, que havia sido contemporâneo de Toth (Hermes), dois séculos antes. A unificação do Egito impulsionou grande progresso à terra de Kemi nos primórdios de sua história. E foi Menés quem fundou a magnífica cidade de Mênfis, que viria a tornar-se uma das mais importantes capitais da história do Antigo Egito. Além do mais, estabeleceu a crença monoteísta ao deus solar Rá, que perdurou até a quinta dinastia egípcia. Nas dinastias posteriores, o atraso espiritual do povo da terra de Kemi fez com que declinassem à crença em vários deuses com características meio humanas, meio animais.

Enquanto eu meditava sobre os acontecimentos daquela época e admirava a notável presença de espírito de Menés, que sempre cativou a todos, Ramósis falou:

— Akhenaton tentou implantar o monoteísmo pelo amor e sabedoria espiritual, mas o povo egípcio negou-se a aceitar a Luz divina. Agora o Todo-Poderoso enviará Menés para implantar, a qualquer preço, o monoteísmo definitivamente na Terra. E os filhos de Israel serão os eleitos, já que a nossa amada terra de Kemi fraquejou em sua missão sagrada, entregando-se à luxúria, à cobiça e à avidez de poder.

Ouvindo as palavras de Ramósis, me perdi em meus pensamentos, relembrando aquela terra belíssima que havia se tornado o maior império do mundo, mas que, como todos os grandes impérios, sucumbiria à sua própria arrogância e vaidade.

Ramósis percebeu o meu cansaço com tantas informações e ergueu-se para a despedida. Ele me abraçou com grande carinho e disse que viria me buscar dentro de cinco dias para que eu participasse da cerimônia preparada para a reencarnação de Menés no mundo físico.

Agradeci o convite e a oportunidade de me inteirar sobre os novos projetos de implantação do monoteísmo na Terra. Quando Ramósis preparava-se para se retirar, um dos médicos do hospital aproximou-se, realizando comovidas reverências a ele e disse:

Moisés, o libertador de Israel

— Grande Toth, nós precisamos de vossos sábios conselhos para tratar de alguns pacientes em situações muito peculiares que fogem ao nosso entendimento. Esperamos que o irmão possa nos dispensar alguns instantes de vosso precioso tempo para nos instruir.

Ramósis assentiu com carinho e simplicidade, e fez menção de retirar-se na companhia do médico-chefe daquela clínica de repouso.

Eu me mantive por alguns segundos em estado de assombro e apenas falei:

— Toth! Ramósis é Toth, o deus da escrita e da sabedoria dos egípcios!

Eu me ajoelhei aos seus pés, dizendo-lhe:

— Que fiz para merecer a amizade e a atenção de um deus?

Ramósis, contrariado com minha exagerada colocação, respondeu:

— Radamés, só há um Deus, e o conhecemos no Egito como Aton, "Aquele que cria". Quanto a mim, o único título do qual me orgulho é o de irmão e amigo.

Toth viria a ser conhecido no futuro pelo nome de Hermes Trimegisto, "o três vezes grande", em razão do intercâmbio com a civilização grega. Durante o período da dominação deste povo sobre os egípcios, o deus Toth foi assimilado ao deus Hermes dos gregos e, desse sincretismo, resultou a denominação de Hermes Trimegisto.

Eis aqui a nossa homenagem a Hermes, responsável por este trabalho, que foi Ramósis no período do faraó Akhenaton, e que reencarnou como Henok, nesta nova jornada, para auxiliar Moisés no projeto de libertação de Israel e criação da primeira nação monoteísta da história da humanidade.

Roger Bottini Paranhos

Reencontro com Ise

Imagem da encarnação anterior de Josué como faraó Horemheb.

No dia indicado por Ramósis, aguardei ansiosamente a sua chegada. Os novos compromissos enchiam-me o coração de alegria e de nobres esperanças para a reconstrução de minha felicidade. Somente com uma dedicação sincera ao trabalho eu poderia encontrar a paz de espírito que tanto almejava, desde o dia fatídico de minha última desencarnação.

Ao final da tarde, Ramósis apresentou-se com a sua tradicional tiara negra prendendo os cabelos, que deslizavam sedosos e brilhantes sobre os ombros. Ele vestia belíssima túnica da cor marfim e irradiava energias belíssimas que demonstravam sua alegria e emoção com os novos projetos que realizaríamos.

Rapidamente nos deslocamos para o local onde aconteceria a festa de despedida de Menés, pois em breves dias ele iria ingressar novamente na carne para mudar a face do mundo com sua força espiritual e determinação incomuns.

Esse evento foi particularmente alegre para mim. Pude rever queridos amigos, dos quais sentia uma imensa saudade. Lá estavam Akhenaton, Meri-Rá, Panhesy, Nefertiti, entre outros, demonstrando que a morte é apenas uma mudança de domicílio, jamais o final da jornada.

Por estarem numa esfera vibratória superior e eu ainda me sentindo muito debilitado, tudo me parecia um tanto confuso, como se estivesse vivendo apenas um agradável e inesquecível sonho. Somente me era mais clara e nítida a presença de espíritos de estágio inferior, como eu. Nessa esfera, pude encontrar Sen-Nefer, meu grande amigo, o jovem e inseguro Tut, sua esposa-irmã, Ankhesenamon, e outras tantas figuras especiais com quem pude ter o prazer de conviver em minha última encarnação.

Mas, o mais interessante, foi a presença do grande general Horemheb, que se encontrava de joelhos orando fervorosamente ao Grande Deus. Aquela cena inusitada do descrente guerreiro que havia se tornado faraó fez com que eu me aproximasse do antigo amigo de batalhas. Ao me ver, ele me abraçou emocionado e disse:

— Salve, Radamés! Como é bom ver-te novamente!

E, olhando para a minha precária situação respiratória, com aquele problema articular no joelho direito, ele falou do jeito que lhe era peculiar:

— Como pode ser isso! Trabalhaste incessantemente pela verdade dos imortais e eis a tua paga! Enquanto eu, um maldito guerreiro que só pensava nas glórias humanas, me encontro em melhor estado, apesar do grave drama de consciência que me atormenta, como se mil agulhas me espetassem o coração culposo.

As palavras de Horemheb me despertaram para aquela injustificável realidade em que eu ainda não havia pensado. Ele tinha razão! Será que a minha dedicação a um ideal superior, apesar de ter lutado na guerra e matado Kermosa, não era mais meritória do que o procedimento daqueles que desprezaram as Verdades Eternas para atenderem aos seus caprichos, meramente humanos?

Ramósis aproximou-se de nós e falou, com serenidade e convicção, pousando a mão sobre o ombro do velho general:

— Radamés, Horemheb, que aqui reconhece os seus erros de forma digna e honesta, estava num padrão evolutivo que não exigia as responsabilidades que te eram cobradas. O teu entendimento da Vida Maior reclamava-te um comportamento equilibrado, voltado para o cumprimento do sagrado compromisso a que te propuseste antes de tua última encarnação. Ademais, tiraste a própria vida de forma insana e inaceitável, o que agravou os teus débitos para com a Lei Eterna. Já Horemheb, não conhecia a Luz e não possuía compreensão para assimilar o que agora está vivo em seu coração, cobrando-lhe altíssimo preço no tribunal da consciência.

Em seguida, o grande mestre pousou os seus olhos nos meus e me disse, como se tivesse a intenção de gravar as suas sábias palavras em minha alma para todo o sempre:

— Radamés, se queres ver um verdadeiro infortúnio, eu te levarei onde se encontra o vizir Aye, que mesmo conhecendo as Verdades Eternas trabalhou incansavelmente para o fracasso do projeto de Aton com sua desmedida ambição. Hoje em dia, ele se debate como um inseto nas teias da desgraça, em zonas inacessíveis do Astral Inferior. E não temos idéia de quando ele poderá ser socorrido e reconduzido a uma nova experiência no mundo físico.

Por fim, colocando as mãos sobre os nossos ombros, como um solícito orientador, Ramósis arrematou as suas belas colocações, irradiando um cativante sorriso:

— Nova encarnação será dada a ambos. Que o Grande Deus vos ilumine para que vençais os obstáculos impostos pela vaidade, orgulho e culto aos interesses hipnóticos da vida humana!

Ramósis, então, retirou-se para conversar com Meri-Rá, espírito que hoje em dia é conhecido no mundo dos homens pelo pseudônimo Ramatís.

Curioso com a mudança de Horemheb, perguntei-lhe o que o havia estimulado a aceitar as Verdades Eternas em detrimento das tentadoras glórias humanas:

— Radamés — respondeu-me o guerreiro —, na verdade sou um fracassado. Cultuei durante a vida inteira os interesses perecíveis que se desfazem no pó. Depois de tua morte, lutei contra os hititas e voltei ainda mais forte e prestigiado entre o povo de nossa amada terra de Kemi. Assim como havias me solicitado, matei Aye e me apossei da dupla coroa do Alto e Baixo Egito. Governei as Duas Terras por vinte e sete anos, restabelecendo a ordem e o progresso. Ao final de minha vida, estabeleci um governo de co-regência com o melhor de meus generais, que se chamava Ramsés. Hoje o seu neto governa o Egito.

O general meditou por alguns instantes e, percebendo o meu interesse, enfim prosseguiu:

— Pois bem, liberto das obrigações de Estado comecei a refletir sobre os diversos acontecimentos de minha vida e um grande sentimento de vazio se apoderou de meu coração. Lembrei-me com respeito dos ideais de Akhenaton e de seus poemas que antes me pareciam frutos de uma mente louca. Nada fiz para mudar o que já tinha feito! Apaguei a memória do "Filho do Sol" para que ele não tivesse vida eterna, segundo as nossas crenças, mas ao desencarnar comprovei o que minha alma já sentia por antecipação, em meus últimos dias.

Ao adentrar nos subterrâneos do Amenti, imediatamente implorei aos imortais que me socorressem e perdoassem os meus erros. Passado um período que não sei precisar, eis que Menés, o meu grande ídolo, aquele a quem eu seguiria cegamente os passos, surgiu diante dos meus olhos e me disse, com severidade: "Horemheb, vem comigo! Preciso de teus serviços para glorificar entre os homens a mensagem de Akhenaton, a

Moisés, o libertador de Israel

crença no Deus Único, que, infelizmente, foi desprezada pela humanidade imatura e prejudicada por almas infantis como a tua. Se a palavra doce e amorável de Akhenaton não foi ouvida, agora os homens deverão aceitar a crença no Deus Único, por meio da força e da disciplina que imporei com determinação, atendendo a ordens superiores, às quais obedeço de joelhos, tal a sua excelência diante de minha mísera condição."

Horemheb secou duas lágrimas que correram de seus olhos e prosseguiu, com a voz asfixiada pelo pranto, como nunca imaginei ver no semblante daquele destemido guerreiro:

— E eis-me aqui, Radamés! Pronto para lutar pelos ideais do grande Menés, que agora também são os meus. Aguardo a sua encarnação e também a minha breve descida ao mundo físico para auxiliá-lo fielmente a cumprir a programação divina.

Mal pude balbuciar uma palavra de espanto! Impressionante como se desenrolam os fatos, depois que obtemos a consciência espiritual. Víamos ali dois grandes guerreiros, Horemheb e Menés, que jamais se curvariam a conceitos elevados de construção de um mundo baseado no respeito aos sagrados valores espirituais, unindo-se para esse fim.

Emocionado com tais palavras, eu disse:

— Grande amigo, agradeço ao Grande Deus por me permitir estar junto de ti e de Menés para lutar por esse nobre ideal, que tanto acalentou o meu coração em nossa última vivência na matéria.

Com lágrimas sinceras a correr livremente por nossas faces, abraçamo-nos e depois nos juntamos aos demais para ouvir as palavras de apoio a Menés, que foram muitas. Todos os sábios mestres exortaram a importância de se estruturar, por meio do amor, a crença no Deus Único entre os hebreus.

O grande guerreiro assentia com a cabeça, mas perguntava:

— Mas como livrar Israel do jugo dos egípcios? Como doutrinar um povo indolente e indisciplinado?

As respostas eram sempre repletas de sabedoria e voltadas para esforços no sentido de que a Verdade Divina fosse implantada entre os homens no mais puro espírito de amor e conciliação.

Por fim, Menés, sincero e honesto, disse a todos:

— Concordo com as palavras dos sábios irmãos que já atingiram um nível espiritual muito além de meu fraco espírito. Mas acho pouco provável que eu consiga realizar, pelo amor, o que o nobre Akhenaton não conseguiu. O "Filho do Sol" possui, inegavelmente, maior nobreza de caráter e espírito amoroso, fatores que ainda são escassos em minha consciência espiritual; e mesmo assim não conseguiu obter êxito por meio do convite carinhoso à renovação.

Esta cena era ainda mais comovente, analisando o passado de Menés. Ele fora um guerreiro cruel e intolerante e agora se mostrava sereno e renovado. Quem diria que aquele espírito que viria a realizar uma grande obra na personalidade de Moisés seria o mesmo que outrora havia sido imortalizado em uma estela que ficaria conhecida como a "paleta de Narmer", monumento de pedra de setenta e quatro centímetros encontrado em Hieracômpolis, antiga Nekheb, hoje El-Kab, no Alto Egito. Numa face dessa lápide aparece o rei com a coroa cônica do Alto Egito, trazendo pelos cabelos, numa das mãos, o inimigo já prostrado, e empunhando uma clava, na outra. E a inscrição que se lê é o terrível conceito que ele possuía na época: "É um esmagador de cabeças... Não conhece indulgência."

Preso em minhas meditações, despertei quando nós, que estávamos num nível bem inferior em relação à palestra que se desenrolava, notamos uma forte luz aproximar-se e, no centro dela, identificamos o espírito que seria conhecido mil e duzentos anos depois como Jesus de Nazaré.

Todos se ajoelharam, e Ele, com serenidade e doçura, disse:

— Menés, tranqüiliza o teu angustiado coração! Se te envio para essa missão é porque confio em tua capacidade para concretizá-la. Já não podemos mais esperar! É imprescindível que os homens absorvam definitivamente a crença no Deus Único. Só assim poderei descer à face do planeta para gravar na mente humana a imorredoura mensagem de libertação espiritual que desejo legar à humanidade terrena.

Nascerás, meu amado irmão, em berço de ouro, mas mostrarás aos homens que a verdadeira glória encontra-se em servir ao Criador. Abandonarás o luxo e te unirás aos teus pobres irmãos escravizados para concretizar o pacto selado entre o Alto e Abraão, pai espiritual da nação que irás fundar.

O Grande Espírito olhou com inegável carinho para Menés e, aproximando-se do guerreiro, que se mantinha ajoelhado, disse-lhe, enquanto pousava a iluminada destra em sua cabeça:

— Espero que a Verdade nasça no coração dos homens por meio da paz. Mas, se assim não for possível, deves usar os meios que forem necessários. A dor também é um poderoso elemento que promove a renovação, que é tão fundamental para a nossa ascese espiritual. O Pai, que reina sobre todos nós, infunde Seu amor em nossos corações, mas se não ouvimos o Seu terno convite à mudança, urge que se faça presente a dor, para que se promova, através de seu terrível aguilhão, a transformação de animais em homens e, posteriormente, de homens em anjos.

Moisés, o libertador de Israel

O iluminado Governador Espiritual da Terra ergueu Menés e abraçou-o irradiando imponderável energia, trazendo a ele e a todos nós inenarrável alegria e bem-estar. E, por fim, disse a todos os presentes, com os braços abertos, espargindo maravilhosa bênção:

— Ide, meus queridos irmãos, pois hoje, com a encarnação de Menés no mundo físico, inicia-se novamente o grande projeto de implantação do monoteísmo na Terra! Que o Todo-Poderoso nos ilumine e nos dê forças para atingirmos as nossas metas para a glória deste trabalho de Luz e amor!

Jesus despediu-se de todos e Menés foi encaminhado ao processo de preparação para a sua futura encarnação, enquanto os grandes mestres prosseguiram por mais algum tempo avaliando medidas que deveriam ser tomadas para o perfeito êxito do projeto.

Terminada a reunião, fiquei cabisbaixo, meditando sobre a grandeza da vida e analisando a minha caminhada. Lembrei-me de Ise, e me angustiei. Por que ela não estava ali presente? Ou será que ela ali se encontrava, mas eu não podia vê-la por falta de sintonia, em conseqüência de meus horríveis erros do passado? Várias divagações corriam pela minha mente.

Ramósis me observava, mas nada dizia, talvez porque eu estivesse encontrando as respostas que desejava por mim mesmo.

Logo, todos nos despedimos com efusivos votos de sucesso para a nova empreitada que se avizinhava de nossas vidas. Ramósis, então, me conduziu novamente para o hospital onde eu deveria continuar o tratamento para recobrar as minhas forças. Mas, para minha surpresa, ele me levou para uma ala distante, onde eu jamais havia ingressado.

Entramos sem trocar uma única palavra e ao chegarmos diante da ampla porta, semelhante às de unidades de terapia intensiva de hospitais do mundo físico, o amorável mentor me disse:

— Eis o teu momento, Radamés! Entra por esta porta e mostra os valores espirituais que já agregaste ao teu ser!

Olhei para ele com os olhos úmidos, num misto de emoção e tristeza. De certa forma, eu já sabia o que ali me esperava.

Empurrei, então, lentamente a porta e entrei, receoso do que me aguardava. Ao fim de breves passos, encontrei um leito onde convalescia uma enigmática mulher, branca como a neve e com uma grave ferida na altura do pescoço. Era Kermosa.

Caí de joelhos diante do leito e chorei como uma criança, chocado com o mal que eu havia cometido. Após alguns minutos, sacudi a cabeça por diversas vezes, no intento de afastar os maus pensamentos e de recuperar a lucidez. Assim, venci o estado de choque e me aproximei do leito hospitalar.

Kermosa permanecia em estado de coma espiritual desde o seu desencarne. A pele branquíssima denotava uma grave ausência de fluido vital no organismo perispiritual. Apenas dois grandes olhos vivos, vidrados, miravam o infinito em busca de paz, como se fosse uma linda boneca de porcelana, registrando que ali ainda habitava o sopro da vida.

Olhei fixamente nos olhos de Kermosa e invadi a sua tela mental. Ela ainda vivia os trágicos minutos de nossa última discussão e o momento em que lhe infligi a dor extrema. Mas, apesar de tudo, ainda me amava. Não um amor sereno e tranqüilo, como é o verdadeiro amor, mas sim uma paixão louca e intensa, que parecia causar graves distúrbios em seu equipo perispiritual. Aquilo me assustou muito, até que analisei em sua tela mental os seus anseios e pude vê-la implorando: "Liberta-me, Radamés! Eu nasci somente para te amar."

Corri para longe do leito e recostei-me numa das paredes, como se estivesse desejando atravessá-la para fugir e nunca mais voltar. Olhei para os lados à procura de Ramósis, mas não o encontrei. Como ele havia dito, aquele era o meu momento. Pensei nas palavras do inesquecível mentor e falei para mim mesmo:

— Sim, Kermosa precisa de mim. Ise agora é um sonho inatingível, porque não mais a mereço por minha própria culpa e ignorância. Eu perdi a oportunidade de ser feliz ao lado de uma alma elevada que poderia facilitar a minha caminhada. Agora devo seguir pelo caminho pedregoso para apagar o meu passado trágico. Kermosa deve ser a minha esposa, e não Ise. Como disse Ramósis: "Não devo mais exigir direitos como uma criança insensata, mas reconhecer os meus deveres para recuperar minha dignidade e paz de espírito."

Após refletir por alguns segundos, me aproximei novamente do leito e, olhando fixamente nos olhos de Kermosa, disse-lhe:

— Minha querida, perdoa a minha insanidade! Estou aqui para ti, somente para ti. Quero que sejas minha esposa novamente. Viverei somente para fazer-te feliz! Reingressaremos no conturbado mundo físico e corrigiremos as nossas faltas, graças à infinita misericórdia de Deus.

E, entre lágrimas, concluí:

— Desculpa-me pelo mal que te causei e aceita todo o meu amor e todo o meu carinho!

Naquele instante, irradiei para Kermosa uma débil mas sincera energia, que pareceu fazê-la estremecer sobre o leito. Seus lábios sorriram levemente e seu rosto ficou levemente corado. Senti, então, que ela registrava a minha presença.

Moisés, o libertador de Israel

Então, segurei a mão dela e me sentei num pequeno banco ao lado do leito. Não sei por quanto tempo fiquei ali, em estado de oração, pedindo pelo restabelecimento de Kermosa. Até que, em determinado momento, ouvi a sua voz reticenciosa chamando o meu nome. Ergui-me e abracei-a renovando os votos de vida em comum e de amor.

Kermosa pareceu desligar-se do infinito e seu olhar dirigiu-se diretamente a mim. Ela sorriu e falou-me:

— Que bom que estás aqui, Radamés! Não sabes quanta saudade sinto de ti.

Eu a beijei e disse:

— De agora em diante, estarei sempre ao seu lado. Serei somente teu e te dedicarei todo o amor de meu coração. Não haverá outra além de ti.

Ela sorriu e, antes de retornar ao coma espiritual, apenas disse:

— Eu te amo, Radamés! Agora posso viver novamente, porque não estou mais só.

Aquelas palavras marcaram profundamente o meu coração, como se registrassem para sempre a importância do amor incondicional aos nossos semelhantes. Daquele momento em diante, prometi a mim mesmo que jamais abandonaria novamente à própria sorte aquela pobre criatura.

Ajoelhei-me e orei fervorosamente, pedindo forças para não fraquejar em minhas resoluções. Naquele instante, como por encanto, a sala iluminou-se e vi Isetnefret, entre luzes policromáticas.

Ela estava mais linda do que nunca, mas me parecia inacessível naquele momento. Imediatamente lembrei-me de nosso primeiro encontro no grande Templo de Osíris, em encarnação anterior. Aquela bela e encantadora menina, antes alvo de meus galanteios, agora se afigurava para mim como um anjo iluminado a socorrer-me em meio ao meu triste destino.

Percebi, então, que a partir daquele momento só existiria entre nós um amor semelhante ao de uma mãe por seu filho. Conformei-me e estendi-lhe as mãos, mendigando por Luz, pedindo que ela me abençoasse na jornada que estava preste a iniciar, na qual eu deveria me esforçar ao máximo para devolver a felicidade e o equilíbrio espiritual a Kermosa.

A bela fada notou a minha nobreza de intenções e disse, profundamente comovida:

— Como eu sonhei com este momento, meu amado irmão! Foste sábio nesta noite, porque abandonaste os caprichos humanos e abraçaste o nobre ideal do amor. Esqueceste de ti para socorrer esta pobre criança desventurada.

E, pressentindo os meus mais íntimos anseios, disse-me, envolta em Luz e beleza:

— Tem fé, porque em momento algum te desampararei, como fiz desde o momento em que te precipitaste nas águas do Nilo para a terrível viagem, da qual nosso adorável mentor te resgatou. Estarei sempre do teu lado, aqui do plano espiritual, velando por ti na dura caminhada à terra prometida por Deus a Israel. Nos momentos de angústia, ora ao Pai e estarei junto a ti para consolar-te e dar-te força para venceres a extenuante jornada que culminará na edificação da crença na Eterna Potência.

Ao ouvir as palavras daquela que um dia fora minha esposa, compreendi que antes de sermos cônjuges éramos irmãos da imensa família universal. Os papéis no teatro da vida agora se modificavam. Ise não seria mais a companheira e confidente de jornada, à qual não fui digno. Seria, a partir daquele dia, uma desvelada irmã a orientar-me na busca da saída do labirinto dos equívocos humanos, ao qual eu me enredara por minha própria imprudência.

Após alguns minutos de reflexão, num misto de compaixão e carinho, caminhei na direção da sábia amiga e, humildemente, me ajoelhei aos seus pés, dizendo:

— Durante o longo tempo em que aguardei por este momento, meditei sobre qual seria a melhor forma de pedir-te perdão por todo mal que te causei. Nessas reflexões, imaginei que era possível recuperar o tempo perdido, corrigir os erros, apagar o passado. Mas agora, que estou a um passo de ti, compreendo que a vida humana é apenas uma escola que possui a finalidade de nos educar para nos tornarmos pessoas melhores. Já não és mais a minha adorada esposa. Eu não sou mais o teu inconseqüente marido. Somos irmãos, filhos de um único Pai: "Aquele que cria". A vida humana nada mais é que uma mera ilusão. Sábio é aquele que compreende isso e o utiliza para promover o bem e o progresso entre os homens.

Envolto no mais sincero sentimento de renovação, toquei a mão de meu iluminado anjo tutelar e a conduzi aos lábios, rogando-lhe proteção. Por fim, eu disse:

— Voltarei ao mundo dos homens para procurar corrigir os meus erros e auxiliar o Alto, dentro de minhas possibilidades, na tarefa de libertar os homens desse fatídico mundo de ilusões. Que a iluminada irmã possa me amparar com a sua inegável Luz e sabedoria!

Ise se agachou, beijou a minha fronte e, depois, as minhas mãos trêmulas. Em seguida, falou, com ternura e suavidade na voz:

— Liga-te ao Pai, Radamés! Quando estiveres aflito e sem rumo, ora com fervor e eu te mostrarei o caminho da felicidade

Moisés, o libertador de Israel

e da paz espiritual. E não permitas que o abençoado esquecimento do passado, que a reencarnação nos proporciona, seja motivo para entregar-te novamente às tentações humanas. Somente a sintonia sincera com Deus nos liberta dos elos que nos escravizam e nos afastam do progresso espiritual.

Agradeci as suas palavras e abaixei os olhos para o chão perfeitamente límpido daquela unidade hospitalar. Em seguida, orei sinceramente:

"Criador da vida, Pai de Infinita misericórdia, auxilia esse Teu perdido filho a trilhar pelo caminho da retidão. Abre a minha mente e o meu coração para que eu possa discernir o certo, do errado. Que as tentações e as ilusões da vida humana sejam apenas páginas de um passado triste. Que de agora em diante, todo o meu ser possa voltar-se tão-somente para venerar-Te e fazer com que a Tua Augusta Vontade seja sempre cumprida entre os homens."

Quando abri os olhos, Ise já havia partido. Ramósis estava ao meu lado e apenas disse:

— Despede-te de Kermosa. Deves retornar para o teu repouso e eu para a vida humana. Logo amanhecerá em Avaris e o meu corpo físico despertará para mais um dia abençoado de experiências na vida física.

Só então me lembrei do cordão prateado que ligava Ramósis ao corpo frágil daquela pequena e iluminada criança chamada Henok. Sim, eu já havia ocupado demais o tempo daquele grande ser que jamais se negava a amparar-me.

Assim, caminhei cambaleante até o leito de Kermosa e beijei o seu rosto. Mais uma vez ela demonstrou perceber a minha presença e disse mentalmente:

— Vem me visitar sempre, Radamés! Eu preciso de tua ajuda.

E foi isso que fiz até que ela se libertasse do coma espiritual.

Após a recuperação de Kermosa, ambos realizamos todo o tipo de preparação para nos dedicar a uma vida conjugal construtiva, voltada para os nobres ideais divinos, em nossa futura encarnação no mundo físico. Seguíamos diariamente a orientação dos instrutores e orávamos com fervor. Mas, às vezes, éramos assaltados por fortes sentimentos depressivos, muitas vezes inexplicáveis. Eram os traumas inconscientes que brotavam como um vulcão incontrolável, expelindo fogo e destruição. Kermosa se desarmonizava com facilidade e oscilava da paixão intensa ao ódio desenfreado, como se fosse vítima de uma forte obsessão ou acometida por uma loucura inexplicável.

Até que, em determinado dia, fui levado para a reencarnação no mundo físico. Kermosa seguiria três anos depois. Antes,

Roger Bottini Paranhos

porém, sofreu graves distúrbios psíquicos por causa de minha ausência. A distância entre nós lhe era insuportável. E, por várias vezes, inclusive, ela agregou-se ao meu corpo físico ainda em tenra infância, sugando as minhas forças, como um pavoroso vampiro, acusando-me mentalmente de tê-la abandonado.

Graças ao trabalho incansável dos irmãos espirituais responsáveis pela nossa proteção, consegui sobreviver ao vampirismo cruel de Kermosa até que ocorresse a sua inadiável e necessária reencarnação.

Moisés, o libertador de Israel

O nascimento de Moisés 3

Nefertari, primeira "grande esposa real" de Ramsés II e mulher a quem ele mais amou.

— O calor está insuportável esta noite. Como iremos dançar nos festejos da deusa Sekhmet? — reclamou, irritada, Thermutis, a mais bela das princesas da corte de Ramsés II.

Ao contrário de seu irmão e faraó, e de suas demais irmãs e sobrinhas, ela possuía um lindo rosto, de traços tão delicados e nobres que muitos questionavam discretamente se ela realmente era filha do grande faraó Seti I.

O que mais a diferenciava de seus familiares eram os contornos do nariz. Ramsés tinha um nariz aquilino, que parecia com o bico de uma águia, enquanto o de Thermutis assemelhava-se ao de uma bela e delicada boneca.

Os olhos sedutores também eram um diferencial. Os do faraó e de seus demais irmãos eram frios e impassíveis, como os de sua falecida esposa real Nefertari.

Fazia poucos anos que Ramsés havia perdido a companhia da mulher a quem mais amara. Entre todas as suas esposas, Nefertari sempre foi a única com capacidade de influenciar as decisões do rei, que cedia a todos os seus desejos e caprichos.

Desde a sua partida para a Terra do Poente, Ramsés havia se tornado mais amargo e taciturno. Inclusive, os assuntos de Estado passaram a pouco lhe interessar. Acreditava-se que em breve ele viria a indicar Khaemwaset, o seu quarto filho e sumo sacerdote do Templo de Mênfis, ao cargo de co-regente do Egito.

Nessa época, o rei só tinha olhos para a conclusão dos últimos detalhes das obras do grandioso Templo de Abu-Simbel, ao sul de Assuã, onde ele desejava realizar uma homenagem à inesquecível companheira que havia partido para a terra dos imortais.

A beleza incomum de Thermutis e o seu desprezo às convenções sociais da corte egípcia causava grande inveja e maledicência no seio da nobreza. Mas, graças a sua intensa amizade e o amor dedicado à falecida Nefertari, Ramsés desprezava os comentários e defendia sem reservas as atitudes imprudentes da mais jovem de suas irmãs.

Thermutis era uma mulher de gênio difícil, sempre insatisfeita com a hipocrisia e a falsidade da corte. O seu desprezo pelos fuxicos da alta sociedade egípcia era tanto que comumente ela fugia dos eventos sociais da época. Por várias vezes, ela confidenciou à sua amiga íntima, e aia, que jamais encontraria um verdadeiro amor, pois todos os homens eram fúteis e desinteressantes. Até que, certo dia, a sua vida modificou-se radicalmente...

Naquela noite exuberante de verão, da estação da colheita, chamada pelos egípcios de "shema", Thermutis e as demais dançarinas da corte iam realizar a dança ritualística, que no entender do povo da terra de Kemi angariava a proteção da deusa da guerra Sekhmet.

Ramsés aguardava em seu trono o início do ritual, junto com os demais convidados, líderes governamentais e principais generais de seus exércitos, entre os quais destacavam-se os seus filhos Khaemwaset, futuro herdeiro do trono e principal sacerdote do Egito, e Merneptah, o general do exército. Ambos filhos de uma segunda esposa do harém real, chamada Istnofret, que após a morte de Nefertari foi alçada ao cargo de Grande Esposa Real.

Ramsés casou-se muito cedo com Nefertari, mas ela e os filhos não conseguiram acompanhar a incomum longevidade do rei, pois o mais famoso faraó da décima nona dinastia morreu com mais de noventa anos de idade, um feito notável para a época.

Merneptah, apesar de ser o décimo terceiro filho de Ramsés, destacava-se entre os seus mais de cem descendentes por sua habilidade política e militar. Ele era um homem determinado e ciente de sua capacidade e poder de realização. O fato de não ser o predileto de seu pai não o abalava em seu mais íntimo desejo: o de tornar-se faraó, após a morte do grandioso Ramsés II. Com este objetivo, Merneptah dedicava-se incansavelmente à busca de êxitos militares e raríssimas vezes decepcionou o exigente faraó, que se imortalizou como o mais brilhante soberano do Vale do Nilo.

As dançarinas ingressariam no salão de eventos do palácio somente no horário da apresentação, conforme rezava a tradição. Portanto, Thermutis e sua aia de confiança, Asnath, con-

Moisés, o libertador de Israel

versavam tranqüilamente sobre amenidades da vida em uma das piscinas com água filtrada, no anexo do palácio principal da cidade de Pi-Ramsés, que ficava próxima a Avaris, no Delta do Nilo. A corte havia se transferido para o Delta há menos de três décadas, abandonando primeiro Tebas, no Alto Egito, e depois a cidade de Mênfis. Nesse período, a importância econômica do Baixo Egito e a necessidade de proteger a região dos ataques dos povos do além-Tigre e Eufrates — antiga Mesopotâmia — foram determinantes para essa decisão tomada pelo senhor das Duas Terras. Os povos do norte tornavam-se a cada dia um empecilho maior para os interesses egípcios. Inclusive os hebreus haviam sido tolerados na terra de Gessen, no Delta do Nilo, para representarem mais um obstáculo diante de uma possível invasão, principalmente dos maiores adversários egípcios: os hititas.

Enquanto Asnath ajeitava os cabelos da princesa, esta falava em tom irônico, entre suspiros:

— Asnath, minha amiga, quando encontrarei o amor de minha vida? Não suporto mais a falsidade dos nobres, que se dividem entre guerreiros arrogantes, como o meu irmão, e afeminados ambiciosos como Chenefrés. Onde estão os homens verdadeiramente sensíveis e honestos?

A jovem menina, protegida de Thermutis, apenas sorriu e respondeu:

— Minha princesa, és a mais bela das filhas de Seti e tuas sobrinhas, apesar de mais jovens, não conseguem nem de longe ofuscar a beleza da mais encantadora e enigmática dama da nobreza. Eu tenho certeza que em breve surgirá um amor avassalador que transformará completamente o teu destino. A deusa Ísis ouvirá as minhas preces!

Asnath segurou a mão de Thermutis e disse-lhe, ao pé do ouvido:

— Ontem, consultei um oráculo que veio da cidade de Tebas e ele leu o meu destino no corpo de um escaravelho. Depois de me falar de diversos fatos de minha vida, que já se confirmaram, ele previu coisas fantásticas não só para mim, mas também para ti, minha amada senhora.

As palavras da jovem menina aguçaram a curiosidade de Thermutis, que sentou-se perto da amiga, enquanto esta prosseguia com a sua vibrante narrativa:

— Entre outras coisas, ele me disse que a minha senhora receberá em seus braços um grande homem que irá abalar os alicerces da sociedade egípcia, modificando a forma de pensar de todas as gerações futuras, em todo o mundo. Os reis se cur-

42   Roger Bottini Paranhos

varão aos seus pés e o seu nome será lembrado para sempre, sendo que nenhum faraó será tão grande aos olhos do mundo quanto ele.

Thermutis arregalou os olhos, incrédula, mas ficou com o coração na mão, pois, como todo egípcio, ela era muito supersticiosa.

— Tens certeza do que falas, Asnath? — perguntou a curiosa princesa.

— Sim! Sim, minha querida Tjia! — respondeu a aia, utilizando-se do nome mágico da princesa, que só ela e o faraó conheciam e o empregavam quando desejavam convencê-la de algo, demonstrando intimidade e carinho.

A bela princesa saiu da piscina e preferiu secar-se ao natural, aproveitando o calor intenso da noite. Perdida em seus pensamentos, Thermutis virou-se para a sua acompanhante e falou-lhe, intrigada, enquanto aguardava que a água escorresse lentamente por seu corpo escultural:

— Será possível que os deuses me abençoarão com um amor assim? Mas para que isso viesse a acontecer, eu precisaria me casar com Khaemwaset, o meu sobrinho e príncipe herdeiro, que será o próximo faraó, pois somente o faraó pode mudar o mundo.

Thermutis nem imaginava que a profecia do oráculo se referia ao seu futuro filho e não àquele que lhe arrebataria o coração e a envolveria em um louco amor.

Asnath estremeceu ao ouvir as últimas palavras da amiga e respondeu:

— Não fales em mudanças, Thermutis! A última que tivemos foi uma tragédia que não é bom nem lembrar, pelo risco de sermos severamente punidas. Nem sequer devemos pronunciar o nome do faraó proscrito e maldito que quase desgraçou a nossa amada pátria. Se os sacerdotes de Amon não tivessem conseguido o nosso perdão junto aos imortais, talvez a terra de Kemi hoje estivesse escravizada ou, então, o Nilo teria secado, causando fome e morte.

Thermutis compreendeu que Asnath falava de Akhenaton, o faraó incompreendido pelo povo e que teve a sua imagem destruída e distorcida pelos ambiciosos sacerdotes de Amon. Mas ela desprezou os comentários da amiga, porque no fundo não cria nas crenças atrasadas de seu país e na falsa e corrompida estrutura social e religiosa vigente. Ela conhecia bem o comportamento traiçoeiro e indigno dos sacerdotes de Amon.

A bela princesa caminhou para o parapeito do terraço do palácio e debruçou-se sobre a murada, em busca de uma improvável brisa naquela noite quente. Só o que encontrou foi

Moisés, o libertador de Israel

o movimento alucinado dos mosquitos em torno das tochas para a iluminação e os gritos ritmados de um chefe de obras no andar inferior. Curiosa, Thermutis perguntou à amiga:

— Temos operários no palácio na noite da festa da deusa Sekhmet?

Asnath deu de ombros e disse, de forma despretensiosa:

— Desde que Ramsés recebeu o chicote e o cajado reais das mãos de teu pai, os pobres apirus trabalham sem descanso. Às vezes, me pergunto como eles agüentam essa carga de trabalho que arriariam os membros de um touro.

Os hebreus eram chamados pelos egípcios de "apirus", que significava "poeirentos", termo designado a todos os povos do deserto, considerados impuros. Desde a invasão dos hiksos, e conseqüente domínio do Egito durante o período que antecedeu o Novo Império, os povos nômades eram assim tratados e deveriam ser "observados de perto", a fim de evitar-se uma nova fase de dominação estrangeira.

As doze tribos de Israel chegaram ao Egito, durante o período das dinastias hiksas que ficaram conhecidas como "efêmeras", em razão da instabilidade política na terra de Kemi. Nessa época, José, filho de Jacó, foi alçado ao título de "Adon" do Egito (vice-rei), por ter interpretado corretamente os sonhos do faraó hikso Apopi II, fato que lhe permitiu trazer toda a sua família para o Vale do Nilo e dar-lhes vida confortável e riqueza na terra de Gessen, próxima à cidade-fortaleza de Avaris, no Delta do Nilo.

Mas, depois da expulsão dos hiksos, os hebreus perderam os seus direitos e regalias e foram gradualmente sendo escravizados. Somente os chefes de clãs e os comerciantes mais influentes eram dignos de algum respeito e confiança. Já os pobres e desprovidos de qualquer vocação, eram explorados de sol a sol com cargas de trabalho cada vez mais desumanas. A situação se agravou ainda mais durante os reinados de Seti I e de seu filho Ramsés II, que construíram monumentos, templos e fortalezas como nenhum outro faraó em toda a história do Egito Antigo.

Thermutis curvou-se na amurada do terraço e espiou o piso térreo para identificar de onde vinha aquela voz sonora e envolvente. Ao deparar-se com o mestre de obras, ela teve um choque que jamais imaginava ser possível. Parecia que o seu coração tinha sido penetrado por uma flecha, queimando-lhe o peito e alterando os batimentos cardíacos.

Amram era um belo exemplar da herança genética de Israel. Ele tinha um porte nobre e vigoroso, fruto de anos de trabalhos pesados. Seus olhos eram negros, assim como o cabelo, anelado e longo. Tinha a pele mais clara do que a dos egípcios e encantou a princesa, que não entendia exatamente o que estava acontecendo.

O chacra básico de Thermutis, centro de força astral localizado na base da coluna, começou a girar de forma alucinante, irradiando ondas de calor que lhe subiam pela coluna vertebral e se estendiam por todo o corpo, causando-lhe tremores nas extremidades e uma respiração opressa. Possuída por um desejo intenso de abraçar aquele homem que lhe enfeitiçara de forma misteriosa, ela rapidamente solicitou uma túnica a Asnath e desceu as escadarias para ver de perto o que havia abalado o seu coração daquela maneira.

Ao chegar perto dos operários, Thermutis dirigiu-se a Amram, em um tom que variava da indignação à ironia:

— Por que trabalhas a esta hora, em noite de festividades no palácio?

Amram abandonou o bloco de pedra que deslocava sobre roletes com o auxílio dos operários e respondeu com voz vibrante e revoltada:

— Minha senhora, para os apirus não existe noite nem dia. Não nos é dado o direito de fazer feriado, para cultuar os nossos deuses, quanto mais para reverenciar as crenças egípcias.

Naquela época, o povo hebreu ainda cultuava diversos deuses de uma forma desorganizada, geralmente em razão da influência dos povos do norte, como os fenícios e os babilônios. As crenças egípcias também os seduziam.

Thermutis não se enganara, aquele homem era fascinante não só em sua beleza rústica, mas também em sua personalidade, tão diferenciada dos ricos e fúteis homens da corte. Ela lhe dirigiu um olhar de respeito e compreensão e, enfim, disse num tom mais conciliador:

— Tens razão! Mas o que fazer, se os deuses escolheram a nação egípcia para dominar o mundo. Assim, todos os povos devem curvar-se à nossa glória.

Amram deu um breve riso de escárnio, mais parecendo um relincho abafado, e falou à princesa:

— Acreditas realmente que os imortais desejam que alguns se sobreponham a outros? Somos feitos do mesmo barro, minha princesa!

Amram aproximou-se, pegou as mãos de Thermutis e disse-lhe:

— Vê, somos também de carne e ossos como os egípcios! Por que tratar-nos como animais, se pensamos, falamos e amamos como todos vós? Só por que temos a pele mais clara? Ou por que cultuamos outros deuses?

Moisés, o libertador de Israel

As palavras de Amram causaram mais uma onda intensa de calor por todo o corpo da bela princesa. Ela colocou uma das mãos na cabeça, tentando evitar as vertigens que quase lhe faziam perder os sentidos. Em seguida, recompondo-se, disse:

— Tens razão! Não deveríamos ser diferentes, mas sim uma grande e única família. Às vezes, me surpreendo pensando sobre isso.

O musculoso hebreu sorriu, irradiando uma onda de contentamento de seus belos olhos negros. Thermutis também esboçou um pálido sorriso e foi cativada pela carinhosa afeição de Amram. Ainda intrigada, ela falou:

— Eu gostaria de conversar novamente. Estarás aqui amanhã?

— Sim — respondeu ele. — Mas gostaria de falar-te de igual para igual. E não como um servo perante os seus dominadores.

Thermutis ficou confusa e perguntou:

— Mas não é o que está ocorrendo neste instante? Perdoame se te ofendi de alguma forma!

Amram acariciou o rosto de Thermutis, causando-lhe mais uma vez aquela agradável e hipnótica sensação de calor e prazer. Suas pernas amoleceram e ela teve de apoiar-se numa pilastra. Por fim, o apiru questionou:

— O que vieste fazer aqui, junto aos operários?

A princesa tentou explicar-se:

— Eu ouvi um barulho e desci...

Amram, com um olhar envolvente, apenas perguntou:

— Se eu fosse um egípcio, e não um escravo inferior, o que farias?

Ela inclinou a cabeça para o chão e disse, com voz meiga e quase imperceptível:

— Estás me deixando confusa. Não sei o que responder...

Amram ergueu o queixo da bela princesa e envolveu-a em seus braços. Enfim, beijou-a intensamente. Thermutis se entregou de corpo e alma àquela montanha de músculos, sem manifestar nenhuma reação.

Após longos e mágicos segundos, eles ouviram barulhos na escadaria. Era Asnath. Amram, revelando-se prudente, afastou-se e disse:

— Amanhã estarei aqui. Juro-te pelo nome de Baal!

Enquanto ele se distanciava na escuridão para voltar aos seus afazeres, Thermutis via o mundo girar sob seus delicados pés. Por muito pouco ela não desmaiou.

Asnath aproximou-se e estranhou o estado de sua ama, que agia como se tivesse visto um deus de suas crenças e equilibrava-se como se houvesse bebido uma jarra de vinho de palma, tal o estado de embriaguez que envolvia a sua alma.

— Minha amiga, por que demoras? Está na hora de entrares para a dança ritual. Apressa-te!

Thermutis parecia estar em um outro mundo. Só o que desejava era encontrar o aconchego de seu quarto. Ao ouvir a lembrança da amiga, ela suspirou:

— Oh, não! Estou muito indisposta, preciso descansar.

Asnath convenceu-a, e algum tempo depois a irmã mais nova de Ramsés encontrava-se no salão de eventos do palácio cumprindo a sua tarefa. O seu corpo bailava conforme a dança ritual, mas a sua mente vagava longe, junto àquela criatura de classe e raça inferior, que havia conquistado um lugar especial em seu coração. O impacto interior em Thermutis foi tão grande que nenhum nobre da corte jamais faria com que ela sentisse novamente aquele amor tão intenso e verdadeiro.

As noites seguintes estreitaram ainda mais os laços entre o apiru e a princesa. Thermutis havia encontrado na alma pura e idealista de Amram o que jamais vira na corte de Ramsés. Assim como nos dias atuais, a riqueza e o luxo tornam os homens fúteis, arrogantes e vaidosos. Ao lado de Amram, a princesa conhecia um mundo novo, onde o amor e o desejo de construir um futuro sincero e justo para todos era o objetivo principal.

Na verdade, o vazio que ela sentia naquela sociedade hipócrita estava sendo preenchido. Thermutis era uma estranha no ninho. Os palácios de Ramsés e a ostentação do poder jamais a fascinaram. Sua vida até aquele dia parecia resumir-se em esperar Amram para trazer ao mundo o grande legislador, aquele que legaria à humanidade um código moral indestrutível que nortearia a conduta moral e social das gerações futuras, por todos os séculos.

Inevitavelmente os dois uniram-se em corpo e espírito, por várias noites. Até que certo dia, o segredo foi descoberto. Uma das servas do palácio comunicou os encontros noturnos ao velho faraó Ramsés. Não demorou uma noite para que os soldados prendessem Amram e levassem Thermutis aos aposentos do rei.

— Que fazes, insensata? Possuis aos teus pés os mais nobres e valorosos homens da corte e te entregas a um apiru sujo! — esbravejou Ramsés, socando a mesa.

Thermutis tentou explicar-se, mas os ouvidos do irmão, que poderia ser seu pai pela idade, jamais entenderiam os seus anseios de igualdade, liberdade e justiça. O faraó, assim como os poderosos de todas as épocas, jamais admitiria ser igual aos

Moisés, o libertador de Israel

escravos de seu reino.

A princesa foi aprisionada em seu quarto por tempo indeterminado até que se teve a notícia do pior: ela estava grávida. Os sacerdotes de Amon tentaram, em vão, convencê-la a beber um elixir abortivo. A princesa lutou com todas as suas forças para evitar o ato nefasto, demonstrando toda a sua inflexível e digna personalidade.

Vendo que era inútil persuadi-la e impossível obrigá-la, em razão de sua descendência real, imediatamente foi providenciado o seu exílio secreto para uma pacata região não muito longe da corte, na periferia da antiga Tânis, onde a gravidez que maculava a honra da família real poderia ser abafada. Lá, naquele local pobre e ermo, ela aguardou o nascimento do menino, enquanto Amram foi esquecido numa das fétidas prisões subterrâneas de Pi-Ramsés, capital do Império.

Depois do nascimento da criança, Thermutis voltou para a capital e os conselheiros do faraó sugeriram que se criasse a tão famosa história que é relatada na Bíblia. A princesa, irmã do faraó, havia encontrado em um de seus passeios matinais uma criança hebréia numa cesta de vime nas margens do Nilo, perto do palácio.

Thermutis, então, decidiu adotar o menino órfão num gesto de generosidade ao povo cativo do Egito. Para corroborar essa lenda, o menino recebeu o nome "Hepmose", que significa "o filho do Nilo". Como a língua egípcia era de difícil pronúncia para os apirus, eles o chamariam no futuro de "Mosheh", que no dialeto hebreu da época significava justamente "o salvo das águas".

Ramsés obrigou Thermutis a casar-se com o afeminado Chenefrés, filho de um escriba real. Ela aceitou com a condição de que a vida do menino fosse preservada e também a de seu pai, que deveria ser posto em liberdade imediatamente. O faraó concordou, mas os seus planos eram bem outros.

Thermutis não tinha leite para amamentar a criança. E para confirmar a tese de que não era seu filho, nos dias seguintes Amram enviou a sua esposa Jocabed para servir de ama-de-leite. Thermutis saltou do divã como se tivesse sido impulsionada por uma mola quando viu a mulher de Amram.

— Amram é casado? — perguntou ela, indignada.

A simplória matrona apenas respondeu, num misto de humildade e deslumbre por estar diante de uma princesa real:

— Grande princesa, é uma honra amamentar o príncipe real. Eu fico feliz em saber que o meu marido é o pai desta bela criança.

Jocabed pegou a criança no colo e a embalou, falando com

um sotaque quase ininteligível para a princesa, que compreendia com facilidade o dialeto hebreu:

— Ele tem dois irmãozinhos. Um se chama Aarão e está com três anos, e agora, na última lua, nasceu Maria, nossa princesinha.

Thermutis sabia que a prevaricação e o casamento com várias mulheres era costume no Egito, tanto entre os egípcios como entre os apirus. Mas os ideais de Amram pareciam-lhe mostrar que ele era uma pessoa diferente e que seu amor era dedicado somente a ela.

A irmã de Ramsés se entristeceu e pensou: "Os homens são todos iguais! É impossível confiar-lhes o coração."

Perdida em tais pensamentos, ela foi chamada à razão por Jocabed.

— Senhora, devo ficar aqui no palácio ou posso levar o menino para a minha casa?

Thermutis pensou por alguns instantes e respondeu com desdém:

— Leva-o contigo para junto do pai. Terei de me dedicar ao meu futuro e maldito casamento. Não terei tempo para atender às necessidades de uma criança em tão tenra idade.

Jocabed inclinou a cabeça em sinal de respeito e retirou-se carregando o predestinado menino. Nos meses seguintes, Thermutis casou-se com o dissimulado e ambicioso Chenefrés e prosseguiu freqüentando a rotina dos eventos sociais da corte que tanto lhe entediavam. Porém, logo correram boatos sobre o filho bastardo da princesa e seu casamento de aparência para esconder a sua mácula.

Chenefrés sentiu-se ofendido e foi reclamar ao faraó.

— Que dizes, seu mentecapto! — esbravejou o faraó. — Acreditas que não sei proteger a honra de minha família? Entreguei-te Thermutis pura! O menino foi encontrado no rio sagrado e a minha irmã apenas insiste em criá-lo.

Chenefrés, sem perceber o risco que corria, discordou do faraó:

— Mestre do Egito, o lençol não ficou manchado de sangue após nossas núpcias.

Compreendendo a situação, Ramsés arregalou os olhos disfarçadamente e disse, de forma autoritária e solene:

— Por Hórus e todos os deuses do Egito! Pelo que vejo não soubeste proteger a minha irmã, que a ti confiei numa sincera demonstração de apreço. Caso seja verdade o que dizes, Chenefrés, serás morto por tua invigilância em preservar a dignidade de uma irmã do faraó.

O fútil filho do escriba do faraó percebeu, então, o risco

Moisés, o libertador de Israel

que estava correndo e respondeu, atropelando as palavras:

— Grande Senhor das Duas Terras, acredito que talvez eu possa estar enganado... Agora, pensando bem, acho que nossa serva trocou os lençóis na primeira hora da manhã. Acho que devo certificar-me melhor do absurdo que estou afirmando.

— Assim é melhor! — retrucou Ramsés, retirando-se do salão de audiências. — Queiram os deuses que tu estejas enganado; caso contrário, os imortais te chamarão para ingressares mais cedo no salão da Dupla Verdade, onde a tua alma será julgada pelo teu desleixo em proteger a honra de uma princesa do Egito.

O filho do escriba real tremia e suava por todo o corpo. Ao primeiro sinal de Ramsés, ele se eclipsou da sala para não retornar ao assunto. Chenefrés resolveria o problema por si só.

Dias depois, ele e um grupo de soldados contratados encurralaram Amram numa das vielas do bairro dos apirus, na capital do Império. O forte e idealista hebreu lutou com bravura, mas os homens eram muitos e ele foi espancado até que as forças lhe foram subtraídas. Por fim, Chenefrés aproximou-se e cravou o seu punhal, até o cabo, no coração do pai do pequeno "Mosheh".

— Morre, apiru maldito! — gritou Chenefrés, espumando pela boca de tanto ódio, no momento extremo.

Amram arregalou os olhos e disse, com a voz entrecortada pela dor dilacerante no peito, mas com serena convicção, antes de adentrar as portas do plano espiritual:

— Em breve, essa opressão maldita chegará ao fim... O deus de Abraão, nosso pai, nos libertará e fará com que os malditos egípcios paguem por seus crimes...

O covarde Chenefrés ainda desferiu um chute no corpo de Amram, antes de retirar-se, e disse aos soldados:

— Precisamos eliminar esses apirus imundos. Essa corja prolifera-se como animais. Logo serão tantos que correremos o risco de um levante.

No dia seguinte, pela manhã, Jocabed correu ao palácio e, aos prantos, informou a triste notícia à princesa. A esposa de Amram era uma mulher simples e sincera. Apesar da relação com a princesa ter sido o fato gerador da morte de seu marido, em nenhum momento ela culpou Thermutis. Apenas desejava proteção para si, para o pequeno Mosheh e para os seus filhos.

A princesa resolveu ficar com o menino no palácio e transferiu Jocabed e seus filhos para outra residência, fora do bairro pobre dos apirus. Então, ficou combinado que a ama-de-leite iria pessoalmente, na primeira hora da manhã, ao palácio para amamentar a pequena criança. Para as amamentações posteriores, Thermutis mandaria trazer o leite extraído de Jocabed em jarros de cerâmica.

Assim, as semanas se seguiram normalmente, até que em determinado dia Thermutis ingressou em seus aposentos e encontrou o faraó diante do leito do pequeno Hepmose. Aflita, ela se escondeu atrás de uma cortina para avaliar as pretensões do irmão.

Ramsés aproximou-se da criança e colocou a mão no punhal que todo o egípcio carregava na cintura. O coração de Thermutis sobressaltou-se; e quando Ramsés se preparou para desembainhar a adaga, os olhos do pequeno avatar se encontraram com os seus. Uma energia fantástica penetrou por todo o ser do faraó, iluminando o recinto de forma misteriosa. Ramsés, então, num transporte ao passado, sentiu a presença do grandioso rei Menés, que havia unificado o reino egípcio na primeira dinastia. O maior faraó egípcio disse-lhe, mentalmente:

— Guarda a tua arma, Ramsés, grande rei do Egito! Não poderás tirar-me a vida, nem tampouco os teus descendentes. Somente o Grande Deus possuirá essa prerrogativa e esse privilégio.

Ramsés pulou para trás, como um gato, apesar da idade, e apoiou-se na parede dos aposentos. Thermutis ficou espantada com o ocorrido, mas não se manifestou. Em seguida, o faraó se retirou apressado, com o rosto coberto de abundante suor. Suas mãos tremiam e o coração parecia que lhe fugiria pela boca.

A princesa, feliz e sorridente, aproximou-se da bela criança e perguntou, com voz meiga e serena:

— Que fizeste, meu príncipe, para afugentar o teu vaidoso e arrogante tio?

O pequeno predestinado apenas sorriu e soltou um gemido infantil, estendendo os braços para a sua amada mãe. Thermutis abraçou o menino e, após alguns instantes, o seu coração se anuviou. Ela lembrou-se da morte horrível de Amram e da profecia do oráculo que a sua aia Asnath tinha consultado: "Receberás em teus braços um grande homem que irá abalar os alicerces da sociedade egípcia, modificando a forma de pensar de todas as gerações futuras, por todo o mundo. Os reis se curvarão aos seus pés e o seu nome será lembrado por todo o sempre, sendo que nenhum faraó será tão grande aos olhos do mundo quanto ele!"

Thermutis, enfim, compreendeu que o seu filho mudaria o mundo, pois era ele quem repousava suavemente em seus braços.

Moisés, o libertador de Israel   51

A formação espiritual em Heliópolis 4

Imagem da encarnação anterior do sacerdote Amenófis, como faraó Akhenaton.

Depois daquela estranha atitude de Ramsés, diante do berço de Hepmose, Thermutis resolveu enviar o menino para Avaris. Lá, ele ficaria em segurança sob os cuidados de Jocabed, junto aos seus demais meio-irmãos, até que os boatos sobre a sua origem serenassem e que o período de amamentação fosse concluído.

Thermutis era sábia e perspicaz. Precisava de tempo para solucionar os problemas relativos à ascendência "impura" de seu filho, ante a preconceituosa sociedade egípcia.

Agora a princesa real compreendia que o rebento que os deuses lhe enviaram era um escolhido do reino de Osíris e, portanto, trabalharia incansavelmente para facilitar a sua missão divina. Era indispensável angariar a confiança de Ramsés e afastar o ódio indisfarçável de Chenefrés.

Nos meses seguintes, ela se empenhou como pôde para incriminar o detestável esposo pela morte do único homem que amou. Mas o faraó desprezou os seus comentários por três motivos básicos: Amram era um simples hebreu, Chenefrés havia defendido a sua honra e, por fim, Ramsés temia que a sua irmã fosse novamente independente e ainda mais carregando uma enigmática criança com sangue apiru nos braços.

Então, a mãe do grande profeta teve de resignar-se. E, para proteger o filho, sacrificou-se procurando manter uma relação pacífica e cordial com o marido. Assim, com o passar dos anos, Thermutis gerou mais dois belos e saudáveis filhos, permitindo que Hepmose crescesse em relativa segurança longe da esfera de interesse de seu esposo. Desse modo, logo que aprendeu a falar o enviado divino foi encaminhado à Casa da Vida para aprender a ciência, a magia e a religião egípcia. Como os neófitos dos templos do Egito passavam quase o dia todo estudando com os mestres, Hepmose afastou-se do convívio familiar e do olhar desconfiado de Chenefrés.

Assim, os anos se passaram em relativa tranqüilidade, e não demorou muito para o futuro profeta assombrar os seus instrutores com uma lucidez e determinação impressionantes. Ramsés, sempre arrogante e vaidoso de sua ascendência divina, começou a nutrir uma contida simpatia pelo primogênito bastardo de sua irmã caçula.

O olhar inocente e sincero, aliado à vigorosa presença de espírito de Hepmose nos debates familiares, amoleceram o coração do duro faraó, permitindo ao menino uma maior autonomia e a oportunidade de receber cada vez maiores e mais profundas oportunidades de estudo.

Até que, em determinado dia, os instrutores da capital do Império tornaram-se incapazes de saciar a sede de conhecimento do jovem aprendiz. A cada dia que se passava, o constrangimento tornava-se maior, pois aos olhos de todos era nítido que o filho da princesa Thermutis detinha uma sabedoria intuitiva que ultrapassava a de todos os mestres do Grande Templo de Amon, na capital do Império.

Orgulhoso de seu sobrinho, Ramsés redigiu uma autorização real que o nomeava ao cargo de "sacerdote de Osíris a serviço do rei" e o encaminhava para estudos mais profundos no misterioso Templo de Heliópolis, onde os sacerdotes cultuavam o grande deus Rá, o Senhor da vida. Eram muitas as lendas sobre os sacerdotes da cidade do Sol, que era conhecida naquela época pelo nome egípcio "Iunu".

A sabedoria incompreensível aos leigos, que estendia-se a feitos mágicos, como tingir a água de vermelho, materializar répteis e provocar alterações nos fenômenos da natureza, impressionava o povo da terra de Kemi, que adorava os emissários divinos de Heliópolis como se estivessem diante dos próprios deuses do panteão egípcio. Inclusive, diziam que na cidade do Sol os sacerdotes falavam diretamente com os deuses e que eles possuíam a capacidade de desaparecer em um recinto e surgir em outro. Além do mais, corriam boatos de que eles dominavam os astros e conseguiam identificar informações que só eram possíveis de desvendar por meio da leitura das estrelas. Somente os filhos do faraó mais destacados recebiam esse privilégio de estudar no misterioso Templo de On.

A jovem criança, que já estava entrando na adolescência, comemorou com uma demonstração de alegria nunca antes

Moisés, o libertador de Israel

vista em seus negros e marcantes olhos. Ele beijou o rosto da mãe e do tio e, para externar toda a sua felicidade e gratidão, realizou uma proeza que assombrou a todos. Um dia antes de sua viagem para Heliópolis, durante o jantar, ele serviu uma taça de ouro com água para o faraó e disse-lhe, com sua voz inocente e desafinada, típica do período da puberdade:

— Bebei, soberano da terra de Kemi!

O pequeno Hepmose usava o termo afetuoso para designar o Egito. A palavra Kemi, na linguagem egípcia, significava "negra", pois com as inundações do Nilo a terra fica preta, ou seja, fertilizada para o plantio, ao contrário das terras desérticas. E assim o Egito era chamado desde a época em que Osíris e Ísis reinavam fisicamente sobre o Vale do Nilo.

O faraó sorriu e levou o líquido aos lábios. Após alguns instantes, sob o olhar atento dos convivas, ele sorriu e disse a todos, sem entender o objetivo da brincadeira do sobrinho:

— É apenas água!

Hepmose pediu que o faraó repousasse o copo sobre a mesa e impôs suas pequeninas mãos sobre a taça de ouro. Com os olhos fechados e com a sua pequena fronte enrugada, ele se concentrou ardentemente sobre o recipiente de belíssimo acabamento, oriundo da Núbia. Passados poucos segundos, ele disse a Ramsés:

— Bebei novamente, representante dos deuses na terra de Kemi!

O faraó ergueu a taça, cheirou-a, assustado, e encostou-a nos lábios. Após alguns segundos de silêncio, ele exclamou, inebriado, com os olhos arregalados, refletindo toda a sua admiração pelo feito do sobrinho:

— Por todos os deuses do Egito, isto é vinho![1]

Os convidados ergueram-se e um burburinho de espanto percorreu rapidamente o amplo salão. Logo todos correram em direção ao faraó para constatar de perto o feito miraculoso. O rei bebericou mais uma vez e falou, ainda mais impressionado:

— É vinho! E de uma qualidade que jamais experimentei em toda a minha vida.

Depois do jantar, vários convivas pediram a Hepmose que repetisse o feito em seus copos. Mas ele, com a serenidade de um grande iniciado nos mistérios da vida, apenas respondeu, antes de retirar-se para repousar:

— Fiz o que fiz para agradecer o presente ofertado a mim pelo grande faraó Ramsés, Senhor do Alto e Baixo Egito. Espero

---

1 Nota do autor - Este mesmo fantástico poder alquímico foi demonstrado por Jesus 1.200 anos depois, só que de forma ainda mais grandiosa, durante a narrativa da famosa "bodas de Canaã" (Evangelho João, capítulo 2).

tornar-me um extraordinário sacerdote e assim contribuir para projetar a nossa amada terra de Kemi a um local ainda mais alto no cenário do mundo. Que a nossa amada pátria fique apenas aos pés dos deuses e acima de todos os povos! Todos aplaudiram, enquanto alguns se perguntavam: "Como é possível uma criança falar assim com tal desenvoltura?"

Veremos, no transcorrer desta narrativa, que as afirmações bíblicas de que "Moisés tinha a língua pesada" ocorreram pela dificuldade que ele tinha para adaptar-se ao idioma hebreu, e também por causa da inveja e despeito de seu meio-irmão Aarão.

No dia seguinte, Hepmose subiu o Nilo em direção a Heliópolis. A viagem demorou alguns dias, porque os ventos estavam fracos naquela época do ano e o rio sagrado dava início ao fenômeno das cheias (Akit), que tornava mais forte a correnteza contrária ao sentido dos ventos, como ocorre até hoje no Vale do Nilo.

Ao chegar na cidade do Sol, cumprindo o programa divino para a sua encarnação, ele foi recebido por Amenófis, grande sacerdote do culto ao deus Rá. Então, uma inenarrável sensação de bem-estar o envolveu. Sem constrangimento, Hepmose abraçou o sacerdote como se ele fosse um inesquecível amigo.

Amenófis era alto e belo. Sua inteligência era fulgurante; seus gestos e o caminhar eram de uma elegância pouco comum naqueles tempos. O tom de sua voz era envolvente e pacificador, e a expressão dos seus olhos denotava impressionante sabedoria e maturidade espiritual.

O futuro grande profeta estava, naquele instante, diante da reencarnação do faraó Akhenaton, o "Filho do Sol". Os laços do projeto divino começavam a se unir para a concretização do inesquecível plano de edificação espiritual da humanidade.

Amenófis, ao lado de Jetro, sacerdote de Madian, e Henok, mestre espiritual de Israel, auxiliaria Hepmose a definir as diretrizes básicas e os primeiros conceitos da crença no Deus Único, que ficou imortalizado pela imorredoura estrutura moral do decálogo, ou seja, os dez mandamentos.

Posso afirmar, com absoluta convicção, que este foi o período espiritual mais feliz da vida de Hepmose. Durante os doze anos em que ele viveu em Heliópolis, o seu coração vibrou intensamente em sintonia com os nobres ideais que sempre acalentou. Quanto às questões puramente humanas, sua felicidade atingiu o ápice quando ele viveu em Madian na companhia de Jetro e de Séfora, aquela que viria a ser sua esposa.

Mas somente no deserto do Sinai, antes de concretizar sua grande missão, é que Moisés pôde sorrir verdadeiramente.

Moisés, o libertador de Israel

Nesse período, o seu sonho era aproximar-se intimamente da Divindade a fim de reformular os conceitos religiosos para as gerações futuras. Os seus primos seriam reis e generais; e ele o supremo sacerdote de todos os templos do Egito. Eis o seu sonho dourado!

Naquela época, Hepmose pouco sabia sobre sua origem semítica. Portanto, fazia planos somente em relação à sua pátria, o Egito. Os apirus eram apenas escravos e não faziam parte da rotina diária do jovem rapaz. Apenas algumas raras vezes ele havia entrado em contato com o povo sofrido de Israel.

Decorridos alguns anos de estudo em Heliópolis, encontramos o jovem adolescente conversando com o mestre Amenófis, único que compreendia as suas reflexões e anseios mais profundos:

— Mestre, conheço a ciência e a religião de nossos antepassados. O que mais me falta aprender?

Amenófis sentou-se ao lado do jovem rapaz e disse, com profunda emoção na voz:

— Hepmose, meu filho, és um eleito dos Céus! Sentes e vibras em sintonia com a Divindade Suprema. Agora que já conheces plenamente a força dos imortais e consegues manipular as suas energias com a disciplina e determinação de teu espírito, deves encontrar-te finalmente com a Verdade Única e Soberana.

O jovem se arrepiou com as palavras do mestre. O seu curioso espírito encheu-se de alegria e, após respirar de forma ofegante por alguns segundos, perguntou afoito:

— Mas que verdade é essa que desconheço? Acredito conhecer toda a nossa religião, nossos costumes, nossa ciência...

Amenófis levantou-se e disse, enquanto deslizava pelos amplos salões do magnífico Templo de Heliópolis:

— Segue-me! Já é tempo de conheceres a verdade que a ignorância de nossos governantes insiste em ocultar.

O sábio sacerdote de Heliópolis, então, conduziu o jovem "Mosheh" pelos subterrâneos do grande Templo de Rá, na cidade do Sol. Ele jamais havia percorrido aqueles estranhos caminhos, nem imaginava que ali existiam tais salas dedicadas ao estudo secreto.

Depois de alguns minutos de intensa expectativa, percorrendo estreitos corredores iluminados apenas por tochas ardentes, mestre e discípulo adentraram em ampla sala onde o ar parecia fresco e renovador. Havia também uma iluminação natural, através de um engenhoso sistema de espelhos de cobre que refletia a luz solar, tão comum entre os egípcios da Antiguidade.

Amenófis aproximou-se de uma enorme estátua e disse ao jovem discípulo:

— Eis aqui a verdade que os sacerdotes de Amon e os governantes do Egito tanto temem e procuram esconder! Era uma imagem de dois metros de altura do faraó Akhenaton. O jovem profeta ficou instantaneamente magnetizado pela estátua, que parecia chamá-lo para um compromisso maior assumido em um passado remoto. O sacerdote Amenófis olhava sereno para a reprodução de sua imagem em encarnação anterior, parecendo desvelar em seu íntimo todos os detalhes do universo imponderável, somente acessível aos espíritos libertos da matéria.

Em segundos, cenas alucinantes passaram-se céleres pela cabeça do jovem Hepmose. Ele já tinha ouvido falar do "faraó herege", como era conhecido Akhenaton por sua ousadia em abolir todos os deuses do Egito e implantar o monoteísmo por meio da crença no deus único Aton, o disco solar.

Hepmose abaixou a cabeça, meditou por alguns minutos, e disse, voltando-se para o seu inesquecível mestre:

— Sim. Agora eu compreendo o que me ensinastes nas entrelinhas durante todos esses anos... Deve haver somente um único e soberano Deus: o Criador de todas as coisas. Eu já sentia isso em meu "ká" (espírito), faz algum tempo. Os inumeráveis deuses egípcios somente refletem a gloriosa ação da fonte Única da Verdade. Ele, a Inteligência Suprema, não tem forma, pois é o Todo.

Amenófis caminhou de um lado ao outro e complementou:

— Akhenaton procurou simbolizar essa força abstrata e invisível aos olhos dos homens por intermédio da ação dos raios solares sobre a natureza e sobre as nossas vidas. Assim é a ação "Daquele que cria".

Hepmose, a maior de todas as missões de um sacerdote é libertar o seu povo das amarras da ignorância espiritual, fazendo com que ele enxergue a Luz. Só encontraremos a iluminação interior e o progresso espiritual quando a humanidade compreender que existe somente um Deus e uma Lei. O Único e soberano Deus cria a vida e estabelece a verdade. Nós, Seus filhos, somos todos iguais e devemos estabelecer na Terra a Sua Lei de amor e respeito mútuo.

O jovem rapaz sentou-se ao pé da estátua e acariciou-a lentamente, mantendo os olhos fechados, procurando com o tato absorver todo o conteúdo espiritual nela contido. Os sábios de Heliópolis eram mestres em radiestesia, fenômeno pelo qual se desvenda o passado dos objetos pelo toque das mãos. Além disso, eles acessavam com facilidade os registros "Akáshicos",

Moisés, o libertador de Israel

que são códigos de natureza astral que assinalam todas as manifestações da vida, em todas as dimensões, gravadas no éter cósmico. Lá, encontramos registrados desde o inocente vôo de uma borboleta até os mais fantásticos acontecimentos da história da humanidade.

Ao tocar o símbolo de pedra do grande faraó, Hepmose libertou-se da precariedade da esfera física e ingressou mentalmente nos planos astrais divinos, vivendo e sentindo os ideais mais sagrados do faraó "Filho do Sol", interpretando profundamente o desejo do Alto para a Terra, no que dizia respeito à ligação entre o Criador e Seus filhos.

Akhenaton fora incompreendido pelos homens de sua época. Até mesmo os mais próximos não conseguiram penetrar profundamente no íntimo de sua mensagem espiritual transformadora. Mas, para Hepmose, tudo parecia claro e evidente. Aquela mensagem encaixava-se perfeitamente em seus ideais, assim como ocorria com os blocos de pedra da grande pirâmide de Kéops, confeccionados com precisa simetria como é possível constatar nos dias atuais.

Aquela tarde da estação da colheita sedimentou definitivamente os ideais de Hepmose. Nada, a partir daquele momento, o faria desistir de seus sonhos de libertação espiritual da humanidade. Em êxtase, ele falou, de forma serena e pausada:

— Sim. Deve haver somente um Deus... Um Deus justo e soberano que está acima dos homens e aplica a Sua justiça com total imparcialidade. Pois, sem justiça, um povo não prospera e não reafirma a sua identidade perante o mundo. É necessário haver ordem. Para isso, precisamos de leis justas que devem ser aplicadas de forma imparcial e sem privilégios... E somente uma força pode emanar esse poder: a Potência Suprema, o Senhor da Vida!

Naqueles dias, Hepmose imaginava que iria forjar a ferro e fogo a crença no Deus Único entre os egípcios. Mas não foi o que aconteceu. Aos filhos de Israel coube essa honra gloriosa.

Enquanto Hepmose refletia, Amenófis dissertava com sabedoria:

— O trabalho que cabe a ti realizar é o de fixar os alicerces para o grande empreendimento que irá se edificar no futuro. Meu filho, precisas lavrar o terreno para a chegada do Grande Semeador. Os astros nos informam que o maior espírito de nosso mundo descerá à Terra em breve para trazer a Luz dos planos superiores a toda humanidade. Ele plantará no coração dos homens o amor e a paz, e essa semente germinará lentamente para que no futuro a nossa humanidade evolua da barbárie em que vivemos para um mundo mais fraterno. Esse é um longo trabalho, Hepmose, que se iniciará pelas tuas mãos.

O futuro profeta de Deus mantinha-se em silêncio, apenas captando as palavras de seu mentor e acariciando a estátua, procurando integrar-se definitivamente com a sua missão. Após breve pausa, para que Hepmose digerisse seus profundos conceitos, Amenófis prosseguiu:

— Akhenaton procurou representar o Verdadeiro Deus Onipresente por meio da energia vivificante do Sol para que o povo pudesse entender a natureza abstrata do Criador. Deverás fazer as massas compreenderem que o Todo-Poderoso é invisível aos olhos físicos e que jamais deverá ser representado por estátuas, pois isso seria diminuí-Lo e, ao mesmo tempo, alimentaria a idolatria insensata que já observamos com o panteão egípcio. O Grande Deus é essência; logo, devemos senti-Lo em nossos corações, com nossas ações voltadas para o bem comum. Jamais deveremos idolatrar ou fazer oferendas insensatas a estátuas de pedra, ou oferecer o sangue de animais.

Hepmose meditou por segundos e falou com os olhos perdidos no infinito:

— Essa será uma tarefa realmente árdua. A crença nos sacrifícios de animais para "aplacar" a ira dos deuses sempre foi um aspecto muito arraigado à cultura de todos os povos. Às vezes, agradeço ao Criador em minhas orações pelos sacrifícios humanos já terem sido abolidos da maioria das nações. Espero que aqueles que cultuam o deus babilônio Marduc percebam logo a insensatez desse crime.

Amenófis sentou-se em uma elegante poltrona de madeira e disse:

— Sim, meu filho, tens razão! O progresso deve caminhar gradualmente para que a Luz não cegue os que vivem em trevas. Porém, jamais devemos permitir que a escuridão obscureça a Luz, ou a apague da vida dos homens. Sintoniza-te com a vontade do Criador e faze com que o povo te ouça! Terás de utilizar todo o teu carisma e força para obter sucesso onde Akhenaton fracassou.

Amenófis ergueu-se e ajeitou um dos engenhosos espelhos de cobre para melhorar a iluminação, e, por fim, prosseguiu, sob o olhar atento de seu discípulo:

— O faraó filho de Aton associou sua imagem à de Deus para tentar fazer com que o povo, que tinha grande dificuldade para entender um deus tão abstrato, viesse a compreender a natureza do Criador. Por séculos eles adoraram imagens, sendo-lhes difícil compreender a natureza de um deus que está no ar, no Sol e em toda a natureza. Então, o faraó decidiu associar a sua imagem ao projeto de educação espiritual do povo, até que

Moisés, o libertador de Israel

seus súditos pudessem entender a natureza divina por si só.

Akhenaton tornou-se, portanto, um intermediário entre Aton e o povo simples, que não entendia nem mesmo a adoração aos raios solares, por ser intangível. Aqueles que não compreendiam o deus, o adoravam por meio do culto ao próprio faraó, que lhes havia trazido a Verdade Divina e era o fiel intérprete do Grande Deus. Mas essa atitude custou-lhe um alto preço, porque os seus inimigos o atacaram afirmando que ele queria igualar-se aos imortais; não como Hórus, filho dos deuses Ísis e Osíris, pais da nação egípcia, mas como o deus máximo e supremo, abolindo todos os demais.

Para encerrar a conversa, o sacerdote de Heliópolis concluiu:

— Vê como a tua tarefa será difícil?! Porém, não desanimes! A Eterna Potência estará sempre ao teu lado e não permitirá, em momento algum, que os teus inimigos prejudiquem a tua missão.

Hepmose anuviou o semblante e, depois de refletir por instantes, pronunciou a máxima que resumiria a sua vida:

— Não vos preocupeis, meu mestre! Nunca desanimarei.

Assim, nos meses que se seguiram, Hepmose aprofundou-se no estudo das religiões dos povos do norte, principalmente nas leis assírias e babilônicas. Entre elas, mencionamos o código de Hamurabi, que era até o momento o código de leis mais exemplar para disciplinar uma nação.

Nas semanas posteriores, Amenófis despachou correspondência para o sacerdote Jetro, chefe árabe da tribo dos madianitas e grande sábio das verdades imortais. Em encarnação anterior, ele havia sido o primeiro profeta de Aton: Meri-Rá. Hoje em dia, o conhecemos na personalidade do líder espiritual Ramatís, que é um dos mais destacados mestres da Espiritualidade no trabalho de renovação da humanidade para a Nova Era. Assim como naquela época, Ramatís trabalha atualmente para libertar as mentes dos rituais improdutivos e das crenças sectárias, pregando a união por meio de uma nova religião que está acima de todas: a religião do amor e do progresso.

Correspondência semelhante foi enviada para Avaris, no Delta do Nilo, aos cuidados de Henok, o grande sábio de Israel, da tribo de Levi, que foi Ramósis, na época de Akhenaton, e hoje é conhecido entre os homens como Hermes Trimegisto.

O texto da missiva apenas dizia: "O escolhido do Grande Deus está pronto. Aguardamos vossa presença para estudos mais profundos."

A reunião dos sábios 5

Estátua de Ramsés II, no auge de seu reinado.

Após o contato com a mensagem de Akhenaton, Hepmose tornou-se mais meditativo. Ele passava os dias estudando os manuscritos do faraó "Filho do Sol", compilados por Meri-Rá, que não haviam sido destruídos pela ignorância dos homens, cuja capa era intitulada: "A mensagem sagrada de Akhenaton, o faraó santo". Ou, então, o encontrávamos em estado de contemplação na varanda do templo principal de Heliópolis, no alto de uma colina, onde se dava o encontro sagrado do jovem sábio com o seu destino.

Os raios dourados do entardecer beijavam a face de Hepmose e a brisa suave embalava suavemente os seus cabelos, enquanto ele buscava respostas que só encontraria dentro de si próprio. Os profundos conceitos filosóficos de Akhenaton, sendo orientados por ele próprio reencarnado como o sacerdote Amenófis, também ajudariam a formar definitivamente o ideal monoteísta no íntimo do jovem profeta.

A sua mente rompia a cada dia novos códigos secretos do Mundo Invisível, enquanto ele apreciava extasiado o espetáculo do Sol, que, como uma bola vermelha de fogo, era engolido pela terra, atrás das rochas da margem ocidental do Nilo.

Amenófis o observava de longe e mantinha-se sereno. Ele, melhor do que ninguém, sabia que as grandes respostas que procuramos encontramos unicamente dentro de nós mesmos. Os mestres mostram o caminho, mas cabe a cada discípulo trilhá-lo por si só. Assim também é em relação à evolução espiritual; ninguém pode crescer pelo próximo. A caminhada interna é solitária. Sábio é aquele que a isso compreende e rompe as barreiras que nos separam dos nossos ideais, das grandes realizações e da felicidade plena. Ao meditarmos, nos encontramos com os nossos destinos, ao passo que a alienação diária nos torna escravos da metódica e previsível vida humana.

O homem moderno deve compreender que as religiões modernas são apenas instrumentos para despertar a energia divina que vive em estado latente no âmago de nossos corações. Jamais deve se tornar escravo dos rituais ultrapassados dessas religiões. Assim como Jesus, Moisés em momento algum desejou criar uma religião dogmática e ritualística. Os grandes mestres desejaram apenas mostrar o caminho para a ascensão espiritual, com seus exemplos, como divinos professores. Os ritos que sucederam-se aos seus ensinamentos devem-se ao atraso espiritual de seus seguidores.

Jetro e Henok chegaram algumas semanas depois, em meio às meditações de Hepmose. O sacerdote do deserto era um homem forte e maduro. Os seus cabelos longos e grisalhos demonstravam que a vida lhe tinha sido rica em experiências; seu olhar comprovava que a sabedoria lhe era um atributo inerente.

Jetro chefiava uma grande tribo de pastores do deserto, os madianitas, e tinha a sabedoria necessária para ensinar ao grande legislador a disciplinar um povo que estava por formar-se, como ele havia feito durante toda a sua vida.

Junto com ele estava a sua filha mais velha, Séfora, mulher de rara beleza que jamais se afastava do pai. Em seu íntimo, ela sabia que ao lado do grande sacerdote e líder tribal aprenderia tudo o que era necessário para cumprir sua sagrada missão. Ela pressentia desde criança que viria a ser a fiel conselheira íntima de um grande e sábio rei.

Séfora era uma mulher detalhista que procurava compreender os ensinamentos do pai em suas entrelinhas. Nada lhe escapava, pois tinha uma sensibilidade fantástica em todas as circunstâncias. Geralmente antevia as situações e rapidamente articulava-se para solucioná-las. Ela viria a tornar-se uma grande aliada de seu futuro marido, Mosheh, com o objetivo de implantar o monoteísmo entre os homens.

Esse seu espírito arguto e determinado não surgira por acaso; era fruto de suas experiências reencarnatórias pregressas. A psique é o somatório de nossas vivências em sucessivas encarnações ofertadas pelo Pai para que nos transformemos de homens em anjos.

Séfora era a reencarnação da rainha Nefertiti, a brilhante esposa do rei Akhenaton. Ela chegou a tornar-se faraó do Egito por breve período, conforme foi narrado no livro "Akhenaton

— A Revolução Espiritual do Antigo Egito". Logo, podemos compreender facilmente a grandeza espiritual de Séfora, a grande companheira de Moisés. Já Henok, seria o responsável por revelar a Hepmose a cultura e o destino do povo eleito de Israel, o que ele só veio a conhecer posteriormente. Além disso, Henok deveria auxiliar o jovem rapaz a libertar sua mente de seus paradigmas para ingressar em estados de consciência cada vez mais profundos, a fim de realizar a sua missão com plena maestria.

O mestre espiritual da tribo de Levi estaria sempre ao lado de Moisés e, como um divino chaveiro, abriria as "portas mentais" do grande legislador para transportá-lo com mais segurança e eficácia aos braços da Vontade Divina, ainda desconhecida dos homens há 3.200 anos. Portanto, a tarefa de Moisés era construir um novo modelo religioso, social e de justiça que viria a reger a vida em sociedade para as gerações futuras. E o seu sucesso foi tal que esse modelo está vivo e atuante até nossos dias.

Henok seria aquele que acompanharia Hepmose durante toda a sua grande jornada, aconselhando-o e amparando-o, a fim de que ele obtivesse êxito durante a libertação de Israel do jugo egípcio e durante o longo período de jornada no deserto até a Terra Prometida.

Ao chegarem em Heliópolis, Henok perguntou a Amenófis:

— Como está o nosso jovem iluminado?

O sacerdote do Templo do Sol respondeu com um sorriso, misto de satisfação e preocupação:

— Ele avança mentalmente de forma impressionante. Nunca vi alguém abrir tantas "portas mentais" em tão curto espaço de tempo. Isso é muito bom, mas está fazendo com que ele se desligue da realidade do mundo das formas. Precisamos auxiliá-lo nesse processo para que ele não ingresse em labirintos do qual não mais poderá voltar.

— Sim — concordou Henok —, a mente bem trabalhada é um celeiro de grandes realizações. Já aquela que não compreende e não codifica sensatamente o que aprende, torna-se um instrumento que leva à loucura.

Essas sábias colocações de Henok podem ser reportadas aos dias atuais, em que se pode observar tantos médiuns sucumbindo pelo triste caminho da loucura, por não terem um acompanhamento sensato e lúcido no desenvolvimento de sua faculdade mediúnica. Somente o estudo constante e o exercício disciplinado da mediunidade conduz aos bons resultados e à saúde mental plena. Ao passo que a prática desorientada da mediunidade compromete a credibilidade das informações

Moisés, o libertador de Israel

espirituais e macula o belo trabalho de esclarecimento das Verdades Eternas realizado pelo Alto.

Ao fim da tarde, Amenófis (Akhenaton), Jetro (Ramatís) e Henok (Hermes) subiram ao templo da colina e lá se encontraram juntos, pela primeira vez, com o jovem Mosheh.

Amenófis sentou-se à sua frente, Jetro ao seu lado direito e Henok, ao esquerdo. Os quatro iluminados mantiveram-se em silêncio por alguns minutos, meditando e agradecendo aos Céus pelo grande encontro. Muitas vezes, os sábios dispensam as palavras e conversam de alma para alma, numa inesquecível troca de sublimes energias.

Em seguida, uma luz cristalina os envolveu em inenarrável bem-estar, enquanto belos pássaros aproximaram-se, como se desejassem ouvir o abençoado diálogo que estava por iniciar-se.

Todos sorriram, encantados com a aproximação das aves que cantavam, magnetizadas pelas envolventes vibrações de Luz dos quatro iluminados.

Jetro, então, ergueu os braços e disse:

— Assim deveriam agir os homens! Procurar atuar como a natureza, que busca sempre sintonizar-se com a paz, o equilíbrio e o amor divino. O homem crê que é sábio, mas a sua arrogância faz com que só aja pela razão e impulsionado por seus caprichos. E isto lhe afasta da sintonia intuitiva com a Suprema Verdade. Os animais, em sua pureza, agem por instinto, e, assim, vivem em harmonia com Deus, seguindo as Suas sábias leis e mantendo o equilíbrio na Criação.

Hepmose olhou para Jetro e perguntou:

— E qual é a Lei do Criador? O que ele espera de nós?

— Ele espera que sejamos justos e apliquemos a Sua justiça com imparcialidade — respondeu Jetro com tranqüilidade.

— Mas no que se resume a justiça do Criador? — perguntou o adolescente, procurando confirmar as suas reflexões mais íntimas.

— A Lei do Criador se resume numa só máxima: "Ama a teu Deus sobre todas as coisas e ao teu próximo como se fosse a ti mesmo ou a tua família." O amor, meu rapaz, é a chave para a justiça; e a justiça disciplina e estabelece os alicerces de um grande povo. Aquele que é conivente com privilégios e injustiças está afastado de Deus, porque o Criador está acima da mesquinhez humana e trata a todos os Seus filhos igualmente.

Hepmose assentiu com a cabeça e perguntou:

— Como devemos chamar o Grande Deus Criador de todas as coisas?

Dessa vez, quem respondeu foi Henok:

— Os nomes têm a finalidade de diferenciar os iguais.

Roger Bottini Paranhos

Damos nomes às pessoas, aos animais e às coisas para distingui-las umas das outras. Mas, se existe somente um Único Deus, por que deveríamos nominá-lo? "Aquele que cria" deve ser chamado simplesmente de Deus, pois não há outros para necessitarmos identificá-lo.

— Mas há povos como o meu que crêem em vários deuses. Como fazer com que aceitem a idéia de um único Deus abstrato e sem forma? É necessário identificá-Lo para que não caia na incompreensão das massas.

— Entre nosso povo, os filhos de Israel — respondeu Henok —, cremos no deus de nosso patriarca Abraão. Segundo ele, o único e soberano Deus pode ser identificado como "Aquele que cria". Em nossa língua, Ele é representado pelo tetragrama "YHWH", que se pronuncia Yahwéh.

Hepmose olhou com serenidade e interesse para Henok e falou:

— Eu gostaria de saber mais sobre o povo de Israel. Apesar de minha missão ser voltada para a minha pátria, sempre é importante conhecermos outras culturas e crenças.

Henok dirigiu um olhar misterioso para os demais mestres e prosseguiu com serenidade e respeito:

— Um grande sábio, meu amigo, encontra a sua pátria em todos os povos do mundo, pois só existe um Deus e uma pátria, onde todos somos irmãos. Nós aqui reunidos somos uma prova disso que te falo. Eu sou um israelita, Jetro um árabe e Amenófis um egípcio, mas estamos unidos por um único ideal comum. Somos feitos da mesma essência divina; somente o que nos diferencia é a nossa linguagem, o tom de nossas peles e alguns pequenos traços físicos. Mas, no restante, somos infinitamente iguais.

Amenófis ergueu-se e concluiu a colocação de Henok:

— Akhenaton, o grande faraó "Filho do Sol", afirmou em seus estudos divinos que decididamente os homens são iguais, e que somente a sua maldade os torna diferentes.

O jovem profeta ergueu a cabeça para o céu e disse:

— Sim... a maldade humana! Ela é fruto da ignorância espiritual que deve ser revertida. Espero poder modificar a consciência de meu povo. Eu sei que o trabalho não será fácil, pois o meu tio, o grande faraó do Egito, pensa completamente diferente do que aqui conversamos.

Jetro aproximou-se e colocou a mão sobre o ombro do rapaz. Após alguns segundos de reflexão, ele, por fim, disse com a sua voz afável:

— Hepmose, meu filho, não procures avaliar a tua missão em cima de conceitos preestabelecidos. O Sol se levanta todos

Moisés, o libertador de Israel

os dias transformando a vida como a conhecemos. Manter-se preso a conjecturas estáticas significa amarrar-se a um futuro que talvez possa não se realizar, aprisionando a mente que deve estar sempre livre para poder transformar a realidade em que vivemos da forma que melhor aprouver ao Grande Deus.

Meu filho, não te prendas a paradigmas! Pensa somente no objetivo, e não nos meios. Estás perdendo um precioso tempo pensando em "onde fazer", quando deverias pensar em "como fazer". Desliga-te do exterior e penetra no interior da questão!

O rapaz sacudiu a cabeça, atônito, e perguntou:

— Grande mestre, eu não vos compreendo! Onde quereis chegar?

— Meu amado filho e irmão — respondeu Jetro com um sorriso acolhedor —, nós devemos trabalhar para esclarecer a humanidade sobre a real natureza de Deus. Onde será o palco dessa tarefa? Cabe tão-somente a Deus decidir. Procura estabelecer em tua mente as leis e regras divinas que a humanidade deverá seguir após a tua passagem por este mundo transitório. Isso é importante; isso é a essência! Quanto ao povo que irás conduzir, não deves te preocupar.

Jetro colocou as mãos sobre o coração e falou, olhando fixamente nos olhos do jovem rapaz:

— Eu adoraria que o povo árabe recebesse a tua palavra orientadora e fosse educado pela tua liderança e determinação incomuns. Mas infelizmente ainda não estamos prontos. E te pergunto: será que o Egito está pronto? Akhenaton morreu pela imaturidade espiritual e pelo excesso de comodismo da nação mais poderosa e supersticiosa de nosso mundo. Portanto, não te choques se a palavra de Deus se revelar a um povo humilde e sofrido, mas que saiba erguer as mãos aos Céus para reconhecer a glória do Todo-Poderoso. Lembra-te sempre: a tua mensagem será grande demais para caber numa única nação. A mensagem do Criador existe para atingir a todos os povos.

O sacerdote madianita sabia que os povos árabes, descendentes de Ismael, irmão de Jacó (Israel), não estavam preparados para o culto monoteísta. Assim como os egípcios, as diversas tribos árabes eram idólatras e desunidas.

Moisés deveria, naquele momento, alicerçar a crença no Deus Único entre o povo de Israel, que já estava preparado psicologicamente para a grande mudança. Além disso, o seu atual estado de penúria e escravidão torná-lo-ia um povo dócil para aceitar a inevitável mudança religiosa que estava por vir.

Aqueles que nada têm a perder são mais suscetíveis às mudanças, porque em suas mentes compreendem que o novo jamais poderá ser pior do que a situação em que já vivem.

Bem ao contrário daqueles que possuem riqueza e conforto e não desejam colocar esses valores em risco, como era o caso do povo egípcio.

Entretanto, mil e oitocentos anos depois, Moisés retornaria ao mundo das formas na personalidade de Maomé para unificar o povo árabe com a crença no Deus Único, por meio do Islã. Hoje, analisando a luta entre judeus e árabes, podemos perceber como a humanidade ainda está distante da Luz, pois o grande faraó Menés reencarnou como Moisés e Maomé trazendo a mesma mensagem, apenas adequando-a a cada cultura.

Infelizmente, ambas as religiões tiveram os seus livros sagrados distorcidos no decorrer dos séculos, assim como aconteceu com o Cristianismo. E, apesar de terem recebido a mesma mensagem de Luz, os homens continuam lutando entre si, na busca insensata da defesa dos seus interesses e pontos de vistas; cada qual crendo que a sua verdade é superior a de seus irmãos.

O jovem profeta, então, meditou alguns segundos em meio ao silêncio do fim da tarde, só interrompido pelas pequenas marolas da margem do Nilo Sagrado, enquanto os mestres acompanhavam os seus pensamentos. Por fim, ele pareceu voltar ao mundo humano e disse:

— Compreendo... Não posso me comportar como os meus compatriotas que acreditam que o Egito é o centro do mundo e única nação escolhida pelos deuses de nossas crenças. Mas se a terra de Kemi não será a nação escolhida, por que ela recebe as bênçãos divinas que tornam-na o maior Império do mundo?

— O Grande Arquiteto do Universo ampara as nações eleitas para difundirem a glória divina — esclareceu solícito Amenófis —, mas esses povos geralmente se afastam dos valores sagrados da Divindade. É por isso que hoje, como no passado e no porvir, os impérios que se alicerçarem na arrogância e no culto a divindades pagãs serão arrasados pela própria Lei de Ação e Reação do Criador, que visa apenas a promover o progresso das consciências encarnadas no mundo físico.

Após a morte de Akhenaton, o Egito deveria ter entrado em franca decadência, mas o Alto resolveu dar uma nova chance ao Duplo País. Portanto, tua missão, meu filho, definirá a glória ou a desgraça de nossa terra. Se o monoteísmo for aceito pelos egípcios, a nossa nação será coroada de glórias pelos imortais; caso contrário, ela sofrerá um penoso carma coletivo e cairá para nunca mais se erguer.

Um silêncio mortal reinou no ambiente por alguns instantes, até que Hepmose indagou, impressionado:

Moisés, o libertador de Israel

— Se o Egito fracassar, qual nação será a responsável por esse grande passo na evolução da humanidade?

Henok, aproveitando-se da hesitação de Amenófis, respondeu com um tom profético:

— Aquele povo que ouvir a voz do Senhor.

O rapaz abaixou os olhos, contrariado com as palavras de Henok, e, por fim, exclamou:

— Perdoa-me mestre, mas Israel é um povo escravo, indisciplinado e desestruturado para sediar missão tão importante! Além do mais, são idólatras, assim como os egípcios; muitos, inclusive, cultuam os próprios deuses de nossa terra.

O jovem Mosheh estava certo. Naquela época, o povo hebreu instalado no Delta do Nilo, os descendentes de Israel, estavam perdendo, pouco a pouco, a sua identidade e abandonando a crença de seus antepassados. Era muito comum durante o reinado do faraó Ramsés II encontrarmos os apirus cultuando o deus Amon e o infindável panteão de divindades egípcias. Inclusive, era possível observar diversos israelitas com o amuleto de Kheper, o deus escaravelho, pendurado ao pescoço ou preso às roupas íntimas. Além dessa entrega quase que completa à cultura e religião egípcias, ainda havia aqueles que cultuavam o cruel deus babilônio Marduc ou o fenício Baal. Muitos israelitas, inclusive, tinham nomes que homenageavam este último deus, como por exemplo Jerobaal e Esbaal.

Em geral, os descendentes das doze tribos de Israel eram manhosos, covardes e indisciplinados. A ausência de uma religião moralizadora e a pobreza extrema em que viviam fazia com que se tornassem cada vez mais simplórios, desunidos e dados a vícios degradantes. A falta de esperança e perspectiva de um mundo melhor levava-os a uma vida simplista de interesses imediatos. Raramente ultrapassavam os trinta anos, em decorrência da precária alimentação, das doenças endêmicas e da sobrecarga exacerbada de trabalho. Mas algo era certo: eles se reproduziam como coelhos, o que assustava o faraó e os nomarcas das províncias egípcias.

Era comum entre os dignitários da corte discutir o crescimento desordenado dos hebreus na terra de Gessen. As israelitas eram boas parideiras, enquanto as egípcias, por terem os flancos estreitos, tinham poucos filhos e não era raro que a mãe ou o filho morresse no parto, fato que originou a crença de que houvera uma matança de recém-nascidos por causa do nascimento de Moisés, o libertador de Israel. Na verdade, o faraó pouco se importava com as crenças e profecias dos apirus. As perseguições a recém-nascidos do sexo masculino tinham a exclusiva finalidade de tentar reduzir o crescimento do povo cativo. Essas horríveis atrocidades eram realizadas com naturalidade pelos dominadores da época, o que causava ainda mais dor e revolta entre o povo de Israel, acicatando o ódio e o desejo de um levante armado contra os seus algozes, como abordarei mais à frente.

Henok sorriu, reconhecendo a sagacidade do rapaz, e falou com desenvoltura:

— Tudo o que falaste é verdade, mas temos algo que os egípcios não possuem. Desejamos a liberdade e alguém que nos conduza à terra prometida por Deus a Abraão, o nosso patriarca. Faremos qualquer coisa pelo libertador.

Abraão era originário da cidade de Ur, na Caldéia, e foi o primeiro a receber a palavra do Deus Único entre o nosso povo, por isso o consideramos nosso patriarca. Ele nos fez crer na existência do Grande e Único Deus, apesar de estarmos agora perdidos, como dizes, por causa do sincretismo cultural e religioso dos egípcios, dos fenícios e babilônios. Porém, Abraão recebeu de Yahwéh a promessa de uma terra para o povo de Israel, onde haveria de correr "leite e mel" e onde poderíamos criar os nossos filhos livres e com dignidade.

Até hoje esperamos pela chegada do libertador que nos conduzirá à terra prometida por Deus. Caso Yahwéh ouça as nossas preces, estaremos prontos para também ouvi-Lo em Suas sagradas determinações. Basta uma amostra de que Deus está conosco e creio que o povo se curvará aos Seus desígnios. Tem a certeza de que jamais faremos ouvidos moucos para a Revelação Divina! Aqueles que sofrem são movidos pela esperança, pois sem ela já estaríamos mortos. A esperança é o combustível que nos mantém vivos e nos dá forças para suportar o pesado jugo egípcio sobre os nossos ombros.

Hepmose sorriu, e, mirando os olhos negros de Henok, disse-lhe:

— Como dissestes, somos todos irmãos, filhos do mesmo Pai, o Verdadeiro e Único Deus. Portanto, assim que me for possível revolucionar os alicerces da sociedade egípcia, libertarei os apirus do jugo cruel do faraó Ramsés II, fazendo com que meu tio veja a insanidade dos atos que pratica em sua megalomania de construir estátuas e templos que enaltecem o seu perecível poder.

— Que seja feita a vontade do Senhor! — disseram todos a uma só voz.

Nos dias seguintes, os estudos e as confabulações prosseguiram, sempre no mais alto espírito de concórdia e com o foco voltado exclusivamente para a busca de soluções para os problemas sociais e espirituais do mundo da época.

Moisés, o libertador de Israel

Como a reunião era de espíritos afins, a conversa prazenteira fazia com que todos perdessem a noção de tempo e espaço. Assim, os meses se passaram, sendo que, a cada dia, Moisés recebia dos mestres novas chaves do conhecimento que iam lhe abrindo as portas mentais para que pudesse usufruir de todo o seu potencial.

Algo que impressionava a todos era o poder de concentração e determinação do jovem Mosheh. Nem mesmo as barreiras do mundo físico lhe serviam de obstáculo. Os mestres se impressionavam com a energia magnética que fluía de suas mãos e que lhe permitia mover objetos e transmutá-los, numa demonstração impressionante de sua capacidade alquímica.

O seu poder curador também era fenomenal. Muitos doentes que procuravam a Casa da Vida de Heliópolis saíam curados quase que instantaneamente ao serem atendidos pelo jovem Hepmose.

Em determinada manhã da estação da colheita, o encontramos junto a Henok passeando de barco nas águas calmas do Nilo. No momento em que eles cessaram o diálogo para apreciar a beleza da natureza no paraíso do Vale do Nilo, Mosheh achegou-se ao mestre de Israel e confidenciou-lhe:

— Mestre, aprendi muito com a vossa presença nestes últimos meses e preciso confessar-vos que alimentava um preconceito em relação aos apirus. Jamais imaginei que alguém nascido na Casa de Israel poderia deter tanta sabedoria e nobreza de caráter. Creio que percebestes esse sentimento em nosso primeiro encontro.

Henok sorriu e falou-lhe, com afeto:

— Que bom, meu filho, que assim pensas! O preconceito é algo que não combina com a tua sagrada missão e com a tua nobre índole. Procura em tua caminhada jamais generalizar, pois até nos desertos pestilentos nascem belas flores; assim como podemos encontrar ervas daninhas em oásis paradisíacos.

O jovem adolescente abaixou a cabeça, meditativo. Com os olhos marejados de lágrimas, aproximou-se de Henok e o abraçou de forma afetuosa e sincera. Logo depois, comparou a cor de seus braços com os dele e as suas feições e os cabelos. Lembrou-se, então, de Amenófis e reparou que a sua pele era mais clara do que a do grande mestre de Heliópolis. Não que ele ainda não tivesse percebido essas diferenças, mas parecia que o seu ego não aceitava a idéia que agora lhe assaltava a mente de forma avassaladora.

Olhou para o sábio da tribo de Levi e, com um olhar que se assemelhava ao de um filho ao pai, perguntou:

— Mestre Henok, por que somos tão parecidos? Observando

melhor, percebo traços em meu rosto que se assemelham demasiadamente aos do povo de Israel, que agora aprendi a amar e respeitar. Sei que a história da minha adoção, resgatado das águas do Nilo, foi criada somente para abafar um amor proibido aos olhos da hipócrita corte de Ramsés II.

Hepmose suspirou, refletindo sobre a sua origem, e prosseguiu:

— Minha mãe é uma princesa egípcia de pura linhagem, mas ninguém nunca me falou com clareza na corte sobre meu pai. Disseram-me apenas que ele havia morrido numa batalha contra o povo da terra de Hati.

O sensato mestre de Israel meditou por alguns segundos, compreendendo o quão delicada era a missão de revelar a origem do jovem escolhido pelo Grande Deus. Enfim, concluindo que não cabia a ele tal revelação, Henok apenas disse, com serenidade no coração e com um tom harmonioso, abraçando o rapaz como se falasse de alma para alma:

— Meu querido amigo Mosheh, nós estamos aqui para elucidar-te no que diz respeito a tua sagrada missão. Já no que se refere às tuas origens e questões pessoais, sugiro que viajes à capital do Império e entres em contato com a tua mãe, a nobre Thermutis. Caso ela ainda te oculte algo, é porque deve estar esperando que cresças em sabedoria e conhecimento para que possas conhecer informações que somente a maturidade espiritual nos permite compreender.

O jovem profeta meneou a cabeça e perguntou:

— O que pode ser mais difícil de compreender do que a natureza divina que tanto estudamos nas últimas semanas?

Henok sorriu, divertindo-se com as reflexões de Hepmose, e apenas disse-lhe, enquanto descia do pequeno barco:

— Às vezes, meu jovem, as questões do campo emocional são mais difíceis de entender e aceitar do que aquelas que se referem à casa mental.

Mosheh sorriu e, com astúcia, retrucou:

— Mas não me dissestes que a mente é tudo e que o mundo é mental?! E também que apenas vivemos no mundo das formas para crescermos e retornarmos aos braços do Pai, na pátria espiritual, onde as riquezas são imperecíveis?!

Henok sentou-se num pequeno banco, sob um sicômoro às margens do rio sagrado, e, com os seus marcantes olhos brilhantes como duas lindas pérolas negras, respondeu:

— A mente é tudo, mas sem o coração não somos nada!

Moisés, o libertador de Israel   71

O retorno para a capital do Império 6

Khaemwaset, que seria o sucessor de Ramsés II.

Na semana seguinte, Jetro e sua filha voltaram para Madian, na península do Sinai. Antes da partida, o jovem profeta expressou seu descontentamento por perder a companhia do sábio sacerdote e de sua adorável filha Séfora. O sacerdote madianita respondeu-lhe com imensa ternura no olhar:

— Nossos destinos agora estão ligados a ferro e fogo! Fica tranqüilo, meu filho, pois em breve iremos nos reencontrar.

Hepmose, com lágrimas ardentes nos olhos, abraçou a encantadora menina que lhe roubara o coração e disse-lhe, ao pé do ouvido:

— Nunca conhecerei uma outra mulher como tu! Ou caso-me contigo ou viverei somente para o Grande Deus.

E com os olhos súplices, após breve pausa, arrematou:
— Por favor, espera por mim...

Séfora sofreu um ligeiro tremor nas pernas e um calor percorreu todo o seu corpo. Os seus olhos brilharam, denunciando o fogo que incendiava integralmente o seu ser. Sem palavras, ela apenas sorriu, ruborizando a sua pele morena, o que realçou ainda mais os seus lindos e expressivos olhos da cor do jade.

Quando a comitiva iniciou o percurso em direção ao deserto, afastando-se do paradisíaco Vale do Nilo, Mosheh aproximou-se mais uma vez de Séfora, sob o olhar amistoso e feliz de Jetro, e voltou a insistir:

— Entenderei o teu silêncio como um sim.

Ela sorriu novamente e respondeu-lhe:
— Podes ter certeza que sim!

Hepmose olhou para Jetro, que sorria de felicidade, e falou:

— Ide com Deus! Em breve me unirei a vós.

A comitiva partiu para unir-se às caravanas que percorriam a rota comercial entre o Egito e o Oriente, enquanto Hepmose achegou-se a Amenófis para aguardar que seus amigos desaparecessem no horizonte. O jovem rapaz tinha aquele brilho nos olhos que só percebemos entre aqueles que amam e sabem que são amados.

O sacerdote de Rá colocou a sua destra sobre o ombro do rapaz e disse-lhe:

— Escolheste muito bem a companheira para a tua difícil jornada. Séfora é uma daquelas raras mulheres idealistas e dedicadas que jamais abandonam os sonhos que abraçam. Precisarás muito dela durante a tua árdua missão de transformar a ignorância espiritual do mundo em um bálsamo de Luz e fraternidade.

Amenófis sabia o que falava, pois em encarnação anterior ele e ela foram marido e mulher: Akhenaton e Nefertiti. Somente almas iluminadas compreendem o verdadeiro valor das relações conjugais. Akhenaton e Nefertiti, almas eternamente afins, mantiveram nesta encarnação apenas um amor fraternal para que Moisés tivesse ao seu lado uma mulher forte e valorosa para auxiliá-lo na missão sagrada da qual fora incumbido.

Nos anos seguintes, Hepmose prosseguiu seus estudos com Amenófis e recebeu as visitas de Jetro, Séfora e Henok. Em algumas oportunidades, viajou em companhia de Jetro e Amenófis para Madian e para as terras do Oriente, onde teve contato com os vedas e com os textos sagrados do bramanismo e do hinduísmo.

Nessas longínquas viagens, ele conheceu grandes sábios que lhe mostraram que a vida era muito mais do que o Egito, e que a sabedoria e as virtudes de todos os povos eram maiores do que a arrogância e o egocentrismo daqueles que detinham o poder em sua terra natal.

Inclusive, os iniciados de todos os povos conheciam claramente a mensagem revolucionária de Akhenaton, enquanto na terra de Kemi a censura ditatorial do faraó e dos sacerdotes de Amon não permitia que o povo enxergasse a Luz.

Durante esse longo período de retiro espiritual, em nenhum momento ele voltou para a corte; somente a sua mãe Thermutis o visitava de tempos em tempos e se enchia de orgulho pela beleza e sabedoria do filho, a cada nova visita.

Nesses breves encontros, Thermutis relatava a Hepmose sobre os acontecimentos da corte e sobre a sua vida. Ela não tinha do que se queixar, pois os seus outros filhos com

Moisés, o libertador de Israel

Chenefrés lhe davam muitas alegrias. Eram criaturas saudáveis e inteligentes; especialmente o mais novo, que lhe era muito caro. De certa forma, o afastamento de Hepmose da corte trouxe paz à vida da rebelde "Tjia". Certamente, a sua presença no lar da princesa causaria ciúmes e despeito no inconstante filho do escriba real, que havia assumido as funções do pai depois de sua morte.

Hepmose, como todo sábio, deixava a mãe falar livremente, pois sabia que ela tinha sede de sua companhia. Além do mais, Thermutis se sentia culpada por ter de viver afastada do filho que teve com o homem que mais amou. Assim, após narrar as últimas novidades da corte, a princesa estendeu o braço para alcançar um copo de licor de damasco que estava sobre a mesa. Nesse raro instante de silêncio, Hepmose disselhe, reticencioso:

— Mãe... Por caridade, fala-me sobre o meu pai!

A irmã caçula de Ramsés II apoiou-se na mesa e ficou segurando o copo de licor, inerte por alguns segundos, como se tivesse sido fulminada por um raio. Os seus olhos se entristeceram e a sua mente rememorou todos os fatos ocorridos há quase dezoito anos.

O jovem profeta aguardou as palavras da mãe com paciência e respeito, compreendendo que ela passava por um momento de angustiante tensão, em que pesadas recordações assaltavam-lhe o coração, como insensíveis punhaladas. Thermutis sorveu o licor e sentou-se à frente do filho com a elegância típica das grandes mulheres da terra de Kemi. Depois, pegou as mãos de Hepmose e disse-lhe, olhando profundamente em seus olhos, enquanto anelava carinhosamente os cachos negros da vasta cabeleira daquele que seria o maior dos profetas relatados pelos textos bíblicos:

— Meu amado filho, não posso mais ocultar-te esses fatos. Na verdade, nunca o desejei fazer, mas acreditei que era melhor esperar o momento em que estivesses pronto para conhecer a tua própria história.

Hepmose assentiu com a cabeça, demonstrando não estar contrariado com a decisão da mãe, enquanto Thermutis passou a relatar todos os fatos que já conhecemos, omitindo somente o autor da morte de Amram para evitar a revolta do filho contra o seu vingativo esposo Chenefrés.

Após a longa narrativa, Hepmose suspirou com os olhos voltados para a Lua e disse:

— Então é verdade... Eu não estava enganado, o meu pai era um apiru.

Thermutis enrugou as suas delicadas sobrancelhas,

demonstrando uma ponta de preocupação, e perguntou com serenidade e ternura:

— Mas quem já havia te falado sobre isso, meu filho?

— E precisa falar minha mãe?! — respondeu Hepmose imediatamente. — Basta olhar para a cor de minha pele e para os meus traços. Eu já tinha percebido isso ao me comparar com mestre Henok. Meu rosto e meus cabelos são muito parecidos com os dele.

Thermutis abaixou a cabeça e duas lágrimas correram céleres de seus olhos. O enviado do Cristo, compreendendo a angústia da mãe, falou-lhe, enquanto acariciava o lindo rosto da princesa para enxugar-lhe as lágrimas:

— Minha mãe, não te preocupes com os preconceitos que eu possa sofrer quando retornar à corte. A missão a que o Altíssimo me designou é maior do que o próprio Egito. Sendo assim, jamais permitirei que a minha capacidade seja desprezada ou questionada. Como dizem os meus grandes mestres: "O Grande Deus sabe melhor do que nós onde será o palco em que deveremos honrar a glória dos imortais." Se na corte eu for desprezado, viajarei pelo Egito e falarei ao povo, porque a minha missão é levar a Luz do Grande Deus a ricos e pobres, senhores e escravos. Eis o meu ideal: "Fazer com que a Luz de Aton brilhe igualmente sobre todos os Seus filhos!"

A princesa real estreitou o filho, aproximando-o de seu busto, e disse-lhe com a voz trêmula de emoção:

— Meu filho, eu temo por ti! As idéias de Akhenaton são proscritas. E todo aquele que proclamar o seu nome pode ser punido com a morte...

— Tranqüiliza-te, minha mãe, nada me acontecerá. A única coisa que eu tenho certeza nesta vida é de que morrerei somente pelas mãos de Deus. Ele então me recolherá em Seus braços e me conduzirá para o Seu reino de glória.

Thermutis sorriu, abraçou o filho e, por fim, falou:

— És tão seguro e senhor de ti mesmo! E eu que um dia pensei que era forte. Perto de ti sou apenas uma pequena formiguinha.

Ambos sorriram e voltaram a conversar sobre amenidades. Esqueceram-se dos problemas e responsabilidades e passaram a apreciar a beleza dos sicômoros sob o luar no Vale do Nilo.

E assim, dois meses mais tarde, quando Hepmose e Amenófis filosofavam sobre as Verdades Divinas nas margens do Nilo, à frente do Grande Templo de On, em Heliópolis, ouviu-se ao longe o retumbar fúnebre de tambores de uma barca da corte que aproximava-se subindo o rio sagrado. Todos pararam nas margens e ouviram, assombrados, os brados ritu-

Moisés, o libertador de Israel

alísticos do anunciador do luto real:

— Filhos da terra de Kemi, o grande faraó Ramsés II decreta luto de setenta dias pela morte de seu filho e herdeiro muito amado, Khaemwaset.

Imediatamente, os pescadores e as mulheres que lavavam roupas nas margens do Nilo começaram a rasgar as suas roupas e a jogar terra sobre as suas cabeças, como era costume no Antigo Egito para demonstrar o sentimento de pesar.

Amenófis virou-se para Hepmose e disse-lhe:

— Impressionante o vigor de teu tio! Mesmo com todos os seus excessos, ele possui uma saúde de ferro, enquanto vemos os seus filhos retornarem tão cedo para a Terra do Poente. Desde a morte de seu primogênito, Amenhepat, filho de sua adorada Nefertari, também falecida, Ramsés parece colher somente tristezas. O sumo sacerdote de Mênfis é mais um dos diversos filhos co-regentes do faraó que morre antes de empunhar o cetro real.

— Khaemwaset me parecia um bom homem, apesar de tê-lo visto pouquíssimas vezes — disse Moisés. — Sei que ele, na qualidade de sumo sacerdote de Mênfis e principal líder religioso do país, era um homem que defendia os bons valores morais, apesar de ser profundamente dogmático e ardoroso defensor das velhas crenças que precisam ser reformuladas. Inclusive, sempre se dedicou a proteger e restaurar os símbolos religiosos de nosso passado, o que demonstra que era um homem de bons valores.

— Sim — concordou Amenófis. — Pelo que sei, ele estava fazendo um trabalho de restauração nos templos das pirâmides em Gizé. Talvez algo tenha acontecido por lá, ceifando-lhe a vida.

Ambos concordaram com um gesto e seguiram para o Grande Templo de Heliópolis para orar pela alma de Khaemwaset, que desencarnou no ano 55 do longo reinado de Ramsés II, pouco mais de uma década antes de o faraó retornar à pátria espiritual.

Khaemwaset era um homem inteligente que possuía notáveis habilidades, tanto administrativas como espirituais. Imagino como teria sido a batalha para a libertação de Israel se ele fosse o faraó, e não Merneptah, que se destacava mais pela visão militar e por sua intransigência. Khaemwaset conhecia a arte de manipular as energias ocultas ao homem comum. Certamente, o grande profeta teria maiores problemas para dominá-lo por meio de seus "feitos mágicos". Por outro lado, talvez Khaemwaset compreendesse melhor o pedido de liberdade feito pelo profeta de Yahwéh, poupando o povo egípcio das desgraças que se sucederiam no Vale do Nilo.

Na semana seguinte, Hepmose e Amenófis dirigiram-se à capital do Império egípcio para participar dos funerais do filho do rei. Ao sabor do vento, o futuro legislador de Israel rumou em direção ao Delta do Nilo. A embarcação viajou serena e tranqüila pelas águas do rio sagrado. Em meio à viagem, Hepmose perguntou ao seu mestre:

— O que me espera na corte, infortúnio ou alegria?

Amenófis nem piscou para responder. Apenas respondeu-lhe com convicção:

— Isso não importa! Importa apenas o teu pacto com a verdade e com a justiça. E que jamais esmoreças nos ideais que abraçaste, pois não serão poucas as tentações e os convites para que abandones os sagrados ideais espirituais que abraçamos durante toda a nossa vida. Assim como Akhenaton, serás perseguido pelos ambiciosos sacerdotes de Amon; portanto, deves precaver-te e ficar de olhos bem abertos para o mundo que irá cercar-te a partir de agora, para que não venhas a sofrer com surpresas indesejadas.

Lembra-te sempre de cultivar as virtudes e valores que estudamos e tem fé no poder do Grande Deus que Akhenaton personificou por meio dos raios solares. Jamais esqueças: sorrateiros como as serpentes são os sacerdotes de Amon. À menor vacilação, eles aplicam o bote mortal, destruindo os mais belos sonhos para não perderem os seus privilégios.

Ao concluir suas reflexões, Amenófis pareceu sentir em todo o seu ser os dolorosos momentos que viveu na personalidade de Akhenaton. De seus olhos serenos, brotaram duas grossas lágrimas que resumiram o seu amargo sentimento de dor.

Hepmose assentiu com um gesto significativo e meditou profundamente sobre as palavras de seu mentor. Na verdade, tudo aquilo ainda lhe era incompreensível, porque desde criança ele tinha vivido nos templos e não imaginava a que ponto poderia chegar a maldade e o despeito dos homens. Portanto, não era fácil compreender que um dia poderia vir a ser hostilizado por tentar inovar as crenças estabelecidas há séculos, apesar do exemplo recente ocorrido com o culto ao deus Aton.

Mas, ao chegarem na nova capital do Império, Pi-Ramsés, Hepmose percebeu melhor as palavras de Henok em suas conversas íntimas. As construções megalomaníacas de Ramsés prosseguiam alucinadamente, exaurindo o sangue inocente do povo apiru.

A crença egípcia na imortalidade da alma, em que para ter vida eterna era necessário que o seu nome jamais fosse esquecido, fez com que Ramsés construísse templos e estátuas retratando a sua imagem por todos os recantos do Vale do Nilo.

Moisés, o libertador de Israel

O seu objetivo era assegurar que em seu breve retorno para a Terra do Poente os deuses não o esquecessem, obtendo assim a sobrevivência e a glória eterna que era o sonho de todos os egípcios.

Tanto em Pi-Ramsés, como na vizinha Pitom, os trabalhos para edificar fortalezas e erguer obeliscos que retratavam os feitos do faraó eram intensos. Era comum observar capatazes açoitando apirus para que o trabalho não cessasse um minuto sequer, o que impressionou Moisés profundamente.

Hepmose chegou ao palácio real durante uma das infindáveis solenidades preparatórias para que Anúbis, o deus com cabeça de chacal, recebesse a alma de Khaemwaset. Esses rituais eram constantes durantes os setenta dias necessários no processo de mumificação do morto.

O jovem profeta praticamente não reconheceu ao seu tiofaraó. Ramsés já não era mais aquele guerreiro vigoroso, e sim um homem curvado e enrugado pelo tempo.

O olhar do faraó agora retratava a amargura de seu coração, pois além da dor das perdas que vinha sofrendo no transcorrer dos anos, ele ainda havia sofrido severos desgastes emocionais no incessante circo de interesses da corte, onde todos se comportavam como verdadeiros vampiros na luta para atender aos seus mesquinhos objetivos. Na verdade, Ramsés não era um rei, mas um escravo das convenções humanas.

Esse conjunto de fatores, aliado à sua avançada idade, fez com que ele se tornasse emocionalmente instável. Inclusive, diziam que a lucidez o estava abandonando, pois tinha sonhos que eram "típicos dos loucos".

Nesse período, as principais ações militares e algumas decisões de governo já estavam nas mãos de seu décimo terceiro filho, o general Merneptah, que com a morte de Khaemwaset seria certamente o herdeiro do trono.

"O amado do deus Ptah", como dizia o seu nome, já beirava a casa dos cinqüenta anos, mas mantinha todo o seu vigor e altivez. Além do mais, era um destemido guerreiro. Eis um dos pré-requisitos básicos para tornar-se um bom faraó, aos olhos dos sacerdotes e do povo! Nenhum dos mais de cem filhos de Ramsés teria coragem para reivindicar o trono que parecia já ter um futuro novo dono.

Ao ver o sobrinho desaparecido há tantos anos, o faraó ergueu as sobrancelhas procurando recordar onde já tinha visto aquele rosto sereno, mas determinado a atingir os seus objetivos e incontestavelmente senhor de si mesmo. Rapidamente sua memória o conduziu ao momento em que ele tivera a intenção de roubar-lhe a vida no berço onde repousava, época em que Hepmose era apenas uma criança indefesa.

Nesse instante, uma forte angústia assaltou o velho faraó e ele virou o rosto para não ter de enfrentar aquele olhar hipnótico que viria no futuro a curvar aos seus pés todos aqueles que o contrariassem.

No dia seguinte, Ramsés solicitou a presença de Moisés e lhe indagou:

— Estás de volta, meu rapaz! Vejo que o período de estudos em Heliópolis transformou-te num grande homem. Possuis o porte dos nobres, e percebo que a sabedoria dos nossos ancestrais faz parte do acervo de valores do teu espírito.

Hepmose concordou com um gesto de cabeça e falou com serenidade, procurando agradar ao tio para atingir os seus objetivos:

— Não deveria ser diferente, ó grande faraó, intérprete máximo dos deuses, pois corre em minhas veias o sangue da grande dinastia dos ramessidas, que são seguramente os maiores faraós que já cingiram a dupla coroa, que foi primeiramente do Grande Menés.

Ramsés II compreendeu que o jovem à sua frente já sabia que não era apenas uma criança hebréia adotada, e sim um príncipe que tinha sangue real em suas veias. Então, procurou desconversar e perguntou:

— Que esperas de teu retorno à capital do Império?

— Espero ocupar o cargo do nosso saudoso Khaemwaset.

Aquela colocação sem rodeios chocou o faraó que demonstrou profunda irritação. Os olhos do velho rei crisparam de indignação, e, ao levantar-se como se tivesse sido impulsionado por uma mola, disse:

— Por Seth e todos os demônios do Amenti! O que pensas? Estás louco? Por acaso desejas retornar de teus obscuros estudos e ocupar o lugar de meu filho? Somente um descendente de minha linhagem direta, de sangue puro, sentará neste trono!

Moisés manteve a serenidade e disse-lhe:

— Certamente, senhor do Alto e Baixo Egito! Compreendestes mal o meu desejo, porque não era o trono que eu desejava, mas sim substituir Khaemwaset em suas atribuições religiosas, como sumo sacerdote de todos os templos do Egito, quando ele assumisse o cargo máximo de nossa pátria. Infelizmente os deuses o chamaram para a Terra do Sol Poente muito cedo. Logo, ficarei imensamente honrado em substituí-lo em suas atividades religiosas... Obviamente, se for do agrado de Vossa Divindade.

O faraó serenou os ânimos e sentou-se novamente no trono real. Após alguns minutos de meditação, ele disse:

Moisés, o libertador de Israel

— É muito cedo ainda para pensarmos nisso. Só tenho espírito para pensar nessa horrível tragédia que ceifou a vida de meu amado filho. Malditas galerias! — esbravejou o faraó com um olhar apático.

O faraó meditou, então, por alguns segundos e falou, enquanto ajeitava o toucado utilizado pelos egípcios para protegerem-se do sol causticante do deserto.

— Depois que a barca real conduzir Khaemwaset à sua morada eterna, dar-te-ei uma resposta.

E assim ocorreu. Algumas semanas depois dos funerais de Khaemwaset, o faraó nomeou Hepmose como sumo sacerdote de Mênfis, que, inclusive, oficiou a famosa cerimônia de "abertura da boca do defunto" para que o filho amado de Ramsés retornasse à vida no mundo de Osíris, conforme preceituava as milenares tradições religiosas do Antigo Egito. Com o instrumento mágico que daria ao falecido herdeiro a respiração na outra vida, Moisés recitou os versos mágicos: "És jovem de novo, vives outra vez, és jovem de novo, vives outra vez, para todo o sempre!"

Após a nomeação de Hepmose, Amenófis se manteve em Pi-Ramsés e acompanhou à distância os passos do jovem profeta. Ele e Henok procuravam aconselhá-lo, dentro de suas possibilidades; sendo que o sábio da tribo dos levitas tentava convencê-lo a participar de algumas reuniões dos chefes dos clãs de Israel para inteirar-se dos fatos pertinentes à comunidade de apirus instalada na terra de Gessen. Mas, infelizmente, ele não obteve resultados num primeiro momento, em decorrência do excesso de atividades de Hepmose nos primeiros meses.

O filho da princesa real tinha pressa. E essa sua impaciência para implantar um novo modelo baseado em teses similares às de Akhenaton agitou mais uma vez o ortodoxo Templo de Amon. Logo, os passos de Hepmose e as suas idéias passaram a ser vigiados de muito perto.

Não era difícil diagnosticar o novo rumo que o jovem profeta estava procurando imprimir à religião egípcia. O abandono dos rituais sagrados e o gradual desinteresse pelo imenso panteão de divindades, em detrimento de um Único e Soberano Deus, irritaram os sacerdotes de Amon, que logo associaram as idéias de Hepmose às "loucas aventuras religiosas de Akhenaton", como eles chamavam a crença em Aton.

Imediatamente, solicitaram uma audiência com Ramsés e disseram a uma só voz:

— Grande senhor da terra de Kemi, nós tememos que o novo sumo sacerdote de Mênfis ressuscite a heresia do faraó maldito.

Ramsés ergueu-se com dificuldade e caminhou até a ampla janela que dava vista para o Nilo. Depois de meditar um pouco, ele falou, enquanto revigorava-se com a brisa do início da noite:

— Não posso crer... Ele estudou em Heliópolis, sob a tutela de Amenófis. Meus filhos lá estudaram sob a orientação do grande sábio de Heliópolis e em nenhum momento notei qualquer indício de que ele apoiasse as loucuras de Akhenaton.

Os ardilosos sacerdotes de cabeça raspada, como eram conhecidos os seguidores do Templo de Amon, disseram com indisfarçável ironia:

— Sabeis, grande soberano, que é em Heliópolis onde nascem essas idéias que colocam em risco o nosso país. Lá, no Templo de On, eles jamais se submetem às idéias da capital.

— Sim... — disse Ramsés reticensioso. — Mas é lá que se encontram os mais sábios e próximos dos deuses.

O sumo sacerdote de Amon, chamado Nebenteru, mordeu os lábios de indignação, mas, como é típico entre os astuciosos, resolveu encerrar ali aquela contenda, apenas afirmando com praticidade:

— Sim, meu rei, mas acreditamos que não desejais macular o vosso glorioso reinado com os distúrbios que horrorizaram a nossa pátria há cem anos atrás, e que hoje em dia nem devem ser lembrados. É necessário ocultar ainda mais essa heresia, destruindo definitivamente a memória do faraó herege. Desejamos, ó Grande Ramsés, que vossa passagem pela terra de Kemi seja lembrada por todo o sempre como um período de prosperidade e de grandes bênçãos por parte dos imortais.

O faraó voltou-se para a comitiva que lhe apresentava tais fatos e disse com naturalidade:

— Sim, tendes razão! Vou corrigir essa situação antes que Amon-Rá se ponha no horizonte. Hepmose deixará de ser o sumo sacerdote de Mênfis ainda hoje.

— Sensata escolha, meu rei! — falou satisfeito o dissimulado sacerdote. — Mesmo porque bem sabeis que o ministério sacerdotal só pode ser exercido por egípcios de pura linhagem, e o "filho adotivo" da princesa real possui sangue apiru...

Ramsés compreendeu o recado dos sacerdotes de Amon e dispensou-os, antes que tivesse mais um desentendimento com aquela classe ambiciosa e manipuladora do povo. O grande reinado de Ramsés foi fruto principalmente do apoio que sempre recebeu do Templo de Amon-Rá, o maior entre todos. Seria imprudência afrontá-los por causa de um rapaz que nada lhe significava.

No final da tarde, Hepmose foi chamado à sala de audiên-

Moisés, o libertador de Israel

cias do palácio e ouviu do rei a seguinte resolução:

— Meu jovem, filho de minha querida irmã Thermutis, acredito que serás mais útil à nossa amada terra de Kemi como superintendente das obras do rei em Avaris. Precisamos concluir as nossas edificações naquela localidade e vejo que o meu atual capataz está tendo dificuldades em estimular a produtividade dos trabalhadores. Lá, certamente as tuas qualidades serão mais bem aproveitadas do que enclausurado dentro de um templo. Há muitos para falarem com os deuses, mas poucos com tino administrativo para manter o Egito forte e soberano.

As palavras elogiosas do faraó não conseguiram amenizar a forte impressão que aquela decisão causou na mente e no coração de Hepmose. Ele havia estudado durante toda a sua juventude para assumir a sua grande missão. E agora era afastado de forma injustificável. O sangue ruborizou as suas faces e a indignação fez com que a sua língua se soltasse de forma desrespeitosa:

— Não creio no que os meus ouvidos escutam e os meus olhos vêem. Não estudei uma vida inteira para tornar-me um mero capataz de obras. Não aceitarei essa determinação passivamente e exijo que meus direitos como filho da princesa Thermutis sejam respeitados.

O faraó se abismou com a ousadia e o desrespeito daquele rapaz que parecia não perceber que estava diante de um "deus vivo" do Egito, pois assim os faraós deveriam ser vistos, ainda mais tratando-se de Ramsés, "o Grande".

O rei pegou o chicote e o cajado reais, símbolos do poder faraônico, que estavam sobre uma banqueta ao lado do trono, e disse-lhe, como se estivesse estabelecendo um decreto irrevogável:

— Meu rapaz, aceitarei o teu desrespeito apenas em consideração a minha irmã Thermutis, pois se dependesse da tua linhagem por parte de pai estarias agora condenado à decapitação ou à escravidão, onde, por misericórdia, te encaminho para seres senhor. Agradece aos deuses por obteres um alto cargo na administração do Império, porque o teu sangue apiru jamais te permitirá envergar novamente às vestes sacerdotais dos templos do Egito.

Moisés permaneceu calado ouvindo a cada palavra do faraó. As duras frases do soberano abriram escaninhos obscuros na sua mente e ele passou a responder como uma poderosa usina de revolta e indignação. Assim, pouco a pouco, o ambiente tornou-se pesado e todos ali começaram a sentir indisfarçável mal-estar. O poder mental de Moisés era realmente extraordinário e até aquele momento jamais alguém o havia irritado de tal forma. Nem ele mesmo sabia que forças ocultas operavam dentro de seu ser. Era necessário aprender a administrar as contrariedades. Intuído pelo Altíssimo, após alguns minutos de angustiante indecisão, ele disse, sem abaixar a cabeça para o soberano:

— Que seja feita a vossa vontade, senhor das Duas Terras! Porém, digo-vos que antes não tivesses me autorizado a estudar nos templos, pois agora tereis um servidor que conhece os segredos dos imortais e deve contentar-se em controlar homens empilhando tijolos. Como poderá um homem que viu a Luz viver em trevas?

Ramsés enfadou-se da conversa, receptível somente aos filósofos iniciados em conceitos herméticos, e disse:

— Chega de conversa! Assume amanhã os teus afazeres antes que eu me arrependa e puna a tua arrogância, como já deveria ter feito desde o primeiro momento em que desrespeitaste a autoridade do faraó.

Ramsés, então, levantou-se e saiu rapidamente da sala, gritando pelos corredores:

— A audiência está encerrada! Que o escriba real registre a nomeação do príncipe Hepmose junto ao departamento de documentos reais!

O escriba real, Chenefrés, registrou a nomeação com indisfarçável satisfação, enquanto Hepmose se retirou, irritadíssimo, sem nem ao menos esperar a cópia do documento que lhe investia no novo cargo.

Depois dessa reunião, o faraó passou dois dias indisposto, vomitando tudo o que comia. Thermutis tentou reverter a decisão, mas o seu irmão, branco como o mármore e com profundas olheiras, apenas esbravejava:

— Vê o meu estado! Esse teu maldito filho bastardo é um feiticeiro. Não me fales mais nesse caso para que a minha próxima decisão não seja a sua sentença de morte.

Thermutis saiu assustada do quarto real e não mais voltou para falar sobre o assunto. Enquanto isso, Amenófis e Henok procuravam acalmar Hepmose e fazê-lo ver que poderia encontrar muitos pontos positivos em sua nova atividade.

— Como poderá haver algo de positivo, se estou afastado de minha missão? — perguntava o jovem atônito e ainda em profunda desarmonia espiritual.

— Pensa bem, meu filho! — respondeu Henok. — Em Heliópolis estudamos que não importa onde será estabelecida a verdade do Deus Único, mas sim que essa missão deve ser executada a qualquer preço. O sacerdócio de Amon e a vontade

Moisés, o libertador de Israel

dos faraós sempre se rebelarão contra essa sublime idéia. Logo, deves procurar aqueles que abrirão os seus corações para receber as Verdades Eternas.

Henok colocou sua mão sobre o ombro do jovem pupilo e disse-lhe, com carinho:

— Por que achas que perdeste o teu cargo sacerdotal? As idéias que defendemos são contra o interesse dos poderosos e eles jamais aceitarão que revoluciones os conceitos que lhes beneficiam há séculos. Igualdade, justiça e educação para todos são conceitos que Ramsés e os sacerdotes jamais concordarão, porque afrontam diretamente os seus interesses.

Hepmose manteve-se pensativo, cabisbaixo, enquanto Henok prosseguia com suas afirmativas:

— Eu quero que participes das reuniões do povo a que terás de comandar, por tuas novas atribuições como superintendente das obras em Avaris. Sentirás de perto a dor e as privações dos filhos de Israel. Verás um mundo novo, onde encontrarás almas simples e ignorantes, mas que serão um terreno fértil, liberto de preconceitos e de interesses mesquinhos, para plantar a semente do monoteísmo que se alastrará no futuro por toda a humanidade. Possuis uma personalidade envolvente e um inquestionável espírito de liderança. Deves utilizar essa capacidade para construir um novo povo. Assim como o recipiente deve estar limpo para não contaminar a água, a mente da nação escolhida por Yahwéh deve estar limpa de um processo cultural e religioso já estabelecido.

Moisés olhou para Amenófis, que manteve-se calado por todo o tempo, e perguntou:

— O que achais disso tudo?

— Creio que Henok está com a razão. Se o Grande Deus te encaminhou para esse destino é porque Ele deseja que a Sua Revelação por ali se realize. Vamos ter fé e despir as nossas mentes de preconceitos. Talvez Henok esteja certo. Devemos conhecer melhor esse povo oprimido e tão desprezado pela nossa gente. Precisamos saber o que pensam e quais são os seus objetivos.

Henok concordou com um gesto sereno e falou:

— Posso afirmar-vos que o ideal maior de nossa raça é a liberdade, e que a crença no Deus Único já faz parte de nossas raízes. Basta que Hepmose saiba avivá-la intensamente entre os filhos de Israel.

— Que assim seja feito! — responderam todos a uma só voz.

Roger Bottini Paranhos

O encontro com o povo de Israel 7

Os hititas, povo inimigo do Egito.

Como já esclareci em capítulo anterior, os israelitas migraram para o Egito na carona dos hiksos, povo bárbaro que invadiu o Vale do Nilo e tomou o poder antes do início do período conhecido como Novo Império. José, filho de Jacó, tornou-se vice-rei do faraó hikso Apopi II. O seu alto cargo permitiu-lhe trazer a sua numerosa família para habitar uma pequena região do Delta do Nilo, que ficou conhecida como terra de Gessen.

Ali, as doze tribos de Israel usufruíram as terras férteis do Nilo para prosperarem com conforto e alegria por um longo tempo. Porém, após a expulsão dos hiksos e a retomada do poder pelos egípcios, os israelitas tornaram-se criaturas desprezadas porque apoiaram o domínio dos bárbaros asiáticos.

A memória de José foi espezinhada e com o passar do tempo o povo judeu perdeu as suas regalias e foi, pouco a pouco, sendo odiado e escravizado para atender à sede de construções faraônicas do faraó Seti I e de seu megalomaníaco filho Ramsés II. Mas, como em todas as sociedades, sempre existem aqueles que desfrutavam de uma condição confortável, mesmo em meio à escravidão. Esta era a situação dos chefes dos clãs do povo de Israel, pois, desde a sua origem, os judeus demonstraram-se afeitos ao comércio e à livre negociação, ao contrário dos orgulhosos egípcios. Portanto, era comum que os israelitas negociassem com os estrangeiros para importar especiarias e tecidos, vindos de regiões distantes do Oriente, para assim atenderem à nobreza egípcia.

O povo da terra de Kemi achava que nada se comparava à beleza e o conforto de sua pátria. Portanto, era um acontecimento muito raro vê-los viajando para fora do Vale do Nilo. Além do mais, eles tinham um medo enorme de morrer longe de sua terra, pois assim não poderiam partir para a Terra do Poente, e talvez o seu corpo nem fosse mumificado para preservá-lo no reino de Osíris.

Somente o exército avançava para outras terras e mesmo assim voltava imediatamente depois de estabelecer o domínio sobre as novas regiões. Os egípcios apenas retornavam às suas colônias para exigir os tributos anuais que acreditavam que lhes era devido. Logo, era comum encontrar famílias israelitas morando em casas confortáveis e freqüentando as famosas festas da corte, mesmo sendo algumas vezes tratadas como uma raça inferior. Era a inevitável lei da oferta e da procura. De certa forma, os astutos comerciantes israelitas eram necessários para atender aos imperativos da moda e aos caprichos das vaidosas damas da corte egípcia que, assim como nos dias atuais, valorizavam intensamente os produtos importados de outros países. Dessa maneira, os laços entre os egípcios e essa pequena casta privilegiada de israelitas se estreitava a cada década.

Foi nesse cenário que reencarnei em meio ao povo israelita. Meu pai chamava-se Zuar e era o chefe da tribo de Issacar. Ele era um homem muito virtuoso e idealista. Apesar das condições sociais e econômicas nos serem favoráveis, jamais Zuar deixou de lutar pelo direito à liberdade de nossos irmãos diretamente escravizados pelos egípcios. E essa era certamente a atitude que se esperava de um patriarca das doze tribos de Israel.

Eu tinha apenas cinco anos de idade na época em que Moisés começou a ter os seus primeiros contatos com o nosso povo. O meu bom e velho pai insistia em me levar às reuniões dos clãs para que desde cedo se formasse em mim o senso político tão necessário aos homens livres. "Liberdade, eis a mais feliz e nobre condição humana!", dizia Zuar.

Ele costumava sentar-me sobre o seu colo e me falar com elevada fidalguia em seu tom manso de voz: "Meu pequeno Natanael, oremos ao Grande Deus pela liberdade de nosso povo. O teu velho pai não deseja morrer sem ser livre e ver seus filhos gozarem a vida em paz e liberdade, sob a égide do grande deus de Abraão."

Os seus olhos ficavam úmidos de emoção quando ele falava essas idealísticas palavras. Apesar de não entender a profundidade de seus sentimentos e elocuções filosóficas, eu o abraçava e dizia com a minha suave voz infantil: "Sim, papai. Não precisa chorar, pois seremos livres. Yahwéh demonstrará misericórdia pelo nosso povo."

Roger Bottini Paranhos

Recebi de meus pais o nome de Natanael, que significa "a dádiva de Deus". Assim fui chamado porque fui o primeiro filho varão de meus pais. Esse fato ocorreu quando eles estavam em avançada idade e já haviam gerado uma infinidade de filhas mulheres. Quando a minha mãe percebeu que era um menino, houve uma grande festa e desde aquele momento tornei-me uma "dádiva de Deus" aos olhos de meus genitores, que me dedicaram sempre todo o seu intenso amor. E, como toda a criança amada, eu retribuía na mesma intensidade o sentimento de absoluto carinho que recebia.

Era notável a satisfação de meu pai quando eu perguntava com interesse sobre aquelas confusas reuniões que eu ainda não compreendia. Eu não tinha uma idéia clara do que ali se realizava, mas sabia que aqueles encontros eram muito importantes para Zuar e os demais líderes das tribos de Israel. Logo, deveria ser importante também para mim, pois toda pequena criança enxerga o pai como um verdadeiro herói. E, assim pensando, eu admirava tudo que lhe interessasse, o que aumentava ainda mais o orgulho paternal por mim.

Foi no primeiro encontro, após a morte do herdeiro de Ramsés II, que essas reuniões me chamaram atenção. Sobre o palco improvisado, ao lado do grande sacerdote Henok, da tribo dos levitas, estava um rapaz com um profundo e misterioso olhar magnético que parecia irradiar lampejos de uma energia que estimularia o mais acomodado dos homens.

Mesmo sendo apenas uma criança, e não tendo ouvido uma única palavra daquele enigmático jovem que já adentrava a fase adulta, pareceu-me naquela noite que eu a tudo compreendia, como se meu espírito recebesse a verdade de "alma para alma", e não por meio da precária linguagem humana.

Fiquei ainda mais impressionado quando conversei com o meu pequeno amigo Aieser, filho de Amisadai, que era chefe da tribo de Dã, e ele me disse que tivera uma forte impressão daquele forasteiro que parecia reunir em um único homem o que há de melhor entre as raças egípcia e israelita.

A partir daquela noite, tudo mudou para nós como se um misterioso ideal insuflasse os nossos ânimos. Começamos a seguir e a perguntar tudo sobre aquela criatura impressionante que diziam chamar-se Mosheh. Ficamos sabendo então que tratava-se daquela criança lendária que havia sido "salva das águas" pelas mãos generosas da irmã do faraó.

A sua incomum história causava-nos um fascínio ainda maior. E como nossos pais afirmavam que ele seria o libertador de nosso povo, o homem-luz que fora prometido pelos profetas desde o patriarca Abraão, bebíamos a sua palavra envolvente

Moisés, o libertador de Israel

como peregrinos sedentos perdidos pelo deserto à procura de um oásis abençoado. Infelizmente, necessitávamos aguardar a tradução de Henok, pois naquela época Moisés falava somente a língua egípcia e escrevia apenas por meio dos enigmáticos hieróglifos. Mas, o magnetismo de seu discurso parecia falar-nos ao fundo da alma, transcendendo a linguagem codificada.

Logo aquela admiração tornou-se uma febre, e todos brincávamos de projetos de libertação e de interpretar o papel quase messiânico de Mosheh. Por breves quatro anos, tudo correu de forma natural e feliz. Os resultados obtidos no canteiro de obras eram significativos, porque todos queriam trabalhar para gerar resultados que viessem a beneficiar Moisés junto ao faraó. Dessa forma, ele poderia negociar a libertação de Israel. Também, o nosso povo trabalhava com amor por causa da decisão expressa do novo superintendente de suprimir definitivamente o uso do chicote e os abusos cometidos contra as jovens israelitas. Além do mais, os bons resultados permitiram períodos maiores de descanso aos fatigados trabalhadores, que antes eram explorados como animais.

Nesse período, percebi que as reuniões se intensificaram muito, ocorrendo quase todas as noites. Os participantes gritavam palavras de ordem sob forte animação, desejando que o jovem Mosheh obtivesse junto ao faraó o direito a salários, à liberdade e que novamente os apirus tivessem autonomia total sobre a terra de Gessen, que desde o reinado de Seti I era policiada fortemente pelo exército egípcio, roubando a privacidade de seus moradores.

Nas reuniões, era comum vermos o semblante angustiado de Moisés e Henok, enquanto o seu meio-irmão, Aarão, inflamava a assembléia a confiar no poder divino conferido ao libertador de Israel.

Henok e Moisés procuravam amenizar os ânimos e convidavam os mais exaltados ao cultivo da paciência e da humildade para que fosse possível obter bons resultados junto ao faraó. Mas o desejo desesperado por uma vida melhor, aliado à inexperiência política das massas, tornava-os tão incontroláveis como o Nilo em seu período de inundação das margens para fertilizar a terra.

Assim, não demorou muito para essas informações chegarem aos ouvidos de Ramsés II e de seu co-regente Merneptah. Então, por ordem do faraó, instaurou-se toque de recolher no bairro apiru e a carga de trabalho foi intensificada para que não houvesse mais tempo para essas reuniões subversivas. Muitos agitadores foram presos e açoitados cruelmente, ao passo que Moisés foi chamado a Mênfis, onde Ramsés se encontrava para tratar de assuntos administrativos.

Apesar de a corte ter sido transferida para Pi-Ramsés naquela época, muitos dos assuntos administrativos precisavam ser tratados em Mênfis, porque todas as repartições burocráticas e os arquivos reais ainda estavam instalados na antiga capital do Império egípcio.

Chegando à capital que ele mesmo havia fundado na personalidade de Menés, na primeira dinastia egípcia, Moisés foi conduzido pelos soldados ao palácio real. O faraó, ao lado de seu sucessor, resmungou com os dentes cerrados, como uma fera pronta para o ataque:

— Hepmose, pelo que vejo zombas de minha autoridade.

O jovem iluminado nada respondeu, mantendo-se em silêncio, de corpo ereto e queixo erguido, postura que causou profunda indignação em Merneptah que se aproximou e com o seu bastão desferiu um forte golpe nas panturrilhas do jovem, obrigando-o a ajoelhar-se.

— Ajoelha-te diante do faraó, maldito bastardo! — vociferou o co-regente.

Naquele instante, forças imponderáveis do Mundo Invisível anestesiaram os sentidos do jovem profeta, que pareceu não perceber o que se desenrolava ao seu redor, pois passou a ouvir harmonias celestiais a lhe envolverem num clima de paz e tranqüilidade. Inclusive as palavras de Ramsés afiguravam-se-lhe muito distantes, em nada afetando o seu instável humor.

O faraó prorrompeu em sarcasmos com relação a sua intimidade com os apirus e depois o acusou de estimular a rebelião dos escravos da terra de Gessen. Moisés apenas defendeu-se argumentando que os hebreus poderiam ser bons colaboradores para a glória do Egito, se fossem tratados com dignidade e respeito. Ele pleiteou a libertação dos apirus e que lhes fosse estendido os mesmos direitos garantidos a todo cidadão egípcio.

O faraó e seu filho riram de suas propostas. E, em virtude das idéias ingênuas e serenas de Hepmose, Ramsés resolveu não puni-lo gravemente. Apenas o manteve em uma espécie de prisão domiciliar, em Mênfis, onde poderia controlar os seus passos. E, para irritá-lo, ou talvez para ver até onde iria o seu pacto de fidelidade com o Egito, o faraó nomeou o padrasto de Hepmose, Chenefrés, para substituí-lo na superintendência das obras, em Avaris.

Aquela decisão angustiou profundamente o jovem rapaz, porque ele, melhor do que ninguém, sabia do que o vil esposo de sua mãe era capaz. E, assim, em poucos anos Moisés viu claramente a que ponto podia chegar a maldade humana para

Moisés, o libertador de Israel

defender os seus interesses.

A corte egípcia tornara-se aos seus olhos um antro de intrigas e um local de lutas desesperadas entre criaturas medíocres para manterem-se numa situação favorável aos olhos do faraó. Ninguém, com exceção de sua mãe, possuía personalidade própria; tão-somente procuravam atender aos caprichos loucos de um faraó arrogante e prepotente.

Nos dias seguintes, Moisés não desejou sair do quarto a que fora confinado. Era melhor manter-se em isolamento do que ter de dividir a mesa com aqueles que detestava. Em sua mente habitava somente uma idéia: fugir imediatamente do convívio com aqueles aos quais o único sentimento que nutria era a repulsa e o desprezo. Sim, era necessário desvincular-se das pessoas que nunca o trataram como a um igual. Pouco a pouco, nascia em sua mente a sua verdadeira identidade, a israelita, que o tornaria uma das maiores personalidades de todos os tempos.

Durante as seis semanas que passou em Mênfis, somente a visita de sua mãe e de Amenófis foram autorizadas pelo faraó. Ambos tentaram levantar-lhe o ânimo, mas foi inútil. Moisés agora compreendia a intensidade das dores que o faraó Akhenaton teve de sofrer, e necessitava de um tempo para assimilar a nova realidade em que se encontrava.

A estrutura social egípcia caiu rapidamente em seu conceito e mais do que nunca as palavras de Henok sobre a libertação do povo de Israel vibraram em seu coração. Era necessário alicerçar um novo modelo social e religioso a partir do "ponto zero". Israel era o perfil ideal para essa gloriosa missão.

— Sim, Henok está com a razão! — suspirava Moisés em suas reflexões diárias, enquanto observava das janelas do palácio o vaivém monótono dos barcos de pescadores no Nilo.

De uma certa forma, aquelas semanas de exílio foram importantes para que o jovem profeta meditasse na solidão de seus aposentos. O mundo que ele conhecia havia desmoronado, como as primeiras estruturas piramidais do planalto de Gizé. Era necessário mudar o rumo de seus planos, mas sem o poder faraônico ao seu lado isso seria quase impossível. Decididamente, tanto Ramsés como o seu filho Merneptah, jamais autorizariam as transformações que Hepmose acreditava serem necessárias para implantar a revolução religiosa do Deus Único.

A influência dos sacerdotes de Amon nas decisões do faraó era óbvia, tal a sintonia de declarações entre eles. Além do mais, a sua proximidade com os apirus acendia mais um sinal de alerta contra o filho rebelde de Thermutis.

Absorvido por suas profundas reflexões, Hepmose surpreendeu-se alguns dias depois quando foi convocado para uma audiência íntima com o faraó. Ao aproximar-se da sala do trono, o filho de Thermutis e Amram ajoelhou-se aos pés do soberano e proferiu o cumprimento ritualístico:

— Salve, soberano da terra de Kemi! Que os deuses vos protejam hoje e por toda a eternidade!

Ramsés manteve-se em silêncio por alguns instantes, provavelmente estudando as palavras que iria usar na conversa com o sobrinho. Em seguida, levantou-se e caminhou a passos lentos em direção à ampla janela do salão de audiências. O faraó portava a dupla coroa do Alto e Baixo Egito, símbolo máximo do poder faraônico. Após alguns momentos de angustiante expectativa, Ramsés olhou profundamente nos olhos do sobrinho e disse, sem rodeios:

— Hepmose, esta noite sonhei com Osíris, o deus-pai de nossa amada nação. E parece que mais uma vez a decisão dos imortais é favorável a ti, pois ele me recomendou perdoar as tuas atitudes tresloucadas e beneficiar-te com o cargo de escriba real em substituição a Chenefrés, que agora exerce o cargo que negligenciaste para proteger os nossos escravos.

Ramsés pigarreou enquanto bebericava um copo de vinho de palma para anestesiar as dores nas gengivas, causadas por grave infecção.[1] Em seguida, voltou a falar, demonstrando pouco interesse e tédio em suas próprias palavras:

— Tu bem sabes, meu jovem, que a justiça é o alicerce de nossa nação. Mantemos a ordem de norte a sul no Vale do Nilo, porque o povo sabe que os faraós são filhos do casal divino, Osíris e Isís, e devem acatar as decisões dos imortais para que a vontade dos senhores da Terra do Poente seja sempre cumprida e respeitada. O faraó é Hórus reencarnado, o deus vivo com a missão de defender o Egito de seus inimigos, de fazer nossa terra prosperar cada vez mais e jamais permitir que a justiça divina seja maculada.

Ramsés chacoalhou a cabeça de forma engraçada, já sob forte influência do vinho, e concluiu com a voz enrolada e repetitiva:

— Todo o poder emana do faraó, mas os faraós jamais

---

1 Nota do autor - Os últimos anos da longa vida de Ramsés II foram repletos de dores atrozes, causadas por graves infecções nas gengivas. O rei bebia intensamente neste período procurando anestesiar o sofrimento que lhe atormentava sem trégua. Desse modo, não era difícil encontrá-lo completamente bêbado. Uma alternativa muito utilizada na época era a aplicação de pasta de ópio nas gengivas, recurso médico empregado desde a dinastia anterior, bastante eficaz quando administrado com o consumo de vinho. Em seu ano derradeiro, Ramsés II mal levantava da cama e tinha imensa dificuldade para se alimentar, tal a extensão dessa enfermidade que o levou à morte aos noventa e dois anos.

Moisés, o libertador de Israel

podem fugir do dever de aplicar a justiça antes de atender aos seus interesses. E, como bem sabes, a justiça é a vontade de nossos soberanos deuses. Se a decisão sobre o teu destino dependesse somente de mim, eu não teria complacência, mas tenho de me render à vontade dos imortais. Por essa razão, não ouses questionar a minha decisão, que já muito me contraria.

Moisés olhou com tranqüilidade para o faraó e falou:

— Acredito que não tenho outra opção a não ser submeter-me à vontade dos deuses e, por conseguinte, à do faraó. Portanto, não as questionarei! Assumo as minhas novas incumbências quando o senhor das Duas Terras achar mais apropriado.

Ramsés fez um gesto com a cabeça, demonstrando estar satisfeito com a postura prudente e submissa do rebelde sobrinho. Após alguns minutos de silêncio protocolar, o faraó voltou a falar:

— Percebo que os últimos dias de reflexão foram-te muito benéficos. Compreendo a tua rebeldia, pois um dia também já fui jovem. Mas chega um momento na vida de todo homem que devemos abandonar os sonhos utópicos e firmar os pés nos chão, criando raízes para enfrentar a realidade como ela é, abandonando as nossas fantasias juvenis.

Creio que a tua teimosia insensata em relacionar-te com os apirus é fruto de tua juventude inconseqüente. Portanto, determino que cases com uma das minhas filhas que tive com as esposas do harém real. Já estás em tempo de constituir uma família e assumir responsabilidades, tanto no campo profissional como no familiar. Só assim abandonarás essas idéias loucas que povoam a tua mente e afastam-te do caminho da razão.

Moisés, então, ergueu-se indignado e falou:

— Grande faraó, eu aceito de bom grado as vossas determinações em relação ao cargo que devo ocupar na administração do Egito, porém jamais permitirei que a minha vida pessoal seja definida por outra consciência que não seja a minha. Casarei-me com a mulher que tocar o meu coração e jamais abandonarei os meus irmãos.

E, com os olhos vibrando por causa da revolta interna, asseverou:

— Não há como ser conivente com a monstruosidade cometida contra os israelitas em nossa terra.

O faraó irritou-se profundamente e inclinou o corpo em direção ao rapaz. Com voz soturna e em tom muito baixo, como se quisesse que mais ninguém ouvisse as suas palavras, falou:

— Ingrato! Por que te rebelas contra aqueles que só te

oferecem dádivas que não mereces? Não te esqueças que és filho de uma princesa egípcia, mas também tens o sangue sujo dos apirus. Ou aceitas as minhas determinações ou irás trabalhar de sol a sol com a raça que tanto te orgulhas de possuir o sangue. Se não te basta os altos cargos aos quais te nomeio, então enviar-te-ei para o canteiro de obras, onde passarás teus dias colhendo palha e amassando o barro para fabricar tijolos para as minhas construções.

Moisés manteve-se estático, meditando sobre as palavras do faraó. Ele já tinha decidido abandonar a repugnante e depravada corte egípcia que lhe causava asco; portanto, não era necessário contrariar Ramsés naquele momento extremo. Então, abaixou a cabeça e afirmou com humildade:

— Senhor, perdoai a minha impertinência! Farei o possível para atender aos vossos divinos desejos. Procurarei cumprir com dignidade as atividades honrosas a que me nomeastes e procurarei atender com cordialidade e atenção à princesa do harém que me apresentardes.

O faraó jogou o velho corpo contra o encosto do trono e sorriu. Sim, ele tinha vencido a queda de braço contra o impertinente rapaz. Agora era o momento de desfrutar de sua conquista, assim como fazem as pessoas pequenas, que só pensam em dominar e machucar os seus semelhantes.

Ramsés serviu-se de mais um copo de vinho e falou com indisfarçável ironia:

— Claro que se fores do grupo dos afeminados poderemos dispensar o casamento! Eu não gostaria de ver uma filha minha infeliz por não ter um verdadeiro homem em seu leito. E se quiseres, poderás ter um escravo particular para o teu prazer íntimo.

Moisés fechou os olhos e respirou profundamente, procurando encontrar a tranqüilidade tão necessária naquele momento. Após alguns segundos de hesitação, ele falou com a inegável habilidade que lhe era tão peculiar:

— Não será necessário, grande soberano do Egito. Se me demonstrei indeciso em relação ao casamento com vossa filha foi porque não a conheço. O meu coração é muito digno para sujeitar-me a um enlace sem amor. Causa-me estranheza essa atitude de vossa parte, pois quando casastes com a maravilhosa Grande Esposa Real Nefertari, o fizestes em nome desse amor verdadeiro, mesmo contrariando vosso pai, o grande faraó Seti. É uma pena que já tenhais esquecido de um amor tão belo para comportar-vos como um poltrão indigno em relação às questões do coração. Que o Grande Deus jamais permita que eu termine os meus dias pensando como "vossa

Moisés, o libertador de Israel

divindade"!

Moisés sacudiu a cabeça demonstrando desdém e complementou:

— Prefiro morrer antes de viver em tal decadência moral e espiritual!

Aqui vale um registro. Moisés pode ter sido um déspota cruel para disciplinar o seu povo durante a peregrinação pelo deserto, mas no campo das relações conjugais sempre foi muito digno e honrado. O conceito monoteísta que defendia, ele também aplicava em relação ao casamento. Um só Deus, uma só companheira de jornada.

Séfora veio a ser sua única e amada esposa. Ele só permitiu a poligamia entre o povo de Israel, porque era necessário multiplicar os exércitos dirigidos por Josué para vencer as tribos nômades que cruzavam o caminho de Israel durante a jornada até a Terra Prometida. A preocupação de Moisés em aumentar o número de jovens guerreiros para proteger o povo era tanta que ficaram célebres as suas palavras: "Crescei e multiplicai-vos!"

Ramsés ficou paralisado, magnetizado com as palavras incontestáveis daquele jovem insolente que parecia nada temer.

O filho de Thermutis, então, girou sobre os calcanhares e saiu a passos largos do grande salão. O faraó se manteve em profundo silêncio, enquanto seus porta-abanicos[2] e demais criados, nem ao menos respiravam para que não fossem percebidos no ambiente e condenados à morte por presenciarem aquela cena humilhante.

Por fim, Ramsés gargalhou como um bêbado e disse aos seus criados:

— Muito espirituoso esse meu sobrinho!

Nos dias seguintes, Moisés evitou de todas as formas a presença de Ramsés e de seu co-regente. Ele passava horas a fio em seu quarto ou então nas famosas bibliotecas de Mênfis, procurando estudar cada vez mais. Sabia que o conhecimento é uma arma indestrutível e que só por meio dele seria possível obter o poder para realizar os seus sonhos. Era preciso dominar todos os elementos da natureza. O poder mental ele já possuía, bastava agora desvendar os segredos entre a Terra e o Céu, que somente a poucos é dado conhecer.

"O homem nada sabe, mas é chamado a tudo conhecer!" Moisés acreditava nessa máxima de Toth com todas as suas forças. Ele sabia que tinha a capacidade para realizar muito mais do que qualquer homem já havia feito até a sua época.

---

2 Porta-abanicos - Servos encarregados de refrescar o faraó do forte calor.

A fuga do Egito 8

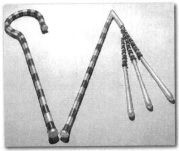

O chicote e o cajado reais, símbolos do poder faraônico.

E assim transcorreram os dias até o retorno para Pi-Ramsés. No caminho de volta, o faraó ocupou-se durante todo o tempo de assuntos administrativos e militares com o seu filho e co-regente Merneptah, enquanto Moisés permaneceu envolvido em suas leituras e meditações na proa da barca real.

Ao chegarem na capital, o jovem profeta desembarcou rapidamente e seguiu para Avaris, enquanto o faraó dava as últimas instruções ao co-regente, que seguiria viagem para o norte onde deveria controlar algumas rebeliões nas colônias da Fenícia e da Palestina.

Em poucos minutos, Moisés já estava ouvindo o estalo estridente dos chicotes dos capatazes e os gemidos do sofrido povo de Israel. Chenefrés havia transformado o trabalho no canteiro de obras num verdadeiro circo de horrores. Inclusive mulheres e crianças estavam trabalhando na locomoção de pesadas pedras de granito sobre roletes, atividade bastante perigosa, pois era comum que braços ou pernas ficassem presos sob os blocos de granito, causando amputações e até a morte de criaturas indefesas, despreparadas para um serviço tão pesado.

Moisés correu por todo o canteiro de obras em busca de Aarão. Ao encontrá-lo, pediu ao seu irmão por parte de pai que convocasse uma assembléia com os chefes dos clãs imediatamente. Aarão era o contramestre de uma das equipes, incumbência que lhe permitia maior mobilidade sem sofrer um controle tão rígido por parte dos capatazes egípcios. Assim, ele pôde cumprir o pedido de Moisés com relativa facilidade.

Algumas horas depois, estavam todos os chefes reunidos e, junto deles, Amenófis e Henok. Moisés sorriu e abraçou o mestre de Heliópolis, dizendo:

— Mestre, fico feliz em saber que não voltastes para o Templo de On. Preciso me aconselhar com ambos para as decisões que pretendo tomar.

Henok fez um gesto com a cabeça e disse:

— Estamos aqui para isso, meu jovem amigo! Mas agora deves falar aos chefes de Israel para que recuperem o sentimento de confiança no ideal de libertação, sob a proteção do Deus Único.

Moisés, então, voltou-se para os chefes dos clãs e demais hebreus que aguardavam as suas palavras. Ele abaixou a cabeça e suplicou ao Grande Deus que lhe inspirasse naquele momento tão importante para definir o rumo de sua missão.

O filho do sonhador Amram subiu na mureta de uma das construções que estava abandonada naquele dia e falou, com voz vibrante e envolvente:

— Ó filhos de Israel! Nascestes para serdes livres e não para servir. O Deus Único e Todo-Poderoso aguarda o momento em que a Sua voz será ouvida. Para que Yahwéh se faça presente, é necessário que mudemos os nossos pensamentos e nos tornemos dignos de ouvir a Sua augusta palavra. O povo de Israel não nasceu para ser escravo, apenas está escravo! Precisamos mudar a nossa mentalidade e acreditar na força de nosso Deus, Yahwéh, porque somente Ele é o "Deus Verdadeiro". Os demais deuses de todos os povos são apenas pálidas manifestações divinas que jamais devem ser comparados ao Todo-Poderoso. Se tivermos fé no poder "Daquele que cria" nada nos será impossível, nem mesmo os exércitos do faraó poderão nos deter.

Moisés respirou por alguns segundos e acompanhou com os olhos a reação daquele povo cansado de tanto sofrer com a submissão cruel imposta pelo faraó. Em seguida, ergueu as mãos e disse com convicção:

— Eu me comprometo a lutar pela liberdade de Israel a partir deste dia glorioso em que a Eterna Potência me iluminou. E essa liberdade não se resumirá a obtermos a independência na terra de Gessen. Eu vos convido, ó filhos de Israel, a atravessar o deserto e conquistarmos a terra prometida pelo patriarca Abraão. A terra de Canaã, onde corre leite e mel, e onde nossos filhos serão finalmente livres de corpo e de espírito.

Sabei que enquanto eu viver, jamais desanimarei de lutar para conquistar o ideal de liberdade. Aquele que não é livre não é digno de viver e ser considerado filho do Grande Deus. Eu não morrerei antes de vislumbrar a terra prometida pelo pai Abraão. E quero ver atrás de mim os milhares de israelitas que me seguirão rumo à liberdade, que é a maior das riquezas. A vida sem liberdade não tem valor. Devemos lutar e morrer, se for o caso, mas jamais sermos dóceis cordeiros nas mãos de nossos algozes.

A multidão, então, cresceu em seu ânimo e começou a gritar o nome de Moisés.

— Mosheh! Mosheh! Mosheh!

E ele os interrompeu, gritando:

— Liberdade! Liberdade! Liberdade! Não há vida sem liberdade!

A agitação se intensificou de tal forma que incendiou os ânimos de todos os israelitas ali presentes. Em completo delírio, o povo carregou Moisés enquanto gritava palavras de ordem contra o Império egípcio. Amenófis e Henok demonstraram profunda preocupação. Moisés havia abandonado a postura pacífica para afrontar o faraó a qualquer preço. A personalidade de Menés crescia no íntimo do príncipe bastardo do Egito, que jamais poderia vir a cingir a coroa da terra de Kemi, mas teria a oportunidade de ser um grande rei entre os apirus. As contrariedades haviam transformado o pacífico e filosófico filho da princesa Thermutis num determinado guerreiro que não mediria esforços para atingir os seus objetivos.

Somente quando os capatazes se aproximaram, os ânimos serenaram. Moisés, então, dispersou a multidão para evitar um confrontamento prematuro. Assim, ele, Henok, Amenófis e os doze chefes dos clãs se reuniram para traçar as diretrizes.

Era necessário estudar uma forma de apresentar uma proposta pacífica ao faraó, a fim de libertar os cinqüenta e dois mil israelitas. Certamente seria uma tarefa difícil, porque Ramsés não admitiria abrir mão dessa numerosa mão-de-obra, ainda mais com a necessidade de concluir as obras de Pi-Ramsés e de Pitom. Além disso, os prédios administrativos de Mênfis estavam sendo reformados e os sacerdotes de Amon reclamavam há meses um serviço de manutenção para os templos de Tebas, a cidade das cem portas.

O único fator positivo para a libertação dos israelitas era o temor constante de uma possível rebelião interna com o auxílio dos cananeus e demais povos do norte. Inclusive, o faraó manifestava com freqüência o seu receio com relação ao elevado número de apirus no Delta do Nilo, fazendo com que Ramsés determinasse, de tempos em tempos, a matança de crianças recém-nascidas do sexo masculino e a morte de mulheres grá-

Moisés, o libertador de Israel

vidas, como já citei em capítulo anterior.

Até o anoitecer várias propostas foram estudadas, mas nenhum dos chefes dos clãs queria se comprometer diretamente com o assunto. Havia o medo de o faraó interpretar a iniciativa de Moisés como uma rebelião e determinar a punição de todos os envolvidos. A pena nesses casos não era branda. Todas as propriedades e riquezas do traidor seriam confiscadas. O infrator seria levado para o deserto para secar ao sol até a morte, com os pés e as mãos atadas em forma de cruz e ainda receberia entre cinqüenta e cem chibatadas e suas feridas seriam cobertas com sal. Por fim, sua língua deveria ser cortada para que não viesse a cometer traição nem nesta nem na outra vida. Ou, então, a punição poderia ser a terrível condenação a ser murado vivo nas paredes dos templos em construção.

Moisés, então, garantiu que não envolveria nenhum dos chefes de Israel em sua proposta, pois tendo ele cidadania egípcia poderia se expor e ser melhor interpretado pelo faraó, ainda mais que Ramsés parecia já estar se acostumando com as loucuras do rebelde sobrinho.

Já tarde da noite, a reunião foi encerrada e Moisés dirigiu-se aos seus aposentos no palácio. Antes disso, ele foi visitar a sua mãe, mas Asnath, a aia de confiança da princesa, informou-o que Thermutis estava indisposta e provavelmente já tinha dormido.

O jovem profeta conformou-se e pediu aos criados que lhe servissem algumas frutas numa bandeja em seu quarto. O dia havia sido cansativo, portanto não demorou muito para que ele entrasse em sono profundo.

Mas a noite não passou rápida: foi povoada de horríveis pesadelos que pareciam intermináveis. Moisés sonhava que precisava fugir para o deserto, pois os monstros do Amenti o seguiam impiedosamente.

Quando ele acordou, Rá já havia percorrido metade do seu percurso pelos céus do Egito. O eleito do Deus Único levantou-se cansado, com o corpo alquebrado e com a mente repleta de maus pensamentos, lavou o rosto numa vasilha de prata e depois dirigiu-se aos aposentos da mãe.

Rapidamente cruzou os amplos corredores cobertos de ouro e lápis-lazúli do palácio real, e, sem se fazer anunciar, adentrou o quarto da mãe. Thermutis se assustou, e, ao vê-lo, tentou se esquivar, mas foi inútil.

Moisés percebeu que a mãe lhe escondia algo e segurou-a firme pelo braço. Ela abaixou a cabeça cobrindo o rosto com os cabelos, como se procurasse utilizá-los como um véu negro para ocultar-se. Mas ele rapidamente descobriu o rosto da mãe e percebeu, horrorizado, o profundo hematoma na têmpora direita e sobre o olho. Perto dos lábios, havia três cortes profundos de cor violácea.

O futuro profeta de Yahwéh perguntou, espantado com o que via:

— O que é isso, minha mãe? Quem te feriu dessa forma? Thermutis desconversou afirmando que havia tropeçado na escadaria do átrio do palácio e batido com o rosto numa pilastra. Ela até tentou ser convincente, sorrindo enquanto se explicava. Porém, o imprevisto ocorreu. Naquele instante, Moisés ficou pálido e num fantástico fenômeno de clarividência assistiu todos os detalhes do que tinha ocasionado aquele grave ferimento no rosto de sua mãe.

Diante dos olhos do futuro vidente do Sinai abriu-se uma tela mental, onde ele viu Chenefrés, bêbado, espancando cruelmente a esposa e arrastando-a pelos cabelos, enquanto gritava, enlouquecido:

— Vê a vergonha que o teu maldito filho bastardo está nos fazendo passar? Toda a corte ironiza as relações amigáveis que ele mantém com os malditos apirus. Assim se confirma a cada dia o teu maldito e sujo passado, mulher, quando te roçaste com essa raça impura, que só tem utilidade para nos servir como animais imundos. Creio que se não fosse assim seria melhor que todos fossem mortos para purificar o ar que respiramos. Sinto-me asfixiado de ter de dividir o paraíso do Vale do Nilo com essa corja!

Thermutis estava assustada, porque não compreendia o que estava acontecendo com o filho, que se mantinha apático, em profundo êxtase. Após alguns breves segundos, ele viu a cena em que o padrasto atirou um vaso de cerâmica na mãe, causando o agravamento do ferimento no lado direito do rosto.

Ele apenas resmungou em voz baixa, como se estivesse falando a si mesmo:

— Maldito Chenefrés! Prometo por tudo que me é mais sagrado que não verás novamente o disco solar nascer no Oriente!

Thermutis, atemorizada, perguntou:

— O que dizes, meu filho?

— Minha mãe, eu sei de tudo. A cada dia mais me parece que nada me pode ser omitido. Teu vil esposo pagará com a vida pelo que te fez. Ah! Isso eu te juro, por Yahwéh, o Único Deus!

A irmã de Ramsés segurou o filho e implorou para que ele relevasse o crime de seu marido. Mas Moisés parecia a nada ouvir. Ele, então, ajoelhou-se e ergueu os braços para o céu, dizendo:

Moisés, o libertador de Israel

— Ó deus de Abraão, de minha verdadeira raça! Ouvi minha súplica porque eu creio em vossa força e jamais me conformarei com o fracasso. Nada me fará desistir do destino que me foi traçado. Lutarei contra essa maldita raça de usurpadores que sugam o sangue de vosso amado povo e vingarei o meu pai quebrando o jugo que pesa sobre o nosso desgraçado povo e que o torna fraco e desprezível. Tirarei Israel dos domínios do faraó, e no deserto escaldante o transformarei em uma grande nação temente apenas a Vós, ó Único e Soberano Deus.

Juro pela minha vida que antes de partir para o vosso reino nos céus os meus irmãos não sofrerão mais um açoite sequer na terra de servidão e ninguém mais se envergonhará de nossa gente. E digo mais... chegará o tempo em que todos se curvarão diante de nosso povo, que dominará o mundo.

Thermutis escutava as palavras do filho, assustada com o tom de sua voz e com as energias imponderáveis aos olhos físicos que lhe percorriam todo o ser. O seu semblante pálido parecia transformá-lo em um anjo justiceiro, com poderes divinos aos quais nem os exércitos do faraó poderiam oferecer resistência.

Ajoelhada e abraçada às pernas do filho, que naquele instante levantava-se para cumprir as suas resoluções, Thermutis apenas disse:

— Perdoai-nos, meu filho, por sermos assim tão indiferentes à dor de teu povo!

A princesa já falava como se estivesse diante de uma entidade estranha, ao invés de seu amado filho. Moisés apenas respondeu:

— Minha vingança, princesa Thermutis, será o preço que o Egito pagará pela sua indiferença e desprezo ao Grande Deus que Akhenaton tentou revelar à terra de Kemi com seu infinito amor e seus grandiosos conceitos de paz entre os homens. O faraó, filho de Aton, foi morto quando tentava erguer o Duplo País a um novo e elevado nível espiritual. E agora, mais uma vez, o Egito se nega a aceitar a Verdade Divina por sua arrogância e vaidade. Mas, dessa vez, tudo será diferente, e o preço da indiferença do Egito será a sua própria desgraça. Aprecia bem esses dias, pois serão os últimos em que o Duplo País será senhor de si próprio. A ira divina descerá sobre a terra de servidão e nunca mais essa raça se erguerá, tornando-se escrava dos algozes que a subjugarão.

E realmente assim aconteceu. Após a partida dos hebreus para a Terra Prometida, o Egito foi se enfraquecendo até ser dominado pelos assírios, no final do Novo Império. Depois, conseguiu uma curta independência, mas chegaram os persas, os macedônios, os gregos, os romanos e, finalmente, os árabes, que exterminaram definitivamente a verdadeira raça egípcia, descendente dos grandes atlantes.

Moisés beijou a fronte de sua mãe e disse-lhe, demonstrando um pouco de serenidade:

— Perdoa-me, minha mãe, mas eu preciso cumprir o meu destino! O Deus de meu pai habita em mim, e eu Nele. E é necessário que se cumpra a Sua vontade divina entre os homens.

Ele respirou profundamente e concluiu:

— A vontade de Deus e minha vida estão intimamente ligadas. Se eu não a cumprir, minha vida deixa de ter sentido.

Em seguida, o jovem profeta retirou-se a largos passos, enquanto Thermutis falou com voz chorosa:

— Por todos os deuses do Egito, será que eu trouxe ao mundo o justiceiro que irá colocar de joelhos a nossa orgulhosa raça? Ó mãe Ísis, tanto vos pedi essa dádiva em minhas orações, mas agora sinto tanto medo!...

Thermutis, então, lembrou-se da infância prodigiosa e repleta de fenômenos de seu filho e chorou amargamente.

Enquanto isso, Moisés descia as escadas do palácio, atormentado por seus pensamentos destruidores. A cada momento, ele sentia uma necessidade cada vez maior de afastar-se do Egito e daquele povo supersticioso e arrogante. As agradáveis brisas do Nilo, antes refrescantes, agora pareciam asfixiá-lo. Lembrou-se das viagens à terra de Madian e o rosto da bela Séfora surgiu em sua mente, anestesiando a sua alma que estava em brasa.

A distância que separava o palácio e o canteiro de obras foi rapidamente percorrida. Ao chegar lá, Moisés avistou Chenefrés açoitando cruelmente um hebreu que estava caído no chão gemendo como uma criança. Sem dizer uma única palavra, chutou as costas do seu odioso padrasto, arremessando-o ao solo barrento.

O carrasco caiu de joelhos, sem acreditar no que presenciava. Quem ousaria agredir o superintendente do faraó daquela forma? Ao ver o seu detestado enteado, ele apenas disse:

— Eu deveria imaginar, somente um bastardo com sangue apiru poderia ter tal ousadia. Mas vou já dar-te uma lição. Farei o teu rosto sangrar como fiz com a tua mãe, que não soube manter a sua dignidade envolvendo-se com um reles escravo.

Quando Chenefrés ergueu o chicote para açoitá-lo, a assombrosa força mental de Moisés se manifestou. Ele estendeu o braço na direção do padrasto e disse com uma autoridade impressionante:

Moisés, o libertador de Israel 101

— Cala-te, maldito! Que a tua boca nunca mais se abra e que os teus pulmões nunca mais recebam o ar que nos dá a vida, mesmo que recebas "o sopro da vida" através do instrumento de Anúbis.

Imediatamente após o poderoso comando mental de Moisés, Chenefrés caiu de costas e suas vias respiratórias se bloquearam para nunca mais abrir. Ele se debateu como um peixe fora da água e terminou por morrer asfixiado, depois de intermináveis minutos de agonia.

Todos os trabalhadores ficaram paralisados, completamente apavorados com o que viam. Moisés, então, olhou para os lados e percebeu que não havia nenhum egípcio por perto. Ele pediu uma pá para um dos apirus, cavou uma vala e jogou o corpo do padrasto no buraco, cobrindo-o com a terra vermelha do canteiro de obras. Em seguida, pediu uma vasilha de água e lavou os braços e o rosto. Mas, nesse instante, chegou um dos capatazes e perguntou porque todos os trabalhadores estavam parados naquele setor.

Os homens, então, reiniciaram o trabalho imediatamente, cabisbaixos, enquanto Moisés tentou distrair o capataz referindo-se a outros assuntos. Mas o servidor do faraó observou a ausência do superintendente das obras que ali estava coordenando pessoalmente as atividades.

O sobrinho de Ramsés afirmou que não o tinha visto. E, então, o inesperado aconteceu. O próprio escravo que ele havia salvo jogou-se aos pés do feitor e gritou como uma criança demente, tentando expressar-se na língua egípcia:

— Foi ele quem matou o superintendente do rei quando este me castigava. Eu bem que merecia apanhar, porque sou preguiçoso e manhoso. Eu jamais ousaria agredir o meu senhor. Não sei porque aqui se meteu esse desconhecido em assuntos que não lhe dizem respeito.

Depois, rastejando como um rato desprezível, começou a descobrir a cova onde Moisés havia enterrado Chenefrés, com um sorriso tétrico no rosto, como se estivesse fazendo um grande bem a si mesmo.

Nesse momento, o jovem profeta recuou indignado. Então, era desse naipe o caráter e a coragem do povo que deveria educar! Mas ele não se abalou. Talvez o grande motivo do êxito da missão de Moisés seja este mesmo: a sua perseverança. Nada o desanimava, porque ele sabia que o sucesso de sua missão dependia mais dele do que do auxílio da massa humana que estaria sob as suas ordens.

Ao contrário de Akhenaton, que se abatia com facilidade diante das adversidades, Moisés parecia tornar-se cada vez mais forte com as dificuldades e os problemas que surgiam. Talvez aí encontremos o principal motivo do sucesso do grande legislador em meio a uma época onde as consciências eram ainda tão primárias.

Akhenaton era mais sábio e evoluído que Moisés, mas assim como o beija-flor não consegue sobreviver nos pântanos, o faraó "Filho do Sol" sucumbiu à maldade dos sacerdotes de Amon. Já Moisés, era talhado para o embate; poucas vezes o vi abrir a guarda para sofrer os golpes daqueles que eram mal-intencionados e desejavam conspirar contra os seus projetos divinos.

Percebendo que era inútil defender-se, Moisés não disse mais uma palavra sequer. Apenas aguardou que os guardas o levassem para o palácio onde seria julgado pelo faraó, por sua condição social. Caso contrário, seu caso viria a ser estudado pelo nomarca da região que estabeleceria a pena, podendo ser inclusive a sentença de morte por ter matado um alto funcionário da corte.

Logo se espalhou pela corte egípcia a notícia do assassinato de Chenefrés por seu próprio enteado. Moisés foi enclausurado numa cela do palácio até que o faraó pudesse analisar o seu caso.

Longas horas de expectativa se passaram. Para não perder o equilíbrio e a serenidade, ele se ajoelhou no solo úmido da prisão e orou fervorosamente ao Criador, pedindo que Este não o abandonasse naquele momento extremo de sua vida.

Somente no dia seguinte os guardas o levaram à presença do faraó para ser interrogado. Ramsés parecia tranqüilo e sentia-se aliviado. Agora havia um grave motivo para condenar o sobrinho, sem que pudesse vir a ser responsabilizado pelos deuses.

O rei analisou os documentos onde foram registrados os acontecimentos relatados e, enfim, olhou para Moisés e disse-lhe com voz pausada:

— Vejo que resolveste facilitar o meu trabalho, porque para o crime que cometeste não existe dúvida quanto à natureza da punição.

— Creio que deveis analisar os fatos que me levaram a essa agressão, grande soberano — interveio o acusado. — Eu nunca deixaria de defender a minha mãe das garras desse criminoso que jamais deveria ter recebido autorização para desposá-la.

O faraó sorriu e disse com indisfarçável irritação:

— É impressionante, mas mesmo às portas da morte ainda encontras espírito para seres insolente. Ao invés de quereres julgar as minhas decisões em relação ao casamento de

Moisés, o libertador de Israel

Thermutis, preocupa-te em defender-te, pois a tua situação por si só já é muito delicada.

Moisés respirou fundo e disse em alta voz:

— Alego em minha defesa o direito à proteção da integridade física de minha mãe, a princesa Thermutis.

O faraó não refletiu um minuto sequer e respondeu:

— Defesa negada! Somente ao faraó cabe o direito de aplicar a justiça. Deverias ter procurado as autoridades competentes para que Chenefrés fosse julgado e condenado. Como tomaste a justiça em tuas próprias mãos, declaro-te culpado. O teu crime não é passível de perdão e, como o delito que cometeste é considerado grave, segundo as leis dos deuses, condeno-te a ser murado vivo no templo da deusa Hator que está sendo construído pelos apirus nas proximidades de Avaris.

E, por fim, o faraó ergueu-se e concluiu o processo dizendo:

— A audiência está encerrada. Que o escriba real registre a condenação do príncipe Hepmose junto ao departamento de documentos reais!

Ramsés já estava se retirando com o seu séqüito, quando Moisés falou de forma autoritária e arrogante:

— Um momento, faraó do Egito! Eu não aceito o vosso julgamento e o desprezo.

Moisés cuspiu no chão e pisou sobre o escarro com um olhar de desdém, e prosseguiu:

— Não aceito ser julgado pelo faraó, porque não reconheço a sua autoridade. Somente o Grande Deus Aton do faraó Akhenaton é Senhor da minha vida. Apenas a Ele devo satisfações. E somente Ele possui o poder de pôr fim à minha existência.

O faraó lembrou-se das semelhantes palavras que tinha ouvido mentalmente de Moisés quando ele era apenas uma criança, em tenra idade, e mordeu os lábios, assustado. Mas, procurando disfarçar os seus angustiantes sentimentos, virou-se e disse:

— Vejo que realmente és um louco! Acreditas que podes livrar-te da condenação com essas idéias absurdas. Apenas agravarás a tua pena com esse comportamento covarde. Morre com dignidade, bastardo!

Ramsés chamou novamente o escriba e disse-lhe:

— Anota na peça condenatória: "O condenado deverá receber cinqüenta chibatadas antes da execução da sentença, por ter mencionado o nome do faraó herege que foi proscrito para que jamais tivesse vida eterna, pelos crimes que cometeu contra a cultura e as divindades de nossa pátria."

O faraó virou-se para Moisés e disse com ar irônico:

Roger Bottini Paranhos

— Estás satisfeito agora?

— Não morrerei, faraó do Egito. Apenas irei embora desta maldita terra de servidão e de exploração dos mais fracos. Mas voltarei e colocarei o faraó do Egito de joelhos, aos meus pés, para que sinta a força do Único e Poderoso Deus que deseja a libertação de Seu povo, os filhos de Israel.

Ramsés riu e apenas disse antes de sair, a passos rápidos:

— Cala-te bastardo! Antes que eu mande cumprir a tua sentença aqui mesmo no palácio ou então te corte a língua para não amaldiçoares as paredes onde serás sepultado em vida.

O faraó girou sobre os calcanhares e saiu do salão de audiências rapidamente. Moisés e Ramsés nunca mais se viram naquela existência, porque alguns anos depois desse episódio o faraó que ergueu mais monumentos na história do Egito foi conduzido para a sua morada eterna no Vale dos Reis.

Alguns historiadores afirmam que Ramsés foi o faraó do êxodo dos hebreus, por seu longo reinado e porque a arqueologia indica que Jericó foi tomada por Josué, no ano de mil duzentos e cinqüenta antes de cristo. Na verdade, a chegada dos hebreus à Terra Prometida ocorreu quase cem anos após a data mencionada. Portanto, foi o seu filho, Merneptah, quem teve a honra, ou a desgraça, dependendo do ponto de vista, de ser o faraó do êxodo de Israel da terra de servidão. Moisés, por conseguinte, retornaria ao Egito e concluiria a sua inesquecível missão, ao final do curto reinado do sucessor de Ramsés II.

O jovem profeta foi, então, conduzido novamente para a cela onde aguardaria com ansiedade a chegada do dia seguinte, quando deveria ser executada a sentença. Mas, Thermutis fora visitá-lo naquela noite e, ao contrário do que se possa pensar, chegou com um largo sorriso no rosto, deixando Moisés intrigado.

— Meu querido, não temas! Eu falei com Amenófis e Henok e eles te tirarão daqui ainda esta noite. Não sei como, mas eles pareciam muito seguros disso.

Moisés sorriu aliviado e disse:

— Podes ter certeza, minha mãe, o Grande Deus não me abandonará. Agora dá-me um forte abraço, porque não sei se nos veremos tão cedo novamente. A partir de hoje, o Egito será uma terra onde não mais poderei viver enquanto a dinastia dos ramessidas se mantiver no poder.

Thermutis chorou e disse, apertando o filho tão amado em seus braços:

— Antes eu fosse apenas uma simples hebréia e pudesse ter vivido com o teu pai por todos esses anos. Assim, poderia ter devotado a ti todo o amor de mãe que merecias. Ó meu filho, como te fiz sofrer! Sinto que o teu ódio por Ramsés é fruto do desprezo com que sempre te trataram na corte.

Naquele instante, entrou na cela um soldado corpulento com quase dois metros de altura, que mais parecia um gladiador romano da época dos césares. Ele informou de forma ríspida que a entrevista da princesa com o condenado estava encerrada.

Qual não foi a surpresa de Moisés quando no alto da madrugada Amenófis surgiu na porta da cela, ao lado desse mesmo soldado, que mais parecia um fiel cão de estimação a lhe acompanhar os passos, cumprindo todas as ordens mentais que lhe eram dirigidas.

Utilizando-se dos fantásticos recursos de hipnose que Moisés viria a dominar no futuro, Amenófis adentrou sem problemas na prisão e sugestionou o musculoso soldado a cumprir a sua soberana vontade.

Em frente à cela que separava Moisés da liberdade, o sacerdote de Heliópolis disse ao soldado:

— Meu leal servidor, abre esta porta e liberta o prisioneiro!

Com os olhos parados, como uma múmia, o soldado apenas disse, enquanto cumpria mecanicamente as ordens que lhe eram dirigidas:

— Sim, meu mestre e senhor!

Em poucos minutos, Moisés e Amenófis corriam pelos escuros corredores iluminados por tochas tremulantes que desembocavam nas margens do Nilo. Lá, em uma pequena barca, Henok os esperava.

Moisés pulou para dentro da canoa e Amenófis fez um significativo sinal para que partissem. O fugitivo, então, perguntou:

— Mestre, não virás conosco?

— Deves seguir com Henok para Madian, onde Jetro te abrigará e te facultará novos estudos. Irei te visitar em breve, mas agora devo providenciar a defesa do soldado que nos permitiu a fuga sem problemas; caso contrário, Ramsés irá condená-lo à morte.

Moisés compreendeu a preocupação de Amenófis e concordou com um gesto sincero. Em poucos minutos, a barca se distanciava, enquanto Amenófis desaparecia em meio à escuridão, típica das noites de lua nova no Vale do Nilo. No dia seguinte, Moisés e Henok partiram com as diversas caravanas que semanalmente saíam do Egito em busca dos cobiçados produtos do Oriente.

É um absurdo pensar que Moisés abandonou o Egito sozinho, como se tivesse sido abandonado em um território desconhecido. A rota comercial que cruzava o deserto do Sinai, passando pela região de Madian, era intensamente percorrida pelos comerciantes. Em nenhum momento eles estiveram sós. A preocupação maior de Henok, durante toda a viagem, foi ensinar a Moisés os truques do deserto e suas diversas rotas, pois o profeta do Grande Deus teria de guiar, no futuro próximo, mais de cinqüenta mil pessoas por uma região de poucos recursos naturais.

Conduzir pequenas caravanas de homens, habituados com a severidade do deserto, era fácil, mas liderar um povo inexperiente, com velhos, crianças e a bagagem de uma vida inteira por uma região inóspita seria uma tarefa árdua que necessitava de estudo e treinamento.

Enganam-se aqueles que acreditam que Moisés fugiu do Egito aos quarenta anos e viveu como pastor de ovelhas até os oitenta, para só então libertar Israel da terra de servidão, após ouvir o chamado de Deus. E que, ainda depois, em avançada idade, peregrinou com o povo pelo deserto por mais quarenta anos, chegando às margens do rio Jordão com cento e vinte anos de idade, quando enfim, desencarnou.

Para os antigos egípcios, e conseqüentemente para o nosso povo, quarenta anos queria dizer "muito tempo". Quando não tínhamos noção de tempo referente a épocas remotas, falávamos que aquilo tinha ocorrido "há quarenta anos". Além disso, o número cento e vinte simbolizava a sabedoria perfeita, algo que se encaixava sob medida na figura de Moisés. Portanto, quando as gerações posteriores desejaram estabelecer períodos para a epopéia conduzida por Moisés, escolheram essas datas por acharem que essas etapas na vida do grande profeta levaram "muito tempo". A mais ingênua das crianças percebe facilmente que os marcos quarenta, oitenta e cento e vinte, são apenas a definição simbólica desses marcantes períodos na vida do profeta de Yahwéh.

Na verdade, Moisés era apenas um adolescente quando saiu do Egito para escapar à condenação de Ramsés II. E retornou quinze anos depois para cumprir a missão de libertar os seus irmãos cativos, quando contava trinta e poucos anos de idade. Depois, realmente peregrinou com o povo eleito de Yahwéh por um longo período, por uma geração inteira. Contudo, não foram quarenta anos. O único motivo pelo qual essa viagem de pouco mais de quinhentos quilômetros demorou tanto tempo, deveu-se ao fato de que Moisés desejava forjar a moral de seu povo no deserto, para que eles jamais pisassem na Terra Prometida com os "pés impuros".

Além de todas essas colocações, é importante salientar que no mundo antigo a expectativa de vida era muito baixa, sendo raros aqueles que alcançavam a longevidade obtida por

Moisés, o libertador de Israel

Ramsés II. Naqueles tempos, os homens eram empossados em altos cargos com pouca idade; porém, desencarnavam muito jovens, por causa das guerras, do restrito conhecimento médico e da baixa qualidade de vida da população.

No antigo Egito, como nos demais povos da época, aos quinze anos de idade os jovens já estavam casados e, dependendo de sua ascendência e competência, já assumiam elevados cargos na administração de seus países. Assim aconteceu com os faraós e sacerdotes, e também com Moisés.

Um outro exemplo disso que afirmo é o célebre líder macedônio Alexandre, o Grande, que, quase mil anos depois deste período, tornou-se rei da Macedônia com apenas dezesseis anos, conquistou o mundo da época e veio a falecer aos trinta e três anos, idade que compreende menos da metade da expectativa de vida atual em países desenvolvidos.

Moisés ouve a voz de Yahwéh 9

Ramsés II sendo retratado em sua "suposta" vitória sobre os hititas.

A saída do Egito foi para a alma de Moisés uma renovadora terapia. Longe daquele ambiente que o oprimia, o escolhido de Deus encontrou a paz, a serenidade e a harmonia. Em meio aos comerciantes do deserto e na agradável companhia de Henok, ele pôde aprender mais sobre a natureza humana do que durante os exaustivos estudos teóricos nos templos de Heliópolis. A prática é mais rica do que a teoria, mas ambas são fundamentais para a formação dos grandes sábios.

Sob o sol escaldante do deserto, Henok esclarecia Moisés, a cada momento, sobre as dificuldades de conduzir uma massa humana numerosa, utilizando-se dos escassos recursos das zonas áridas.

O profeta do Deus Único observou a imensidão de areia a perder-se de vista e disse ao sábio mestre dos apirus:

— Henok, como será possível alimentar e saciar a sede de todo um povo durante uma longa caminhada por terras inóspitas e desconhecidas?

O amorável benfeitor, sempre atencioso, respondeu:

— Observa, meu filho, que os peregrinos habituados com essas viagens são bastante prudentes quanto ao consumo de recursos. Além disso, aproveitam com sabedoria o que a natureza oferece nesta região pouco hospitaleira do mundo. Em uma peregrinação com mulheres, crianças e idosos, certamente será mais difícil dispor dessas parcas dádivas do deserto. Teremos, portanto, de orientar o povo a providenciar um grande estoque de comida e água antes de nossa partida definitiva da terra dos faraós.

Moisés assentiu com um gesto sereno, enquanto Henok lhe mostrava algumas fontes de água subterrâneas e como obter alimento a partir das árvores nativas do deserto.

— Vê, Mosheh! Deus não desampara os Seus filhos em nenhum lugar. Basta que tenhamos a sabedoria para conhecer os segredos da mãe natureza e, assim, dela retiraremos sempre o alimento que nos é indispensável.

— Sim, tendes razão meu mestre! O que me preocupa são os acomodados e aqueles que a tudo criticam. Evidentemente os filhos de Israel que hoje vivem numa situação confortável no Egito se rebelarão contra a perda da comodidade e das oportunidades de comércio lucrativo que realizam com a corte egípcia.

Henok olhou para o amigo, como se desejasse incutir-lhe confiança, e falou:

— Não te esqueças de que estaremos amparados pelo Único e Verdadeiro Deus. Conscientiza-te desse fato e procura mostrar isso, em todo momento, à massa humana que irás conduzir, porque o povo simples precisa ser alertado sempre de que está sob o amparo da Luz de Deus. Caso contrário, torna-se um inocente joguete nas mãos de homens inescrupulosos. Nos momentos de dificuldade, meu filho, usa a tua força interior para mostrar aos filhos de Israel que o teu Deus não os abandonará e que Ele exige confiança e respeito às Suas Leis.

Já quanto aos que se acostumaram ao conforto, terás de demonstrar pulso firme para que eles não confundam as pobres mentalidades da grande massa de escravos que irás libertar. Se perderes o controle sobre o povo simples, sucumbirás nas mãos daqueles que jamais desejarão abandonar o Egito, indiferentes à dor de seus irmãos que sofrem com o cativeiro.

Moisés olhou para a imensidão do deserto e, após meditar por alguns segundos, voltou-se novamente para Henok e lhe disse:

— Certo, mestre! Farei isso. Se o nosso povo não conhece o poder de seu Deus, eu lhe mostrarei para que ele se sinta forte e vença as suas fraquezas e limitações. E também não devemos nos preocupar com os israelitas abastados. As portas da Terra Prometida se abrirão àqueles que realmente desejarem a liberdade e as bênçãos do Grande Deus. Que os ricos comerciantes israelitas fiquem no Egito, se estão satisfeitos em serem tratados como uma raça inferior!

— Compreendeste bem, meu jovem! — respondeu Henok com um brilho no olhar.

Nesse instante, Moisés abaixou a cabeça e ficou acompanhando o movimento monótono das patas de seu camelo, envolvido em profundo estado de meditação. Em seguida, voltou a perguntar:

— Mas será que terei forças para arrancar o nosso povo das mãos do poderoso Ramsés? Vede agora a minha situação, mestre! Eu sou nada mais que um fugitivo de minha pátria. E caso volte, serei certamente preso e a sentença do faraó será inexoravelmente executada.

Henok manteve-se em silêncio por alguns minutos e depois forçou o seu camelo a uma parada. Moisés também freou o seu animal e aguardou ansioso pela resposta. O sábio mestre da tribo dos levitas olhou para o céu e disse:

— Observa, Mosheh, a beleza da natureza! O Sol brilha durante o dia e as estrelas iluminam a noite. Vê a força dos rios e das tempestades, aos quais nenhum homem, por mais poderoso que seja, pode dominar. Examina o poder divino da vida e da morte, fato que os sacerdotes, por mais que tentem, também não conseguem dominar. Analisando toda a grandeza da obra divina, crês que o Criador do Universo terá dificuldades para vencer a um arrogante faraó?

Sem graça, Moisés redargüiu:

— Não me entendais mal! Jamais duvidaria da força de Deus. Apenas estou um pouco cético em relação à minha capacidade neste grande empreendimento. Às vezes, me pego pensando em uma forma de convencer o faraó a nos libertar pacificamente. E não encontro uma resposta, porque o empreendimento realmente causará prejuízos ao Egito, pela perda da mão-de-obra. Não haverá outra alternativa senão o embate direto. E será mesmo que tenho condições de vencer o faraó?

Henok sorriu, irradiando uma puríssima e agradável energia de seu ser, e disse:

— Mosheh, pensas demais e sentes de menos! Apenas tem fé no poder de Deus e trabalha pela paz. O Criador orientará os teus passos e te dará o poder necessário para que cumpras a Sua Vontade Divina. Caso o faraó não obedeça pacificamente à ordem absoluta do Criador, terá de vir a submeter-se a ela de qualquer forma. Não há outra saída. Que os imortais inspirem o senhor do Alto e Baixo Egito a ter humildade para aceitar uma força maior que a dele! Caso contrário, muitos inocentes sofrerão injustamente, acarretando uma futura grande dívida espiritual para o faraó.

Posso garantir-te que o fracasso ocorrido durante o reinado de Akhenaton não se repetirá, porque não há mais tempo a perder. O Verdadeiro e Único Deus necessita ser revelado à humanidade para que um novo panorama espiritual seja estabelecido. Só assim as gerações futuras poderão receber a

Moisés, o libertador de Israel

mensagem do grande rei do Mundo Maior. Ele, o espírito soberano do reino de Deus, descerá à Terra e o mundo jamais será o mesmo após a sua passagem.

O futuro profeta do Sinai meditou por alguns segundos e asseverou:

— Confiai em mim, mestre Henok! Não vos decepcionarei. Cumprirei integralmente a minha missão e vencerei todas as dificuldades que se apresentarem. Antes de eu morrer, o Deus Único e Soberano será cultuado com fervor pelos filhos de Israel, que agradecerão pelos séculos futuros a sua libertação do jugo egípcio. E, com o passar das gerações, uma nova mentalidade se formará, preparando o terreno para a vinda do Grande Espírito, já aguardado por todos os grandes sábios do mundo. Que a Eterna Potência nos dê forças para ararmos a terra em que o Divino Semeador irá lançar as suas abençoadas sementes de renovação e progresso espiritual!

Henok sorriu e falou com descontração:

— Agora sim me agrada a palavra do escolhido por Yahwéh para libertar o Seu povo!

Ambos sorriram e a caminhada seguiu por vários dias, com Moisés demonstrando empenho e dedicação no estudo de tudo que lhe era apresentado. Durante as pausas para as refeições, ele ouvia atento às lições dos experientes mercadores sobre os segredos do deserto. Passou, então, a compreender a importância de conhecer o idioma hebraico e os dialetos dos povos árabes do deserto, pois sua missão exigia integralmente o domínio da palavra em todos os idiomas. O poder da comunicação era fundamental para o êxito de seu grande projeto. Era necessário cativar e converter os homens aos seus ideais; portanto, ele procurava a todo instante assimilar melhor os idiomas da época e estreitar relações com os líderes das comunidades por onde passava, pois um dia teria de conduzir um povo inteiro por aquelas terras e jamais seria bem visto se fosse um desconhecido.

E assim, por todos os povoados que passavam, na península do Sinai, Moisés levantou enfermos, dando-lhes vida nova com o seu fantástico poder magnético, realizando curas miraculosas que angariavam a simpatia das comunidades que conhecia. E, nos anos seguintes de seu exílio, por diversas vezes, retornou a esses mesmos lugares com o objetivo de criar laços cada vez mais estreitos com essas tribos.

A companhia de Jetro nessas viagens o auxiliou muito, porque o chefe dos madianitas era um líder muito respeitado em toda a região do Sinai. Apesar das naturais desavenças entre as diversas tribos árabes, Jetro era tratado com real deferência por sua inegável sabedoria, que sempre se revertia em bons resultados para todos os povoados da região.

Por serem seminômades, algumas vezes os madianitas distanciavam-se da esfera de atuação de Jetro, rebelando-se contra o seu líder e instaurando novas sociedades por toda a península do Sinai. Por esse motivo, encontramos nos textos bíblicos a aparente contradição de que em alguns momentos os madianitas eram amigos, em outros, inimigos dos israelitas.

E assim se passaram os dias, até que em certa tarde a caravana finalmente chegou ao oásis de Madian. Moisés foi envolvido por uma agradável sensação de bem-estar e paz. Sim, ele era um filho do deserto! Somente o destino o havia feito nascer entre os orgulhosos e delicados filhos do Nilo.

A partir daquela viagem, Moisés deixou o cabelo e a barba crescerem. Ele jamais voltou a raspar os pêlos do corpo, como era costume entre o povo da terra de Kemi. O filho da princesa Thermutis abandonou as vestes finas e elegantes da corte egípcia e adotou os trajes simples de pele de carneiro, que eram mais adequados à vida no deserto, tão familiar aos beduínos, mas que era um terrível tormento para os egípcios.

Henok e Moisés chegaram à casa de Jetro em meio ao casamento de um dos filhos do grande patriarca árabe. A alegria então foi geral, e se tornou ainda mais intensa para Moisés quando ele viu a sua bela Séfora correndo em sua direção, segurando a barra do vestido, como se fosse uma elegante gazela saltitando pelas pradarias. Os seus belos cabelos dançavam no ritmo de suas passadas e os seus olhos da cor do jade brilhavam como estrelas do céu.

Ele jogou o seu bornal para Henok e correu como uma criança para os braços daquela mulher especial, que seria o grande sustentáculo para o homem que o Antigo Testamento viria a considerar o maior dos profetas, "aquele que esteve face a face com Deus".

Ao abraçá-la, ele perguntou com um brilho especial em seus marcantes olhos negros:

— Tu me esperaste?

Séfora sorriu e respondeu com a voz trêmula pela emoção do reencontro:

— Como poderia ser diferente, se minha alma necessita da tua para viver, desde o dia em que nos conhecemos?

A jornada da vida humana é uma escola que nos transforma em pessoas melhores a cada dia. A nossa distância em relação à angelitude é que torna essa caminhada espinhosa e repleta de experiências dolorosas, como conseqüências dos nossos próprios equívocos, ou pela maldade dos homens.

Moisés, o libertador de Israel 113

Mas Deus sempre oferta aos amados filhos que seguem as Suas sábias leis momentos especiais, em que nos sentimos como se estivéssemos em Seu inenarrável reino de amor e paz. Antes das grandes tarefas de renúncia e amor ao gênero humano, os emissários divinos são abençoados com o céu na Terra. Eis aqui o momento especial de felicidade para Moisés! Momento em que ele alimentou o seu inquebrantável espírito para obter as forças necessárias à hercúlea missão que lhe foi confiada pelos grandes dirigentes do plano Astral.

No deserto do Sinai, entre o povo madianita, Moisés encontrou a família que não teve no Egito. Apesar de sua mãe o amar intensamente, jamais pôde externar-lhe o seu amor por causa do ciúme doentio de seu esposo. Já Amenófis, havia sido pai e irmão, mas com um perfil de educador.

Em meio ao povo rude do deserto, o grande profeta do Deus Único encontrou a felicidade no amor de Séfora, de Jetro e dos pastores simples daquela região montanhosa. A vida para ele tornou-se uma inesquecível canção de amor e paz. Mas no dia em que partiu para o Egito para pôr o faraó de joelhos diante da Eterna Potência, chorou por ter de abandonar aqueles que considerou como a sua verdadeira família.

Naquele dia, Moisés dançou, bebeu e sorriu, porque se sentiu apenas mais um filho do Grande Deus, igual a todos os outros ao seu redor. Ali, ele sentia-se livre dos tristes preconceitos raciais e sociais de que havia sido vítima. E naquele instante ninguém esperava nada dele, apenas desejavam que ele fosse feliz, assim como todos se sentiam com a sua chegada naquele dia de festa. Por alguns instantes, ele deixou de lado a responsabilidade de cumprir com a sua fantástica missão para tornar-se apenas um homem simples e feliz. Então, dançou e brincou durante toda a noite com Séfora, pedindo-a em casamento ali mesmo.

A alegria tornou-se completa naquela noite e dessa mesma forma Moisés viveu em Madian por longos anos. Mas se engana quem pensa que o grande profeta passou os seus dias no deserto apenas cuidando de ovelhas. Madian era uma grande tribo, onde Jetro reinava com sabedoria junto aos seus inúmeros filhos.

Ao contrário dos egípcios, os madianitas adoravam interagir com outros povos. Assim, por muitas vezes Moisés acompanhou-os em viagens a terras distantes com o objetivo de conhecer o que estudavam e pensavam os demais povos do mundo, enquanto os seus novos parentes realizavam a sua inegável vocação: o intercâmbio comercial.

Moisés passou longos meses junto aos brâmanes hindus

estudando os vedas sagrados, e não raras vezes foi encontrado na Babilônia e até mesmo na terra de Hati, onde estudava a crença nos deuses desses povos e os seus códigos morais. Ao lado de Jetro, aprendia como se deve aplicar a justiça, com base na Lei de Deus, porque para os apirus ele deveria personificar o grande legislador e juiz. Somente assim se formavam grandes povos.

Séfora o acompanhava e partilhava de seus estudos, enquanto o seu pai orientava o grande profeta, a fim de lhe dar a experiência necessária na delicada arte de conduzir um povo com amor e justiça. Por diversas vezes, Moisés participou do julgamento de madianitas que burlavam as leis divinas, às quais Jetro, como chefe e sacerdote, era o intermediário dos deuses, segundo as crenças dos beduínos.

O chefe dos madianitas dizia-lhe:

— Mosheh, só existe uma Lei e ela emana do Grande Deus que criou o mundo. Só serás respeitado se cumprires essa Lei com rigor. Jamais deves ser cúmplice de privilégios. A Lei deve ser igual para todos, mesmo que um filho teu, ou tua própria esposa, esteja em julgamento.

E, olhando fixamente para os olhos de Moisés, enfatizou:

— Se descumprires a lei de igualdade entre os homens, perderás o respeito de teu povo, porque aquele que é parcial mente para Deus e para a sua gente. Legisla com sabedoria e executa com austeridade! Dessa forma, serás inegavelmente o profeta de Deus que o teu povo aguarda há séculos.

E, desse modo, como um inesquecível sociólogo e psicólogo da Antigüidade, Moisés foi adquirindo a sabedoria para transformar um grupo indisciplinado de escravos em um grande povo, que trinta séculos depois ainda impressionaria o mundo com a solidez de sua identidade, mesmo estando por longo tempo disperso pelo mundo, sem uma pátria que o unisse.

Henok e Amenófis o visitavam com freqüência durante todos os anos de exílio. E sempre que chegavam, ouviam a mesma pergunta:

— Chegou o grande momento?

Moisés acreditava que apenas alguns meses depois de sua partida do Egito voltaria para executar a sua missão. Porém, Amenófis afirmava:

— Não te precipites! Trata-se de um grande empreendimento ao qual não poderemos falhar. É necessário que te prepares ainda mais, porque terás de realizar grandes prodígios que impressionem o faraó. Só assim ele cederá. Ademais, esperamos que Ramsés parta logo para a Terra do Poente.

Moisés, o libertador de Israel

Enfrentá-lo seria uma tarefa deveras desgastante e poderia custar o preço de muitas vidas inocentes. Talvez o seu sucessor seja menos cruel, arrogante e indiferente à miséria alheia.

A cada nova viagem, Amenófis trazia cartas de sua mãe, as quais Moisés respondia com toda atenção e com um intenso sentimento de saudade. Depois da partida do filho, Thermutis só o encontrou mais uma vez, um mês antes de falecer, quando acompanhou Amenófis em uma de suas visitas a Madian. A mãe do profeta morreu vitimada pelas "doenças mágicas", ou seja, de malária, causada pela picada dos mosquitos tão comuns nos brejos do Nilo.

Quase sete anos depois, o mundo recebeu a notícia da morte do grande faraó Ramsés II, aos noventa e dois anos de idade e após um longo reinado que durou mais de meio século.

Nessa época, Moisés estava recluso para estudos em um afastado mosteiro na Índia, e ficou sabendo da notícia somente dois anos depois. Muita coisa havia mudado em sua vida. Ele já era pai do primeiro filho, que se chamava Gerson. Tinha apenas trinta anos, mas a sabedoria em seu semblante parecia lhe conferir uma notável maturidade. Sua longa cabeleira já apresentava alguns fios grisalhos.

Moisés havia se tornado um sábio mestre das Verdades Eternas e um impressionante mago, como poucas vezes o mundo viu. Sua capacidade mental e sua habilidade hipnótica assombravam os mestres do Oriente pelo alcance jamais visto entre todos os magos conhecidos da época. Os mais renomados faquires hindus reverenciavam os poderes daquele estrangeiro nascido nas terras do Vale do Nilo.

Ele, então, retornou a Madian e sua ansiedade aumentou. Não queria mais esperar, porque sentia que não havia nada mais a aprender. Finalmente, era o momento de socorrer os seus irmãos que sofriam sob o açoite dos capatazes egípcios, a cena que atormentava sua mente a todo instante durante o longo período em que viveu afastado da Terra do Sol Poente.

Em determinada tarde, Jetro aproximou-se do genro e disse-lhe:

— Meu filho, já deténs a sabedoria e o conhecimento para realizares a tua missão, mas somente o Onipotente Soberano do Universo pode indicar-te o momento exato para a tua partida em direção à terra de servidão, onde teus irmãos sofrem sob o látego dos déspotas. Precisas ouvir o chamado, porque é Ele que te investirá de poderes para executar a tua missão. Nada mais podemos dizer-te ou ensinar-te. Agora seremos apenas teus fiéis consultores. Estaremos sempre ao teu inteiro dispor quando desejares um auxílio para desanuviar a tua inteligência e sensibilidade incomuns.

Depois dessa conversa, ainda mais três anos se passaram. Nesse período, Moisés tornou-se taciturno e dedicado a longas e profundas reflexões, que ele procurava realizar sempre nas encostas do monte Horeb, na península do Sinai. Enfim, em determinada tarde, Jetro sentou-se ao seu lado e, percebendo a angústia do genro, falou-lhe com sabedoria:

— Talvez, meu filho, estejas procurando fora de ti o que somente encontramos dentro. Os homens comuns só conseguem enxergar o exterior, ou seja, aquilo que é material. Os grandes sábios rompem as barreiras, enxergam o interior, e, se for necessário, o transformam.

Jetro abaixou-se e juntou uma cápsula onde se encerram as sementes das tamargueiras. Ele mostrou o fruto da árvore ao profeta e falou:

— Vejo apenas uma bolota e nada mais. Porém, sei que ela contém numerosas sementes diminutas, com um tufo de pêlos no ápice. E tenho ciência que se estas sementes forem plantadas, nascerá uma frondosa árvore. Ou seja, nestas pequenas bolinhas está o arquétipo de toda a árvore.

O sacerdote de Madian manteve-se calado por alguns instantes, e, depois de olhar muito para a cápsula de sementes, voltou a falar:

— Como Deus encerra essa árvore grandiosa dentro desta pequena bolota eu realmente não sei te dizer. Só sei que no futuro o homem saberá e transformará esta semente para que ela dê frutos mais abundantes e belos, com a bênção de Deus. Estas matrizes divinas serão alteradas para aperfeiçoarem a obra da natureza, permitindo, ao mesmo tempo, que o homem torne-se co-criador de seu Pai que está nos Céus.

Já naquela época, Jetro especulava sobre a alteração genética que hoje em dia a humanidade conhece pelos recentes ensaios científicos na área da engenharia genética.

O sábio sacerdote árabe, então, respirou profundamente e continuou:

— Eu sei, Mosheh, que podes transformar o mundo ao teu redor. Como fazes isso, não sei explicar, talvez nem tu o saibas. Só espero que utilizes esse poder para a glória do Soberano Deus. Acredito que ainda não encontraste a "voz" de Deus, porque procuras ouvir com os ouvidos da carne e ver com os olhos físicos. Olha esta bolota! Não vês o que há dentro dela, mas sabes o que aqui encontrará. Desliga-te do mundo ao teu redor e penetra na dimensão invisível; somente lá te encontrarás com o Criador do que está fora, porque quem cria tem de estar fora.

Moisés, o libertador de Israel

Caso contrário, seria parte da Criação e não a Mente Suprema que a tudo concebe.

Encontra a porta para a outra dimensão, assim como quando ouvimos as instruções dos imortais, e ouvirás a voz do Criador. Medita e jejua! Assim, romperás as barreiras que te separam do contato com "Aquele que criou o mundo".

Moisés, em silêncio, pegou a semente da tamargueira e segurou-a firme em sua mão direita. Poucos instantes depois, ele a estendeu para o sogro e disse-lhe:

— Abri e vede o que há dentro!

Enquanto Jetro quebrava a cápsula de sementes, Moisés caminhou em direção ao pico verdejante do monte, repleto de flores. Ao abrir a bolota que deveria conter sementes, encontrou várias pétalas de rosa perfeitamente dobradas. Ele sorriu e gritou para Moisés que já caminhava ao longe:

— É como te disse, meu filho, depende somente de tua fé, porque o poder de transformar o mundo já possuis!

Moisés passou a manhã inteira meditando no alto do monte. Logo após o meio-dia, ele se deparou com um estranho silêncio, como se tivesse perdido definitivamente a audição. Os pássaros e as cabras pareciam não emitir um som sequer, apesar de suas movimentações frenéticas na encosta da montanha.

Reinava em volta um profundo silêncio, como se a natureza estivesse retendo a própria respiração na expectativa de presenciar um acontecimento fantástico. O único som perceptível era um estranho crepitar, semelhante ao da madeira seca quando é posta no fogo.

Moisés caminhou em direção àquele estranho ruído, até que percebeu, próximo a uma rocha, um arbusto espinhoso, uma sarça cuja visão o assombrou. Havia uma aura de fogo sobre as folhagens da planta, mas esta inacreditavelmente parecia não se consumir.

O profeta do Grande Deus percebeu que ali estava o sinal que tanto esperava. Sem medo algum, ele se aproximou e perguntou em voz titubeante:

— Observai, meu Senhor, o que acontece ao Vosso povo amado! Vossos filhos vagueiam como um rebanho sem pastor, sofrendo sob o jugo cruel do faraó. Dizei-me o que devo fazer, meu Deus e Senhor, e eu cumprirei a Vossa vontade com toda a força que habita em meu ser.

As nuvens do céu então se afastaram e uma tênue luz solar envolveu com seus raios a sarça incandescente. Uma voz poderosa, porém gentil, que mais parecia vir de dentro dele do que do exterior, disse-lhe:

— Finalmente me encontraste! Eu sou "Aquele que cria". Eu sou o Deus de teus antepassados, o deus de Abraão, de Isaac e de Jacó. Eu te preparei por todos esses anos para que pudesses me ouvir e realizar a minha vontade. Eu sou o Senhor teu Deus e desejo que vás ao Egito para libertares o meu povo da casa de servidão. Chegou a grande hora da redenção e da glória dos filhos de Israel!

A voz fez uma ligeira pausa, e reinou o silêncio absoluto. Depois prosseguiu:

— Israel é o meu povo escolhido, por onde verterei a Verdade Eterna, e será pela fé dos seus filhos que me farei conhecer ao mundo por todas as gerações. Tem fé, meu filho, porque realizarei maravilhas através de ti, e nada te será impossível! Nem mesmo o poder dos faraós poderá rivalizar com o poder que te conferirei.

Moisés ajoelhou-se e inclinou o rosto ao chão, em sinal de total submissão. Em seguida, disse:

— Farei a Vossa vontade, meu Senhor! Nem que eu tenha de dar a minha vida para isso.

A voz serena, porém mais poderosa do que mil trovões, então falou:

— Isso não será necessário! És meu filho muito amado. Eu te dei a vida e somente eu a tirarei. Não temas, porque morrerás somente pelas minhas mãos quando a tua missão estiver concluída e a tua presença no mundo dos homens não for mais necessária aos meus Augustos Planos.

— Que assim seja! — murmurou Moisés em agradecimento à Eterna Potência.

Ele ficou ajoelhado aguardando as novas determinações do Criador, enquanto cânticos angelicais envolviam todo o pico da montanha. Depois de alguns instantes, a voz falou novamente, enquanto fortes ondas de calor percorriam todo o corpo de Moisés:

— Chegou ao fim o cativeiro de Israel! Conheço a angústia de meu povo e só não intervim antes porque o seu passado necessitava ser redimido. A dor e a humilhação imposta pelo faraó foi um salutar remédio que forjou as suas almas para uma vida digna na terra que prometi a Abraão. O povo que elegi para a Grande Revelação, se me for fiel, receberá uma boa e vasta terra, onde fluem o leite e o mel e onde poderão criar os seus filhos em paz e liberdade, como sempre sonharam. Deposito em ti a responsabilidade de transformar o povo escravo que escolhi em meus dignos filhos.

Agora vai, meu filho, e cumpre a tua missão, que é o motivo pelo qual te enviei ao mundo dos homens! Apresenta-te ao

Moisés, o libertador de Israel   119

faraó e dize-lhe para permitir a saída de meu povo de suas terras, para que não lhe pese sobre a cabeça a minha pesada mão. Realiza os meus desígnios e saibas que estarei sempre junto de ti para mostrar aos homens de todas as gerações o poder de seu Criador!

Vai aos teus irmãos e dize que "Aquele que cria a vida", "O Ser Eterno", enviou-te para libertá-los e, em troca, somente exijo que sigam as minhas leis por todas as gerações futuras para que Israel venha a tornar-se exemplo da vontade e da justiça de Deus para todos os povos do mundo.

Por fim, a voz divina apenas disse:

— Liberta o meu povo e depois traze-o até este monte, onde dar-te-ei as leis básicas para a formação moral do mundo. E jamais te esqueças de teu compromisso, porque confiarei a ti a missão de transformá-los em meus dignos filhos.

Após aquelas palavras, a sarça parou de queimar e os sons da natureza voltaram a se manifestar como sempre ocorreu desde o princípio da Criação. Moisés ergueu-se com passos cambaleantes e, em seguida, extravasou a sua alegria, gritando, como se tivesse enlouquecido:

— Vitória! Obrigado meu Deus por me fazer ouvir a Vossa Voz! Eu venci a distância entre os homens e Deus!

Devo aqui esclarecer que não foi Deus quem falou com Moisés, mas sim o Cristo Planetário, entidade espiritual responsável pela evolução da Terra e que se utilizou de diversos medianeiros para trazer a sua mensagem no decorrer de toda a história da humanidade. Entre eles, estão Antúlio, Buda, Hermes, Krishna, Zoroastro, Akhenaton, Moisés, Maomé, reencarnação do próprio Moisés, e o inigualável Jesus, intérprete máximo do Cristo Planetário.

Quando o profeta de Yahwéh desceu a montanha, naquele dia, o seu destino estava definitivamente selado. Ele rapidamente notificou a Jetro e Séfora sobre o ocorrido e começou a separar algumas roupas para a viagem. Sua esposa deixou escapar algumas lágrimas, pela dor que a separação inevitável lhe infligia. Ao perceber o estado de espírito de Séfora, Moisés abraçou-a com ternura e disse-lhe, com uma voz carinhosa:

— Por quê choras, minha estrela? Sabias desde sempre que este dia chegaria em breve. Devemos agradecer ao Grande Deus pelo Seu chamamento não ter tardado. Deves ficar aqui com o teu pai para a tua segurança. E quando eu retornar trarei junto comigo todo o povo de Israel, para que partamos juntos em direção à terra prometida por nosso Senhor a Abraão.

Séfora, que ele chamava de "estrela" em momentos íntimos, falou-lhe, sem mais conter as lágrimas:

— Tenho medo, meu amor! O faraó não permitirá que saias com vida do Egito. Ou esqueceste que estás condenado à morte nas terras do Nilo?

O profeta de Deus olhou para os Céus e falou com serenidade:

— Nada temas, minha querida! O Grande Deus garantiu-me que só morrerei por Suas mãos, após ter concluído a missão da qual fui incumbido. Ninguém poderá deter-me ou tirar-me a vida, nem mesmo o poderoso faraó.

Os dois ficaram longos minutos abraçados, enquanto Jetro e sua esposa mantinham-se em respeitoso silêncio.

No dia seguinte, Moisés beijou o seu pequeno filho Gerson e acariciou o ventre de Séfora, que aguardava a chegada de mais um menino, que viria a chamar-se Eliezer. O inquebrantável profeta de Yahwéh beijou apaixonadamente a esposa e, sob o olhar melancólico do povoado de Madian, que tanto o amava, partiu com as caravanas dos comerciantes de especiarias em direção ao Egito, para finalmente retornar à sua terra natal e realizar a sua grande missão, quinze anos depois de ter partido para o exílio.

Moisés, o libertador de Israel

A desilusão dos Apirus | 10

Dama da corte de Ramsés II, no período mais suntuoso da realeza.

Antes de narrar o retorno de Moisés ao Egito, preciso relatar os acontecimentos ocorridos durante os quinze anos em que ele se ausentou da terra dos faraós.

A última reunião de Moisés com os chefes dos clãs havia repercutido de forma positiva entre todo o povo. Nascia um sentimento vibrante de esperança e fé entre os sofridos filhos de Israel. Todos comentavam e sugeriam formas de se obter a tão sonhada liberdade, sem nem ao menos imaginar que Moisés tinha sido preso por ter causado a morte de seu padrasto, que era também o contramestre-chefe do faraó. Os apirus só ficaram sabendo desse episódio alguns dias depois, quando Moisés já tinha fugido do Egito. Houve, então, um forte sentimento de apreensão na comunidade israelita. Alguns acreditavam no breve retorno do libertador, já outros chamavam-no de covarde e interesseiro.

Como as informações da corte não eram divulgadas para o povo, era comum que boatos infundados frutificassem rapidamente. Em humanidades primitivas, as informações negativas sempre se propagam velozmente, enquanto os bons ensinamentos são colocados em segundo plano.

Logo surgiram rumores de que o faraó havia feito um acordo com Moisés para que ele deixasse o Egito, com vida, em troca da desistência de sua obsessão em defender os apirus. O povo, então, se revoltou e alguns grupos chegaram a jurar que matariam o filho de Thermutis, caso o encontrassem no futuro, por causa da traição que ele havia cometido.

Henok e Amenófis informavam Moisés sobre o que estava

ocorrendo na terra de Gessen e tentavam reverter os boatos, mas era inútil. Durante toda a história da humanidade, uma intriga ou maledicência sempre foi mais forte do que mil verdades para a sempre inconseqüente e alienada massa humana. E, para piorar a situação, Amenófis informou o faraó que o guarda da prisão em que se encontrava Moisés fora submetido a um profundo estado de hipnose para que libertasse o preso. Com o objetivo de resguardar a vida do pobre rapaz, o sacerdote de Heliópolis afirmou que tratava-se de uma técnica irresistível, conhecida apenas entre os maiores magos da Índia.

Aquelas palavras impressionaram demasiadamente o faraó, que passou a temer uma represália do sobrinho. Ramsés recordou as palavras ameaçadoras de Moisés e as diversas vezes em que ele demonstrou um estranho poder, que parecia incomum aos homens normais. Nos olhos do filho de Thermutis o faraó enxergava a alma de Hórus, o filho de Osíris, que sempre jurara vingar a morte do pai morto por Seth, o deus do caos.

Preso a essas reflexões, o faraó determinou uma perseguição ainda maior aos israelitas, que foram submetidos a regimes mais severos de trabalho e tiveram todos os seus parcos direitos cassados, fato que intensificou a revolta do povo hebreu contra Moisés, porque muitos foram mortos ou sofreram castigos pavorosos.

A intenção do faraó era causar pânico entre a nação israelita para que esta jamais viesse a alimentar novamente esperanças de liberdade. Não havia perdão, inclusive para mulheres e crianças que eram submetidos a trabalhos penosos. Pelos corredores dos templos em construção via-se um rastro de sangue que escorria dos pés sofridos dos filhos de Israel. A árdua tarefa de amassar o barro para o fabrico de tijolos deixava em carne viva os pés de homens, mulheres e indefesas crianças.

Assim, nos meses seguintes, a desilusão voltou a imperar entre os hebreus. Para o povo, Moisés era um canalha que havia brincado com o sonho mais sagrado dos filhos de Israel. Já para pessoas como meu pai, a dor tornou-se ainda mais extrema, porque tudo com o que ele havia sonhado perecera repentinamente. As reuniões dos chefes dos clãs foram totalmente esquecidas para evitar mais derramamento de sangue inocente. E a simples menção da palavra "liberdade" tornou-se um ato perigoso e insensato.

Para os apirus, além de ter fugido da responsabilidade de libertar o povo de Israel, Moisés ainda havia cometido um crime pior: despertara a ira do faraó, fazendo com que o povo cativo perdesse os poucos direitos que tinha conquistado durante anos de negociações que os chefes das tribos realiza-

Moisés, o libertador de Israel

vam esporadicamente com o rei.

Nós, as crianças, ficamos muito tristes. Nosso herói, a quem desejávamos seguir em todas as situações e a qualquer preço, era constantemente lembrado com os mais agressivos adjetivos, por todos ao nosso redor. Com o passar do tempo, começamos a sentir vergonha de um dia ter enaltecido o nome de Moisés e passamos a evitar citá-lo novamente para não sermos alvos de chacotas por parte dos mais velhos.

Logo abandonamos os nossos infantis ideais e fomos cuidar de nossas vidas, o que terminou por causar uma transformação em minha personalidade. A partir daquele dia, abandonei a visão idealista de libertação e comecei a me interessar exclusivamente pelo meu próprio futuro, indiferente à dor de meus irmãos.

Com o passar dos anos, cresci e como eu era filho de Zuar, o chefe da tribo de Issacar, fui tratar dos interesses e dos negócios de meu pai, já que ele havia se entregado a um estado de profunda depressão por ter de presenciar diariamente o sofrimento bárbaro de nosso povo, sem nada poder fazer.

Dessa forma, os anos se passaram, período em que eu acompanhei com grande freqüência as caravanas de comerciantes israelitas ao Oriente. Durante essas viagens, às vezes ouvíamos os árabes falarem de um hebreu que vivera na corte do faraó e agora era genro de um sacerdote que chefiava a principal tribo dos madianitas, na península do Sinai. Mas, realmente, esse assunto já não me interessava mais. As agradáveis viagens e a natural aceitação dos comerciantes israelitas na corte egípcia tornaram a minha vida extremamente confortável e imensamente compensadora.

Eu me dividia entre as viagens pelo deserto, com o objetivo de buscar especiarias, tapetes, jóias e cosméticos, ou seja, mercadorias que pudessem aguçar o interesse das damas da corte, e os longos períodos de descanso na nova cidade do faraó construída com o sangue e o suor dos meus irmãos. Nesses períodos de repouso, eu freqüentava as memoráveis festas da corte, tal como havia feito cem anos antes, quando vivi na personalidade de Radamés, durante o reinado do faraó Akhenaton.

Foi numa dessas festividades fúteis que terminei encontrando novamente Kermosa, e assim, através da magnética atração programada em nosso subconsciente pelos mentores espirituais, acabei me apaixonando por aquela a quem estava ligado por indestrutíveis laços cármicos.

Kermosa era filha de uma egípcia com um destacado comerciante da tribo de Judá. Os israelitas procuravam evitar cruzar o seu sangue com o dos egípcios e seguir as suas crenças religiosas, porém muitos contrariavam as autoritárias determinações dos levitas, que foram sempre os responsáveis entre os judeus pela missão de manter a unidade do povo e a crença no deus único de Abraão. Nesse período, a influência dos sacerdotes hebreus era quase nula. Muitos judeus cultuavam os deuses egípcios e misturavam-se ao povo da terra de Kemi, inclusive constituindo numerosas famílias.

Kermosa era assim, possuía em suas veias o sangue dos dois povos e, apesar de sua voz quase apagada, fruto de seu carma, ela era belíssima e irradiava uma energia envolvente que me seduzia de uma forma mágica.

Apesar de eu possuir um problema respiratório que me roubava o fôlego durante o dia e me asfixiava à noite, e ainda ter uma grave artrose no joelho que me impossibilitava de realizar longas caminhadas e deixava perceber uma inconveniente deselegância ao caminhar, Kermosa também terminou se apaixonando loucamente por mim, por causa do meu olhar penetrante e de minha eloqüência ao falar, atendendo assim aos imperativos do resgate cármico que nos unia.

Naqueles dias, a corte egípcia encontrava-se no auge da opulência e sensualidade, o que sempre acaba por atrair as almas fúteis, que era justamente o meu caso e o de Kermosa. Indiferentes à dor e ao martírio das classes escravizadas de nosso povo, nós transitávamos, descontraídos, pelos mais variados eventos da alta sociedade egípcia.

Meu pai, como chefe fervoroso de uma das principais tribos de Israel, sofria com esse meu comportamento que o humilhava perante os nossos irmãos. Era comum os demais líderes dos clãs condenarem o meu comportamento que era considerado uma alta traição em relação à sorte de nossos irmãos escravizados e um desrespeito às nossas mais sagradas tradições. Outros diziam: o que será da tribo de Issacar se esse traidor assumir a chefia do clã, após a morte do pai?

Minha situação agravava-se a cada dia; porém, o fato de que diversos hebreus abastados deixavam-se influenciar pela cultura e pelo luxo da nobreza egípcia, de certa forma justificava e corroborava o meu comportamento. Além disso, a grande massa de escravos hebreus cultuava os deuses egípcios e fenícios. Também era muito comum vê-los carregando os amuletos dos nossos algozes. Por conseguinte, eu fazia ouvidos moucos às admoestações de meu pai, achando, algumas vezes, desnecessárias e infundadas as suas advertências. Desse modo, como os poucos hebreus em situação confortável na terra de servidão, eu vivia das migalhas da opulenta corte de Ramsés II.

Moisés, o libertador de Israel

125

Geralmente, éramos tratados como iguais, mas sempre havia momentos em que os egípcios faziam questão de deixar bem clara a nossa condição de raça inferior em seu meio social, assim como até hoje percebemos nas sociedades atuais uma evidente discriminação racial. Era fato notório nos eventos sociais o desprezo pela cor clara de nossa pele, ou, então, uma ironia ao nosso sotaque semítico, que tentávamos de toda forma disfarçar.

Naquele período, eu estudava profundamente a língua egípcia para uma melhor interação com os nossos algozes. Ao invés de prestigiar a cultura de nosso povo, a herança inestimável de Abraão, eu pouco a pouco me entregava de corpo e alma ao já decadente estilo de vida egípcio.

Mas, em determinada noite, quando eu estava me preparando para participar da cerimônia de iniciação das virgens egípcias no Templo de Ísis, meu pai adentrou em meus aposentos aos gritos:

— O que pretendes, Natanael? Não basta a vergonha de comeres na mesa de nossos carrascos, agora irás reverenciar a religião idólatra dos inimigos! Tripudias o deus de Abraão para entregar-te a esse politeísmo que apenas atende aos caprichos de uma sociedade decadente. Desrespeitas as mais básicas regras de nosso povo, que os nossos irmãos da tribo de Levi tanto se empenham para mantê-las vivas.

Eu sorri, descontraído, e perguntei-lhe:

— Qual o motivo da irritação, meu pai? Temos de aprender a conviver com a realidade. Eu gostaria de defender o nosso povo da agressividade dos egípcios, mas bem sabes que isso é impossível. Logo, devemos nos adaptar e conviver com esse fato. Do que adianta nos rebelarmos? Sempre que o nosso povo assim se comportou o destino foi mais repressão ou, então, a condenação à morte.

— Meu filho, viraste piada entre os chefes de Israel. E não posso defender-te, já que a razão está com eles — bradou, colérico, Zuar.

Eu olhei para o meu pai com uma expressão que demonstrava o meu desprezo aos críticos chefes dos clãs, e disse-lhe, enquanto ajeitava o toucado tipicamente egípcio:

— Antes de me condenarem, os chefes dos clãs deveriam se preocupar com os nossos irmãos que servem na guarda do faraó para controlar o nosso povo. Ontem mesmo, vi Datan chicoteando até a morte um dos amassadores de barro no trabalho de confecção dos tijolos.

Mais grave que a nossa condenável ligação cultural e social com os egípcios era a situação de alguns hebreus contratados pelo faraó para serem capatazes e policiais, com o objetivo de controlar os escravos e sua produtividade. O faraó utilizava membros da nossa própria raça, em razão da dificuldade de comunicação imposta pela barreira do idioma e, também, por total desprezo ao povo escravo.

Datan era um dos mais cruéis entre o que se vendiam ao faraó. Ele não se furtava de impor dolorosos suplícios aos seus próprios irmãos para atender às exigências de nossos algozes. Nada era pior do que isso; portanto, eu tentava obscurecer o meu vergonhoso comportamento lançando luz sobre figuras como Datan.

Meu pai, então, sentou-se no divã do quarto, colocou as mãos no rosto e chorou como uma criança. Aquela cena me sensibilizou profundamente. Ajoelhei-me diante dele e o abracei. Em seguida, perguntei-lhe:

— Por que choras, meu pai? Não há outra saída. Se há algo que devemos agradecer ao grande deus de Abraão é o fato de estarmos numa situação confortável, mesmo correndo este sangue escravo em nossas veias.

Zuar olhou-me fixamente nos olhos, como se estivesse frente a frente com um monstro insensível, e falou:

— Pára, Natanael, porque prefiro morrer sem ouvir-te dizer que desejarias ter nascido em berço egípcio, ou então, quem sabe, que tens vergonha de ter o sangue de Abraão em tuas veias!

Grossas lágrimas correram dos olhos cansados de meu pai, enquanto eu abaixava a cabeça, vencido pela verdade inegável estampada em suas palavras. Realmente, no meu íntimo, eu desejava ser um egípcio puro. Algumas vezes, até mesmo a situação de Kermosa, que era mestiça, me causava inveja.

Eu beijei as mãos de Zuar e me ergui, dizendo-lhe:

— Preciso ir! Kermosa já deve estar à minha espera.

Ele também levantou-se e falou com um triste tom de voz:

— Sim, essa moça! Maldita miscigenação de raças. Se todos tivéssemos mantido a pureza de nossa ascendência, seguindo o preceito dos levitas, hoje não seríamos escravos de carne e de espírito, como acontece contigo.

Zuar me olhou com desdém e disse, por fim:

— Antes estivéssemos amassando barro para o fabrico de tijolos ou arrastando blocos de granito, mas com dignidade e honra, assim como os nossos irmãos menos afortunados que não possuem tempo ocioso para desrespeitar a nossa cultura e desonrar o nosso Deus. É lamentável saber que o meu primogênito come as migalhas de nossos algozes com um sorriso tolo no rosto. Natanael, pior que ser escravo por imposição é ser um escravo

Moisés, o libertador de Israel   127

moral, que se sujeita como um cordeiro aos inimigos e beija-lhes os pés. Talvez seja esse o motivo pelo qual o nosso Deus não nos socorre e permite esses quatrocentos anos de escravidão.

Zuar sacudiu a cabeça e concluiu:

— O Grande Deus espera que Seus filhos um dia sejam dignos de Sua benevolência. Até lá, o nosso destino deve ser este mesmo: "sermos escravos de corpo e espírito".

Meu pai retirou-se rapidamente, enquanto eu me mantinha paralisado, incrédulo ao ouvir suas palavras. Eu amava o meu pai com toda a força de meu coração e, apesar de saber que o meu comportamento o magoava, jamais imaginei que as minhas atitudes lhe causassem tamanho desgosto. Eu me sentei por alguns instantes na beirada da cama, luxo raro entre os israelitas, e meditei sobre as suas palavras. Mas logo abandonei tais pensamentos, falando para mim mesmo:

"Zuar está velho, e como todo velho vive de ideais. Preciso aproveitar a vida. Entre amassar barro e cultuar Osíris, fico com a segunda opção. Não tenho vocação para o martírio!"

Sacudi a cabeça com o intuito de afastar aqueles problemas para longe, dei um beijo em minha mãe, que acompanhava os meus movimentos com um olhar triste, e segui despreocupado pelas ruas do bairro dos apirus, na terra de Gessen.

Ao chegar na casa de Kermosa, ela já me aguardava com uma expressão impaciente no rosto. Sempre autoritária e irritadiça, reclamou por vários minutos do meu atraso. Eu resolvi fazer que não a ouvia, da forma como sempre eu agia naquela época, enquanto cumprimentava fraternalmente os seus pais e irmãos. Na verdade, eu vivia alienado ao mundo. Eu evitava, de todas as formas, entrar em conflitos e jamais impunha as minhas opiniões. As coisas para mim estavam bem do jeito que estivessem. Eu só desejava me manter em paz no mundo irreal que construí para mim mesmo.

Depois de ouvir as reclamações de Kermosa, nos dirigimos para a festividade nos anexos do novo templo dedicado à deusa Ísis que havia sido concluído fazia poucos meses. Os convidados "impuros", ou seja, aqueles que não eram egípcios legítimos, deveriam posicionar-se mais ao fundo, numa área específica do santuário, para não "macular" a iniciação das moças.

Durante os rituais, éramos convidados a realizar movimentos ritualísticos e repetir cânticos sagrados da religião egípcia. Lembrei-me das palavras de meu pai e me perguntei: "O que estou fazendo aqui?", "Onde coloquei a minha dignidade?"

No final da festividade litúrgica, senti-me prostrado e pedi a Kermosa que retornássemos para a casa de seu pai. Ela me olhou, indignada, e negou-se terminantemente a me atender.

De forma alguma perderia o banquete que se seguiria à cerimônia religiosa.

Tentei convencê-la por alguns minutos, mas foi inútil. Portanto, fui embora sozinho, perdido em meus angustiantes pensamentos.

A noite caía na capital do Império egípcio. A brisa vinda do norte beijava o meu rosto e balançava os meus cabelos, convidando-me a profundas reflexões. Havia dentro de mim um grande conflito entre o homem que eu era e aquele que eu deveria ser.

Ao adentrar no bairro dos hebreus, deparei-me com o meu amigo Aiezer, filho de Amisadai, que era chefe da tribo de Dã. Assim como eu, um dia ele seria um dos chefes dos clãs de Israel. Então, aproveitei a nossa intimidade para me abrir. Aiezer era a reencarnação de Sen-Nefer, o grande amigo de Radamés nos tempos do faraó Akhenaton. Nesta encarnação, ao contrário da anterior, ele era disciplinado e preocupado com o sonho de libertação de nosso povo.

Aiezer era um grande idealista desde criança e, nos últimos tempos, raramente eu o via sorrir. Ele jamais era encontrado em festividades, tanto nas de nosso povo, como nas dos egípcios. Por esse motivo, resolvi me aconselhar com ele e privar mais de sua companhia naqueles dias, tentando assim afastar os demônios que pareciam me impelir ao ócio e à devassidão.

O amigo sincero me olhou nos olhos e, com uma ponta de saudosismo no tom de sua voz, disse:

— Natanael, tu te lembras de quando brincávamos de auxiliar Mosheh, o filho da princesa egípcia com o levita Amram, a libertar o nosso povo da tirania dos faraós?

Eu me virei rapidamente para Aiezer e respondi, espantado:

— Pensei que já não te lembravas mais daqueles dias. Éramos tão jovens...

Ele chacoalhou a cabeça bem ao estilo judeu, e me disse, cofiando a sua rala barba:

— Para dizer-te a verdade, essas lembranças não me saem da cabeça um dia sequer.

Eu me aproximei do amigo e coloquei a minha mão sobre o seu ombro, enquanto apreciávamos o barulho monótono, e doloroso aos nossos ouvidos, da chibata e dos gritos dos feitores para forçar os nossos irmãos escravizados a uma maior produtividade, o que era realmente impossível de se obter tal a carga a que já estavam submetidos.

De nossos olhos correram grossas lágrimas ao ver tanta dor e sofrimento. Talvez a dor fosse mais intensa por termos

Moisés, o libertador de Israel

ciência de nossa impotência, que nos impedia de tentar fazer algo pelos nossos irmãos desafortunados que viviam em condições subumanas.

— Como viver feliz, enquanto nossa gente é tratada de forma pior que a dedicada aos animais? — perguntou Aiezer, enquanto continuava, num movimento monótono e hipnótico, alisando a barba.

Eu suspirei e disse-lhe:

— Encontrei na indiferença um antídoto para anestesiar-me dessa dor. Eu quero ser feliz, mas sinto que é imprescindível tornar realidade os nossos sonhos de criança. Porém, como torná-lo possível, se o próprio homem que se intitulava o enviado de Deus se corrompeu para não sofrer a ira do faraó? Hoje, pelo que sei, ele vive confortavelmente ao lado de um grande chefe árabe. Talvez nem se lembre mais da dor e do sofrimento de seus irmãos escravizados aqui no Vale do Nilo.

Aiezer concordou com um gesto e falou, com sabedoria:

— Sim, mas como diz meu pai, não devemos jamais perder a fé no deus de Abraão. Se o nosso povo ainda hoje conserva uma identidade, mesmo com os horrores do cativeiro, é porque nos mantivemos fiéis ao nosso Deus e à nossa cultura, apesar de vários entre nós terem fraquejado aos pés do estilo de vida e dos deuses de nossos algozes.

Aquelas palavras de Aiezer eram uma explícita crítica ao meu comportamento e ao meu estilo de vida. Mas, ao invés de me revoltar, ou tentar negar a realidade, como é típico do comportamento humano nessas situações, eu simplesmente concordei e pedi o seu generoso auxílio.

— Aiezer, meu irmão, se puderes me ajudar, eu gostaria de me reencontrar com aquele idealista que fui quando ainda éramos apenas crianças. Eu posso contar com o apoio do amigo?

Ele me abraçou fraternalmente e prometeu que me auxiliaria a pôr fim àquele comportamento indigno de um herdeiro da tribo de Issacar, ao qual eu me submetia diariamente, desonrando os meus pais e a memória de nossos antepassados.

Nos meses seguintes, participei ativamente dos eventos e reuniões israelitas. Abandonei as vestes e adereços egípcios, bem como os amuletos mágicos, típicos das crendices de nossos algozes, que naquela época eram uma febre tanto entre egípcios como entre hebreus. Tal era a força dessas superstições entre o povo de Israel que Moisés teve imensa dificuldade para libertar-nos dessas crenças primárias. Ele teve muito trabalho para fazer com que os israelitas cultuassem exclusivamente a Yahwéh durante a jornada pelo deserto até a Terra Prometida.

Mas, infelizmente, essa minha disposição não durou por mais de um ano. Kermosa, como um fantasma que insistentemente me convidava para as trevas, terminou por derrubar as minhas mais sagradas convicções e desejos de libertação. A sua influência sedutora e perniciosa alimentou e atraiu o meu espírito ainda sintonizado com os desejos sedutores da carne, levando-me à irresponsabilidade moral. Pouco a pouco, fui voltando a conviver ativamente em meio à sociedade egípcia. E, para piorar ainda mais as coisas, terminei arrastando junto comigo o amigo Aiezer, que ao sentir novamente a vibração sedutora das festas da corte, assim como vivera na personalidade de Sen-Nefer, terminou por entregar-se de corpo e alma a uma jovem tão infernal como Kermosa, chamada Nezmet.

Moisés, o libertador de Israel

A morte de Zuar | 11

Merneptah, o faraó do êxodo do povo de Israel.

Não bastasse a minha decadência moral, que agora era alardeada de forma definitiva pelos chefes das tribos, eu ainda era acusado de ter desvirtuado Aiezer. Seu pai, Amisadai, condenava-me a todo instante e brigava diariamente com Zuar, acusando-me de "filho do demônio" e de "maldita cobra sedutora".

Estávamos no derradeiro ano do reinado de Ramsés II. O velho faraó encontrava-se realmente acabado. Nos últimos meses, a sua vida havia se tornado um contínuo suplício por causa de inflamações generalizadas na boca, fruto de graves cáries nos dentes. Esse era um problema bastante comum no Antigo Egito. Havia excelentes médicos, mas éramos muito incipientes na odontologia.

Merneptah, seu herdeiro, estava envolvido em campanhas militares contra os povos do norte, e a administração da corte estava nas mãos do vizir Paser II, que acumulava ainda o título de vice-rei da terra de Kush, a Alta Núbia.

Sem o pulso firme do faraó, e o seu sucessor estando distante da corte, a irresponsabilidade e a corrupção instalaram-se de forma nunca antes vista, durante toda a décima nona dinastia. As festas riquíssimas eram praticamente diárias e com a influência de Kermosa e Nezmet, eu e Aiezer éramos presenças constantes nesses eventos.

O ano passou rapidamente sem que eu tivesse viajado uma vez sequer para cuidar dos interesses comerciais de minha família. Meu pai e meu irmão mais novo viviam percorrendo o deserto a trabalho, enquanto eu era encontrado mais nos palácios da corte do que em minha própria casa. A rotina era tão alucinante e alienante que fomos pegos de surpresa com a morte repentina, mas já esperada, do faraó Ramsés II.

Obviamente que o período de setenta dias necessários à mumificação e preparação do faraó para ingressar na Terra do Sol Poente foram repletos de cerimônias religiosas que impediam qualquer evento social. E isso ao preço da vida daquele que ousasse demonstrar qualquer sentimento que não fosse de eterno pesar pela morte do soberano, que, no entender dos egípcios, era a reencarnação do deus Hórus na Terra.

Meu pai imaginou que aquele momento de "pausa" nas festividades fúteis da corte egípcia me faria refletir e abandonar aquela vida insensata. Mas o surpreendi ainda mais uma vez ao realizar uma cerimônia discreta de casamento com Kermosa, unindo-me definitivamente àquela mulher que o Eterno havia colocado em meu destino para que finalmente encontrássemos a paz e caminhássemos juntos naquela encarnação rumo à evolução espiritual.

Seguindo, então, os preceitos egípcios, realizamos o ritual de "quebrar" um cântaro de duas asas. Nessa cerimônia, cada cônjuge segurava em uma das asas de um vaso, com seus nomes escritos junto com encantamentos mágicos que diziam respeito à felicidade conjugal, e, no final do evento, os nubentes quebravam o cântaro selando o matrimônio aos olhos dos deuses do Egito. Para a sociedade israelita, eu não poderia cometer heresia maior.

Como as festas estavam proibidas no Egito, partimos em viagem com as caravanas de comerciantes para que Kermosa conhecesse outras terras e assim pudéssemos nos livrar do tédio das intermináveis cerimônias fúnebres destinadas ao faraó morto.

Diga-se de passagem que nenhum outro rei egípcio recebeu tantos rituais, honrarias e riquezas em sua tumba. Caso o seu local de repouso eterno no Vale dos Reis não tivesse sido saqueado, no decorrer dos séculos, lá seriam encontradas riquezas artísticas jamais imaginadas em toda a história do Antigo Egito.

Assim, viajamos por três longos anos aproveitando a riqueza que era tão rara em meio ao povo hebreu, mas abundante entre os chefes dos clãs. Algumas vezes, eu me perguntava de onde vinha todo aquele ouro e prata que ficavam escondidos nos subterrâneos de nossa casa.

Somente depois fiquei sabendo que os líderes de Israel estavam apoiando uma rebelião orquestrada por alguns nomarcas egípcios. Esse golpe deveria ser efetivado somente após a morte de Ramsés, quando ocorresse alguma instabi-

Moisés, o libertador de Israel

lidade política no Duplo País. Era uma ousada tentativa dos nobres do Baixo Egito que desejavam derrubar a dinastia dos ramessidas e estabelecer uma nova estrutura de poder em toda a terra de Kemi.

Além do ouro que os hebreus já tinham recebido pelo acordo, havia um prêmio maior ofertado pelos egípcios rebeldes: a tão sonhada liberdade, após a deposição do sucessor de Ramsés.

Muita coisa havia mudado quando retornamos de nossa longa viagem. Merneptah, o novo faraó, continuava tendo graves problemas com os povos do norte, principalmente com os nossos irmãos, os cananitas, e também com os eternos inimigos dos egípcios, os hititas. Esses povos não pagavam mais impostos e o custo com as guerras havia resultado em severas contenções de despesas na corte.

Além disso, o novo faraó, sempre afeito a guerras, detestava a futilidade da corte. Muitos nobres perderam as suas regalias à medida que alguns militares eram beneficiados com terras e títulos de nobreza.

Ramsés era um nobre cosmopolita, já o seu décimo terceiro filho era um soldado desinteressado por assuntos diplomáticos e não tinha vocação para a hábil arte de governar povos. Talvez por essa falta de diplomacia política ele tenha vivenciado tantos conflitos em seu curto reinado. O mais grave deles, certamente, foi a inesquecível batalha que travou contra o Grande Deus Yahwéh.

A severidade de Merneptah fez com que nos mantivéssemos um tanto afastados da corte. O tratamento para os israelitas e demais povos escravos tornara-se ainda mais ríspido, e mesmo aqueles como nós, que eram vistos como uma classe especial entre os servos, eram tratados com aspereza pelo faraó e seus asseclas.

Esse comportamento do rei irritou muito Kermosa, principalmente porque a humilhava profundamente. O orgulho ferido de minha instável esposa a fazia literalmente subir pelas paredes de raiva, porque o desprezo do faraó tornava ainda mais evidente a sua situação inferior em relação à elite egípcia, a quem ela tanto tentava igualar-se.

Nos anos seguintes, a situação foi se amainando, fazendo com que tudo aparentemente voltasse a ser como antes. É engraçado, mas parece que as grandes tormentas surgem justamente nos momentos em que tudo parece estranhamente calmo. E desse jeito foram aqueles dias do quinto ano do reinado de Merneptah, durante o final da estação da colheita.

A vida parecia seguir tranqüilamente. Não havia problemas de natureza alguma e até mesmo a exploração dos escravos tornara-se mais branda, dando-lhes inclusive tempo para dedicarem-se um pouco ao plantio de suas terras, com o objetivo de obterem o próprio alimento.

O que eu não imaginava, por estar sendo desprezado por meu pai e por todos os meus compatriotas, é que a rebelião de alguns nobres egípcios para derrubar Merneptah, utilizando-se do apoio hebreu, estava prestes a se desencadear. Talvez algum leigo mais atento percebesse a movimentação incomum no bairro dos israelitas para atender a esse projeto. Mas como eu vivia o tempo todo em meio à sociedade egípcia, isso me passou completamente despercebido.

Lembro-me como se fosse hoje! Em determinada tarde, uma semana antes do início da inundação do Nilo, sentei-me na varanda de nossa casa e fiquei acompanhando o movimento crescente das águas descendo em direção ao Grande Verde, como era conhecido por nós o Mar Mediterrâneo. O trabalho monótono dos pescadores entediou-me por alguns instantes, levando-me a perguntar a mim mesmo sobre os porquês da vida.

Naquela tarde de ventos brandos, senti uma forte angústia e me lembrei das diversas vezes em que meu pai me chamara para os compromissos que me cabiam como futuro líder da tribo de Issacar. É evidente que com o passar dos anos ele já estava preparando o meu irmão mais novo, chamado Uziel, para assumir o seu posto. Mas a este lhe faltava o espírito de liderança, tão necessário para conduzir um dos principais clãs de Israel. No fundo, Zuar sabia que esse encargo deveria ser meu. Aos seus olhos, essa era a vontade do Grande Deus.

Preso em meus pensamentos, não percebi a aproximação de Kermosa que me alertava sobre a necessidade de me aprontar para mais um evento social da corte egípcia que ocorreria no final da tarde, momento em que o poderoso deus Rá se punha no horizonte, desde o princípio dos tempos.

Maquinalmente me preparei e partimos para o evento. Havia no ar uma sensação estranha. As pessoas nas ruas olhavam-se apreensivas, enquanto os soldados egípcios transitavam com um olhar ainda mais alerta do que o comum. Eles conversavam em voz baixa, como se estivessem preocupados com alguma invasão militar. Aquilo me preocupou muito, pois desde a manhã eu estava tendo estranhos pressentimentos. Um forte aperto no peito, então, deixou-me deprimido, como se eu estivesse prestes a viver uma situação de dor intensa, sem igual.

Kermosa me libertou daquelas angustiantes impressões ao distrair-me carinhosamente, relatando assuntos corriqueiros dos eventos que normalmente freqüentávamos. Assim, em

Moisés, o libertador de Israel

questão de minutos, abandonei as minhas estranhas impressões e voltei a sorrir com descontração.

Logo encontramos Aiezer e Nezmet, que nos envolveram em agradável diálogo, afastando-me definitivamente dos meus sombrios pensamentos. Naquela tarde, o tempo pareceu voar. Assim, pouco mais de uma hora antes do disco solar se pôr no horizonte, um burburinho percorreu célere pelo amplo salão do palácio faraônico.

A festividade organizada pela Grande Esposa Real, Isisnofret, foi abafada pela informação estarrecedora: a guarda pessoal do faraó havia desbaratado um plano de golpe preparado contra o governo do faraó Merneptah por alguns nobres de Pitom e Avaris com o apoio dos israelitas.

A notícia caiu como uma bomba em meio à festa da rainha. Mas o que mais impressionou a todos foi a resolução do faraó, que decidiu executar todos os traidores imediatamente, sem direito a defesa, em razão da gravidade do crime.

Todos corremos em direção à praça central, que ficava em frente aos escritórios militares da nova capital do Império. Lá se encontrava uma multidão de curiosos que se acotovelava para ver quem eram os loucos que ousavam conspirar contra o poder faraônico. A traição era o pior dos crimes para os egípcios. Portanto, era difícil acreditar que alguém fosse doido o suficiente para pensar em cometer tal delito.

Aos empurrões, cheguei o mais próximo possível dos criminosos, que estavam de mãos e pés atados, sofrendo golpes de bastão aplicados pelos soldados do faraó. A guarda pessoal de Merneptah, com um sorriso sarcástico no rosto, punia os rebeldes sem piedade.

Foi em meio a essa cena dantesca de tortura que encontrei, junto a alguns nobres egípcios e principais líderes de meu povo, ajoelhado, mas com a cabeça altiva, o meu pai, Zuar. Aquele momento para mim foi o mais triste dos pesadelos. Muitas coisas passaram céleres pela minha mente, que repetia insistentemente que aquela condenação era absurda, como se estivesse tentando negar o óbvio.

Aos meus olhos, meu pai não deveria estar ali, mas não era o que acontecia. Alguns dos acusados até tentavam negar o seu envolvimento, mas Zuar, sempre digno, afirmava os seus ideais e ainda se negava a curvar-se aos pés do faraó, mesmo sendo forçado com duros golpes de bastão.

O mui digno chefe dos filhos de Issacar mantinha um sorriso sereno no rosto. Parecia que ele estava feliz em morrer servindo de exemplo aos sagrados ideais de liberdade e honradez. Na minha angústia, demorei a perceber que ele havia me encontrado em meio à multidão que assistiria a execução em breves momentos.

Zuar, então, chacoalhou a cabeça para que seus grisalhos cabelos brancos descobrissem o seu rosto. Em seguida, ele assoprou os últimos fios suados que insistiam em prender-se ao seu rosto para que eu pudesse ver plenamente o semblante de um homem verdadeiramente honrado.

Eu estava muito longe para ouvir a sua voz, mas parecia que o seu corpo ereto no momento extremo e a expressão respeitável do seu rosto falavam mais do que as palavras.

Zuar não me condenava, porém me convidava a compreender a beleza de seu exemplo. Naquele momento, eu me senti pior do que um rato desprezível, enquanto meu pai se afigurava perante os meus olhos como um nobre e inesquecível exemplo de honradez e dignidade.

Ele me fitava com um sorriso no rosto que parecia dizer-me:

— Natanael, meu filho, eu te amo de todo o coração e te peço: torna-te um motivo de orgulho para o teu pai e para o teu povo. Que eu possa olhar-te do reino dos imortais, ao lado de Yahwéh, e me seja possível dizer: Eis o meu amado filho que luta pela liberdade de seus irmãos e pela honra do Deus de seus antepassados!

Os meus olhos ficaram marejados de lágrimas, como se indicassem a sintonia telepática que ocorria entre nós. Zuar sorriu e pareceu me dizer com a linguagem imperecível do pensamento: "Se a minha morte despertar o verdadeiro homem que há em ti, desejaria eu morrer mil vezes, porque a minha alegria seria inefável e minha vida recobraria o seu verdadeiro sentido."

Eu me mantinha hipnotizado, de olhos fixos em meu pai, quando iniciaram-se as macabras execuções que seriam realizadas por meio da decapitação dos condenados.

Foram breves minutos em que eu quis dizer a Zuar todas as palavras que por anos ele desejou ouvir. Mas parece que somente quando não há mais tempo para isso é que nos lembramos de dizê-las. Os espíritos encarnam e desencarnam do mundo material e seus caprichos inferiores os fazem sempre esquecer os valores espirituais que devem conquistar.

E, quando o soldado egípcio se aproximou de Zuar, pareceu que ele me falou mais uma vez pela linguagem telepática, dizendo com a força da expressão de seus olhos: "Agora eu sei que posso morrer em paz! Estás pronto, meu filho amado. Não morrerás sem ser um homem livre, de corpo e principalmente de alma! Que eu possa viver através de ti a alegria de ser um homem livre. O libertador de Israel chegará em breve e

Moisés, o libertador de Israel

estarás ao lado desse grande homem para que se concretize a glória das gerações futuras! Israel, com o auxílio de tuas mãos, tornar-se-á uma grande nação!"

O algoz ergueu a espada e quando se preparou para baixá-la sobre a cabeça de meu pai eu pulei para tentar impedir, mas foi em vão. Ao ver o meu olhar de ódio e revolta, ele riu, com desprezo, e falou com escárnio:

— Queres de volta o teu pai traidor? Então, toma a cabeça dele, porque é só o que receberás, maldito apiru. Já o corpo desse traidor será alimento para os abutres para que morra nesta e na outra vida. Que Sobek, o deus devorador de corações, o demônio do Amenti, se encarregue de pôr fim à vida dos traidores por toda a eternidade!

E o infeliz jogou em meu peito a cabeça morta de Zuar, que ainda mantinha um sorriso de serena felicidade pela minha transformação.

Eu, então, gritei como um louco e procurei lutar com o maldito carrasco. Por sorte, os demais israelitas que estavam entre o público me impediram e me retiraram imediatamente dali. Caso contrário, certamente eu seria morto também pela guarda faraônica.

Após aquele espetáculo funesto, fiquei um longo tempo chorando abraçado à cabeça de Zuar, sentado num canto da casa de Amisadai.

Minha mãe, meus irmãos e todos os amigos estavam em estado de choque com o acontecimento. Era possível ouvir o lamento dos israelitas por todo o bairro, porque mais de cem condenações haviam sido executadas naquele fatídico crepúsculo vespertino. Deste número, a grande maioria era de israelitas, porque os egípcios conspiradores acobertaram-se e expuseram os hebreus, já prevendo uma falha nos planos.

A espera do libertador | 12

A "Estela de Merneptah", principal registro da estada do povo de Israel no Antigo Egito.

Foi realmente muito difícil me fazerem largar a cabeça de Zuar, que eu retinha ao peito, para que realizassem uma cerimônia fúnebre digna como rezavam os preceitos judaicos da época.

Como Zuar havia morrido como um herói, ele recebeu honrarias especiais e testemunhos valiosos proferidos pelos mais dignos representantes de nosso povo. Alguns deles, inclusive, teceram críticas indiretas ao meu comportamento que não condizia com o exemplo paterno recebido durante toda a minha infância e adolescência. No fundo, havia um profundo temor de a liderança da "casa de Issacar" cair em minhas traidoras mãos.

Mas o que ninguém percebeu naquele momento de dor extrema para todos nós, foi o meu real estado de espírito. Eu me mantive cabisbaixo durante toda a cerimônia; porém, com os punhos cerrados, realizei um pacto de fidelidade e honra em nome do sangue vertido pelo meu pai, que havia sido exemplo para toda a nossa comunidade.

Eu nada via e ouvia ao meu redor. Somente um objetivo se manifestava constantemente em minha mente: cumprir o pedido que meu pai expressou em seu olhar, durante os seus últimos momentos. A qualquer preço, eu atenderia à sua súplica, porque de forma alguma permitira que a sua morte viesse a ser em vão. Em meu desespero filial, eu imaginava Zuar ao lado de um deus antropomórfico, dizendo-lhe: "Vê, Soberano da Vida, eis o orgulho de meu existir!"

Nos dias que se seguiram, me entreguei a um estado de profundo isolamento. Apenas troquei algumas frases monossilábicas com minha mãe e me dediquei inteiramente à busca do meu verdadeiro "eu". Era o momento de me libertar dos espíritos demoníacos que me afastavam dos sublimes compromissos assumidos antes dessa minha encarnação no mundo dos homens.

As almas sorrateiras do Mundo Invisível sempre procuram destruir os grandes projetos espirituais da humanidade, utilizando-se dos representantes mais fracos e inseguros, assim como o felino das selvas ataca sempre as gazelas que se revelam menos capazes de resistirem ao seu ataque.

No dia seguinte à morte de meu pai, Merneptah prosseguiu sua vingança. Os nossos campos de cereais foram incendiados, destruindo quase toda a nossa colheita para aquele ano. Os escassos recursos alimentares de Israel, principalmente dos diretamente escravizados, vinham do plantio que realizávamos durante os raros períodos de descanso que eram permitidos por nossos algozes. Naquele ano, passaríamos muitas privações por causa da falta que aquela safra nos faria.

E o faraó não parou por aí! Muitos hebreus foram mortos a esmo, sem motivo algum, nos dias posteriores. Os soldados egípcios tornaram-se imprevisíveis. Às vezes, sem causa aparente, eles desciam a espada ou espetavam as suas lanças nas indefesas famílias de Israel.

O rei do Egito tinha conquistado importantes vitórias entre os povos do norte, inclusive acuando os hititas para dentro de seu próprio território. Os guerreiros da terra de Hati costumavam invadir os domínios egípcios com freqüência nesse período.

O faraó, que se orgulhava de sua coragem nos campos de batalha, voltara de sua campanha militar vitorioso e ainda, em seguida, controlara com astúcia uma rebelião interna em seu próprio país.

Merneptah erigiu, então, uma laje comemorativa, no quinto ano de seu reinado, relatando as suas últimas conquistas, que ficou conhecida para a posteridade como a "Estela de Merneptah" (ou de Israel). Alguns dos feitos ali relatados não eram tão verídicos; porém, o importante era divulgar vitórias para fortalecer o seu reinado, a fim de manter os inimigos e seu próprio povo submissos.

O texto da estela dizia:

> Os príncipes estão prostrados, pedindo paz,
> Nenhum deles ergue a cabeça entre os Nove-Arcos;
> Desde que os hititas foram domados, o país de Hati está em paz;
> Canaã foi privada de toda a sua maldade;

Ascalon foi conquistada, Geser foi tomada;
Yenoam foi reduzida a não mais existir;
Israel foi aniquilado, não têm mais cereais;
Khor tornou-se viúva do Egito,
Todos os rebeldes aplicam-se em manter a paz
Qualquer malfeitor é logo reprimido.
Pelo Rei do Alto e do Baixo Egito, Ba-em-Rá Mery-Netjeru
(A alma de Rá – Amados dos deuses),
Filho de Rá, Merneptah Hetephermaat (Amado de Ptah,
Jubilosa é a justiça),
Vivo como Rá todo o dia.

Pouco percebi desses acontecimentos nefastos, pois fiquei preso a profundas reflexões durante quatro dias, me alimentando raramente, somente quando o corpo realmente exigia. O meu retorno ao convívio social se deu somente na manhã do quinto dia, quando ouvi os lamentos desesperados de minha mãe, que assistia, atordoada, o meu irmão Uziel entrar em casa carregado por amigos, após sofrer uma violenta agressão física.

A muito custo, Uziel e seus amigos nos informaram que Natan, um de nossos primos, havia tomado para si o título de chefe da tribo de Issacar. E, para corroborar a sua intenção, espancou o meu irmão, deixando o seu rosto irreconhecível, para assim destituí-lo moralmente do cargo que era de nossa família por direito.

Minha mãe, Diná, me olhou angustiada. Mas eu já era um outro homem, e ela sentiu isso em meu semblante austero e decidido. Eu apenas solicitei aos nossos servos que me trouxessem o meu cavalo, porque eu iria imediatamente à reunião dos líderes, no centro do bairro dos apirus. Minha mãe sorriu inebriada de contentamento, porque, apesar do risco que eu correria, ela sabia que era esta a única atitude a ser tomada.

Em questão de minutos, apeei do cavalo e me dirigi rapidamente ao centro do aglomerado de hebreus, que se empurravam para cumprimentar o traidor que tentava adonar-se do cetro de Issacar.

Quando a multidão me viu, um silêncio mortal apossou-se de todos. Com uma fisionomia que mais lembrava um leão feroz, falei com determinação, apesar de minhas dificuldades respiratórias:

— Por mil demônios! Quem é o idiota que ousa apropriar-se da "casa de Issacar"?

Natan tremeu por alguns segundos, mas resolveu ser ousado. Com ironia em seu tom de voz, ele falou:

Moisés, o libertador de Israel

— Ora, vede quem temos aqui! Não será esse o filho "egipcianizado" de Zuar? Acredito que a liderança da tribo de Issacar tenha de ficar nas mãos de um valoroso hebreu, e não nas de um traidor de nossos costumes, ou então, de seu irmão, um jovem fraco de espírito.

A multidão pôs-se a rir e o tumulto foi tal que abafou qualquer tentativa de novo diálogo. Não me restou outra alternativa senão sacar a espada que todo comerciante carregava junto ao seu cavalo para enfrentar as viagens no deserto.

Os egípcios proibiam o porte de armas entre os hebreus, mas como os comerciantes eram constantemente atacados por saqueadores nas estradas do deserto, o faraó tinha aberto uma exceção para evitar a perda das mercadorias tão cobiçadas pela nobreza.

Ao ouvir o zunido da espada sendo desembainhada, a multidão se calou. Aproveitei, então, para novamente tomar a palavra:

— Não percamos mais tempo com conversas que não irão nos levar a lugar algum. Vamos ao gládio!! — gritei, irado. — Se queres liderar Issacar, mostra o teu valor, verme estúpido!

Natan parecia não acreditar no que ouvia, assim como os demais líderes das tribos. Eu realmente tinha abandonado a posição de afeminado fútil da corte egípcia para tornar-me um feroz guerreiro. Talvez esse tenha sido o motivo pelo qual o meu rival aceitara o desafio. Nada atestava que eu possuía habilidades com armas. Apesar de levarmos espadas e facas nas viagens, geralmente quem enfrentava os saqueadores eram os nossos servos que retirávamos do canteiro de obras, com o aval do faraó, para, dessa forma, proteger as mercadorias, muitas vezes ao preço de suas próprias vidas. Essa tarefa era muito mais confortável do que os torturantes canteiros de obras do rei.

Natan tratou de empunhar uma espada e assim iniciamos os golpes. O tilintar do choque entre os metais aguçou os ânimos da multidão, que, sedenta por sangue, torcia por meu rival. Mas o incrível aconteceu! Já nos primeiros movimentos senti uma intimidade fantástica com a arma que empunhava com uma destreza inimaginável. Parecia-me que sempre havia feito aquilo.

Naquele instante, avivaram-se em meu espírito as minhas experiências da encarnação anterior ao lado de Horemheb, durante a batalha contra os hititas, e, mais além, ao lado do próprio Menés, durante a unificação do Alto e Baixo Egito, que terminou por instaurar a primeira dinastia de governantes da terra de Kemi.

Natan parecia um tonto desajeitado que mal sabia segurar a espada, enquanto os meus movimentos eram elegantes e precisos. Percebendo a facilidade em que me encontrava, preferi primeiro desmoralizar totalmente o oponente para que assim ficasse bem claro quem deveria ser o líder da tribo de Issacar. A multidão ficava impressionada com cada golpe e com a minha determinação e ferocidade para executá-los. O pobre rival, com uma caricatura de pavor no rosto, apenas gemia assustado. E, ao perceber que ele desejava esquivar-se do duelo, resolvi efetuar o desfecho inevitável, para que ninguém mais ousasse roubar-me a chefia do clã. Após esquivar-me com facilidade de um inofensivo e desajeitado golpe de Natan, ergui os braços e urrei como um animal. Em seguida, desci a lâmina sobre sua cabeça com tal violência que atravessou a caixa craniana até a altura do nariz.

A multidão estupefata gritou em uníssono uma expressão que era um misto de espanto e terror. Eu nem ao menos tentei retirar a espada que repousava em meio aos olhos do oponente. Certamente a cena seria dantesca, porque o metal estava cravado profundamente no crânio. Com desdém, eu apenas soltei a espada permitindo que o seu corpo tombasse sem vida no solo.

A comunidade judaica, em silêncio, aguardou as palavras do vencedor:

— Ouvi-me, Israel! Eu sou o filho de Zuar, do grande Zuar! Somente eu devo conduzir os filhos de Issacar. Todo aquele que se opuser a essa tradição de nossos antepassados terá de enfrentar a minha espada.

A multidão, então, aplaudiu, enlouquecida, mudando de partido, como sempre ocorre com as massas humanas quando estimuladas por fortes emoções. Mas o que mais me contentou foi ver a expressão de aprovação dos demais chefes dos clãs. Aquele era um claro atestado de que eu era aceito no cargo que fora de meu pai.

O meu contentamento foi tanto que olhei de forma significativa para eles e clamei como um louco, com a espada em riste:

— Esta espada não descansará enquanto Israel não for livre!

Mais uma vez, o povo foi ao delírio e eu assumi definitivamente o lugar que me cabia, segundo a Vontade de Deus.

Nas semanas seguintes, dediquei-me integralmente aos interesses de minha tribo e da comunidade israelita, assim como fizera o meu pai durante toda a sua vida no passado. Dia após dia, comecei a conquistar a confiança de meus irmãos de raça e o respeito principalmente dos demais chefes de Israel.

Meu irmão Uziel vibrava de alegria pelas minhas conquis-

Moisés, o libertador de Israel

tas. Nos últimos anos, ele estava sendo orientado por nosso pai para assumir o clã, mas Uziel jamais havia desejado tal posto. A união entre nós sempre foi muito forte e sincera. Eu confiava de tal forma em meu irmão que ele estava sempre ao meu lado me auxiliando em tudo que não exigia uma atuação mais destacada. Uziel era meticuloso, mas avesso às manifestações públicas. Ele adorava atividades de bastidores, mas sentia-se extremamente desconfortável quando era obrigado a "subir no palco". Mesmo assim, eu procurava integrá-lo ao máximo no que dizia respeito às obrigações de um chefe de clã. Eu não sabia o que poderia acontecer no dia seguinte e, caso eu viesse a faltar, estávamos determinados a manter o poder nas mãos de nossa família, assim como desejava o nosso querido pai.

Depois de alguns meses, minha respeitabilidade chegara a tal ponto que recebi uma visita de Amisadai, chefe da tribo de Dã, e pai de meu amigo Aiezer. Com os olhos úmidos de lágrimas, o velho Amisadai me disse, quase em tom de súplica:

— Natanael, se nutres algum carinho por este velho que em breve se reunirá à glória de Yahwéh, salva o meu filho dessas serpentes egípcias que o seduzem. Ensina-me o que Zuar fez para te libertar desse maldito fascínio! Será que terei de morrer, assim como o teu nobre pai para ter o meu filho de volta? Lembra-te, Natanael, que se meu filho hoje é vítima dessa misteriosa hipnose é porque ele resolveu seguir-te em tuas loucuras de outrora!

As palavras sinceras do chefe da tribo de Dã me comoveram até as mais íntimas fibras de meu ser. Somente ali me lembrei do amigo que havia se afastado completamente de suas obrigações por minha própria má influência. Então, jurei pela alma de meu pai, o que me era mais sagrado, que Aiezer estaria junto conosco em breves dias.

Imediatamente procurei localizá-lo em meio aos nossos inimigos, com o objetivo de convencê-lo a abandonar aquele convívio degradante. Aiezer tornara-se a minha prioridade máxima.

As diversas obrigações que me ocuparam durante todo o tempo depois do já lendário duelo de espadas pelo domínio de Issacar, que corria de boca em boca na terra de Gessen, fizeram-me esquecer o velho amigo. Além de meus novos deveres, ainda tive de me preocupar com Kermosa que, a princípio, tentou rebelar-se contra as minhas determinações de se afastar dos egípcios. Mas ela terminou cedendo depois de sofrer o peso de minha mão.

Certamente isso não é algo de que devo me orgulhar, mas

é bom lembrar mais uma vez que há três mil e duzentos anos atrás as regras de comportamento eram outras e a humanidade, salvo raríssimas exceções, era ainda muito mais atrasada do que nos dias atuais.

Além de evitar que Kermosa se relacionasse com a sociedade egípcia, terminei por afastá-la inclusive do convívio com os seus familiares por parte de mãe, que eram filhos do Egito. Isso fez com que nosso casamento se tornasse ainda mais pesado, pois eu havia plantado em seu coração uma daninha e perigosa semente de ódio que iria tumultuar bastante a nossa existência nos anos futuros.

Kermosa detestava os hábitos e a cultura judaica. A prisão domiciliar que lhe impus, permitindo-lhe que se relacionasse somente com as mulheres de nossa raça, quase a enlouqueceu. Por várias vezes tivemos de evitar as suas tentativas de suicídio. Qualquer instrumento cortante lhe era proibido e sempre havia uma serva a lhe vigiar os passos, fato que a atormentava muito.

As trocas de carinhos e juras de amor dos primeiros anos foram substituídas por lamúrias e discussões diárias. Mas, mesmo me odiando, quando nos aproximávamos, ela entregava-se ardentemente aos meus braços, como se esquecesse de todo o sofrimento que atormentava o seu coração para entregar-se ao louco amor que nos unia por poderosos laços cármicos. E, assim, seguíamos vivendo, dia após dia, ano após ano.

Mas, voltando a Aiezer, posso dizer que tive alguma dificuldade para persuadi-lo a abandonar a sedutora vida egípcia. O fascínio exercido por Nezmet era tanto que ele realmente parecia viver integralmente hipnotizado. O seu corpo, antes ereto e atlético, agora parecia uma massa curvada e sem ânimo. Os seus olhos, antes inflados por poderoso ideal, agora eram dois pontos negros, opacos, quase apagados, parecendo não irradiar mais vida própria.

Aquele estado de espírito do amigo me fez lembrar de mim mesmo, no passado recente. Naquele dia, eu pensei: "Se eu tiver a oportunidade de estudar esse fenômeno misterioso da fascinação, nesta vida, o farei."

Graças ao Grande Deus Yahwéh, minhas preces foram atendidas, e pude me aprofundar nesse verdadeiro mistério da obsessão e da fascinação junto com Henok e Moisés, que foi um mestre da hipnose, durante o período que se caracterizou como os primórdios da "Cabala".

Sentado em um divã no terraço da casa de Nezmet, Aiezer sorria conversando sobre assuntos fúteis com um copo de vinho de palma nas mãos. Por mais que eu me esforçasse para trazê-lo novamente aos nobres ideais que ele sempre cultivara durante toda a sua vida, era inútil. Mas, repentinamente, talvez por inspiração divina de nossos amigos espirituais, descortinou-se aos meus olhos tudo o que se processava naquele instante na dimensão invisível.

Aiezer, assim como eu antigamente, estava influenciado por espíritos das sombras que trabalhavam para derrubar os sagrados projetos de implantação do monoteísmo entre os filhos de Israel. E essas almas afastadas do bem atacavam principalmente aqueles que eram fracos de espírito e se deixavam influenciar por sua ação negativa. Nós éramos os representantes da "semente jogada entre espinhos" da inesquecível "parábola do Semeador", proferida por Jesus, 1200 anos depois dos fatos que aqui narro.

Veio-me, então, intuitivamente, que somente um choque poderia libertar Aiezer daquele torpor. Eu olhei para Nezmet, que acompanhava os meus movimentos com aflição e ódio. Ela também estava envolvida por sombras invisíveis aos olhos humanos. Com olhar dissimulado e fala mansa, ela tentava me puxar novamente para o ostracismo em relação às nossas responsabilidades sagradas que assumimos perante a Eterna Potência.

Eu me desviei de seu olhar hipnótico, enquanto ela procurava alisar o meu rosto com gestos lascivos. Em seguida, a víbora caminhou sensualmente, com um gingado típico das antigas egípcias, ressaltando a sua fina e elegante cintura. E, com gestos sedutores, convidou-me para acompanhá-la ao seu quarto. Eu então pensei: "Mas a que ponto chegamos, meu Deus? Socorra-me, Senhor de Israel! Liberta esse Teu filho dessa influência malévola!"

Nezmet se assustou com a minha expressão de terror e fugiu envergonhada, quando gritei:

— Afasta-te de nós, maldito demônio do Amenti!

Ela correu para pedir o auxílio de seus servos e eu achei que era o momento de despertar Aiezer, pois certamente eu seria expulso dali em poucos minutos. Mas era inútil, ele parecia não ouvir as minhas admoestações. Então, me lembrei da necessidade de aplicar-lhe um choque. Rapidamente, antes do retorno da dona da casa, desferi um forte soco no queixo do amigo, arremessando-o dentro de uma piscina artificial que refrescava as damas da corte egípcia nas tardes de grande calor.

Aiezer esperneou na água, assustado, quase pulando para fora da piscina de imediato. Indignado, procurou revidar o ataque, mas o fiz despertar quando lhe disse:

— Acorda, homem de Deus! Enquanto vives nesse mundo

Roger Bottini Paranhos

de fascinação e destruição dos teus nobres ideais, o teu pai está prestes a dar o seu último suspiro no leito de morte.

A simples menção de que Amisadai estava moribundo completou o choque esperado no íntimo de Aiezer. Ele arregalou os olhos e correu para fora da casa que o escravizava de forma hipnótica. Eu o segui até o bairro dos hebreus e entrei junto com ele em seu verdadeiro lar.

Lá, encontramos Amisadai brincando com a sua quinta filha, a quem ele amava de forma especial. Aiezer perguntou, indignado:

— Mas que brincadeira é essa! Natanael disse que estavas prestes a morrer e que já se encontrava próximo ao último suspiro.

O chefe da tribo de Dã compreendeu a farsa que eu havia armado e aproximou-se do filho para dizer com seriedade:

— Natanael estava certo e em nenhum momento mentiu para ti. Hoje decidi abandonar esta vida, porque tudo pelo que lutei deixou de ter valor. Procurei formar-te para me suceder na liderança da tribo de Dã e hoje, aos meus olhos, não passas de um inútil que abandonou os sagrados objetivos de nosso povo. Não posso mais viver com essa vergonha, até porque a vida já não tem mais sentido se optaste por trair os teus irmãos.

Amisadai respirou, ofegante, com os olhos marejados de lágrimas e concluiu:

— E, ao ver que a morte de Zuar resgatou Natanael, imaginei que a minha poderia libertar-te do ridículo e das trevas. Por isso, esta será a minha última noite neste mundo. Se for preciso que eu morra para que voltes a viver, assim será. A tribo de Dã precisa daquele Aiezer que conhecíamos...

As palavras de Amisadai surtiram o efeito necessário. Aiezer se jogou nos braços do pai e chorou como uma criança arrependida. O honrado e sempre duro chefe da tribo de Dã sorriu para mim, em sinal de eterno agradecimento, enquanto abraçava o filho amado. Eu, então, me aproximei e uni-me ao abraço, selando mais uma vez o compromisso assumido no Mundo Invisível com os grandes mestres da Espiritualidade, antes de reencarnarmos.

Aiezer não mais voltou a freqüentar o meio social egípcio, dedicando-se integralmente à grande tarefa de planejar um meio para libertar o nosso povo da escravidão. Os mais velhos sonhavam com a vinda do libertador, enquanto nós, os mais jovens, éramos práticos, desejávamos a libertação por meio das armas ou por alguma forma de rebelião.

Depois da morte de meu pai e dos demais rebeldes, novamente intensificara a crueldade do faraó Merneptah contra os

Moisés, o libertador de Israel

filhos de Israel. Era necessário tomar medidas rápidas para evitar mais sofrimento e mortes.

O crescimento alarmante de nosso povo na terra de Gessen assombrava o faraó. Enquanto as filhas egípcias davam à luz uma ou duas crianças, as hebréias chegavam a parir até dezesseis, aumentando assombrosamente a população de apirus no Delta do Nilo.

Esse fantástico crescimento dos filhos de Israel fez com que se criasse a lenda, segundo o livro do Êxodo, de que eram mais de seiscentos mil homens que abandonaram o Egito. Mas, na verdade, foram pouco mais de cinqüenta mil, o que já era um número expressivo para a população da época no Vale do Nilo. Caso fôssemos seiscentos mil homens, não sairíamos do Egito, e sim os expulsaríamos de lá e tomaríamos posse de suas terras.

Na minha opinião, era necessário unir nossas forças 'e traçar um planejamento de negociação e barganhas junto ao faraó, a fim de obtermos a liberdade a qualquer custo, mesmo que perdêssemos algumas vidas. Era melhor morrer tentando obter a liberdade do que morrer cativos num país que não era nosso, sujeitos a costumes e deuses que violentavam a nossa identidade.

Foi nessas exaustivas reuniões que conheci um grande sábio de nosso povo, que viajava muito naquele período e que, em razão de minha vida devassa, ainda não tinha tido a oportunidade de perceber sua inegável sabedoria e ser envolvido pela sua energia cativante.

Ele era alto, com longos cabelos anelados e olhos que pareciam duas grandes pérolas negras. De seu rosto parecia irradiar-se uma tênue luz prateada que impunha um sutil respeito, mesmo às criaturas mais rudes. Falo de Henok.

Já em nosso primeiro contato, senti uma simpatia imensa e um desejo incontrolável de seguir as orientações daquele homem brilhante, como se este fosse o mais sagrado objetivo de minha vida.

Conversávamos por longas horas sobre os projetos de libertação de nosso povo. Até que, em certo dia, quando estávamos sentados sob sicômoros, na margem do Nilo, ele me falou:

— Tem fé em Yahwéh, meu irmão! O momento é chegado! Em breve, o escolhido de Elohim[1] retornará do deserto

---

1 Elohim - Os israelitas têm inúmeros nomes para designar a Divindade, mas dois são muito utilizados, sobretudo Elohim e Yahwéh. Se um pagão fala de Deus, ele deve dizer Elohim, e mesmo um israelita raramente falará de Deus a um pagão sem utilizar esse mesmo nome. Em contrapartida, no momento em que o Deus de Israel é colocado em oposição aos deuses dos gentis, ele deve falar de Yahwéh. Ademais,

e dobrará o faraó para libertar-nos. Recolheremos os nossos pertences e conduziremos o povo de Israel pelo deserto até a terra prometida pelo Grande Deus a Abraão. Lá, seremos livres e serviremos tão-somente ao Único e Verdadeiro Deus.

Eu me levantei, como se tivesse sido impulsionado por uma mola, e disse, espantado:

— O que dizeis, mestre Henok? Referis-vos a Mosheh, o filho de Amram? Pelo que sei, ele nos abandonou depois de uma compensadora negociação com o faraó, e hoje vive no deserto, na região da península do Sinai, entre os madianitas.

Henok fez um sinal sereno para que eu me sentasse e ouvisse as suas explicações:

— Tens razão, meu jovem, quando dizes que Mosheh vive entre os madianitas. Mas ele não nos abandonou. Sei disso porque o visitei e o acompanhei em suas peregrinações, durante todos esses anos. Nós conhecemos todos os povos do mundo e estudamos com os maiores sábios, a fim de prepará-lo para a sua grande missão.

Inclusive, eu e Amenófis, sacerdote de Heliópolis, o libertamos das garras do falecido Ramsés II. De forma alguma houve qualquer negociação para a sua partida. Durante esse período, ele esteve se preparando para conseguir, por meio de feitos maravilhosos, libertar-nos da opressão dos egípcios. O libertador sabe que o faraó não se curvará sem sentir na carne a força da Eterna Potência.

Àquelas palavras de Henok me trouxeram um novo ânimo, porque, se aquilo tudo que ele afirmava se confirmasse, finalmente teríamos uma real chance de sair do Egito livres, em direção à terra de nossos ancestrais.

A partir daquele dia, eu e Aiezer começamos a trabalhar com a perspectiva do retorno de Moisés. Divulgávamos entre todas as tribos de Israel que o grande deus de Abraão em breve libertaria o nosso povo do jugo egípcio.

Assumíamos uma postura quase que profética ao afirmar que o dia da libertação estava próximo e que todos os filhos de Israel deveriam estabelecer um pacto de fidelidade com Yahwéh, renegando definitivamente os costumes e a religião egípcia.

Num primeiro momento, fomos desprezados pelos privilegiados entre nosso povo. Entre eles, havia muitos que consti-

---

temos um testemunho formal do Pentateuco que nos obriga a isso. O Livro do Êxodo contém, a esse respeito, um texto clássico que é preciso inserir aqui: "Deus (Elohim) fala ainda a Moisés e lhe diz: 'Eu sou Yahwéh. Eu apareci para Abraão, Israel e Jacó como o Todo-Poderoso, mas não fui conhecido por eles pelo nome de Yahwéh'." (Êxodo, cap. VI, vv. 2 e 3) — *A. Kuenen, L'Historie Critique des Livres de l'Ancien Testament.*

Moisés, o libertador de Israel

tuíram família, unindo o seu sangue ao dos egípcios, fato que agravava a sua situação e fazia com que naturalmente repelissem as idéias que divulgávamos. Mas, com o passar dos meses, nosso movimento ganhou força e não eram poucos aqueles que compareciam novamente às reuniões para estabelecer o novo padrão de conduta para esperar a chegada do libertador. Na verdade, eu não possuía uma fé cega em relação ao retorno de Moisés. O fato é que desde a morte de Zuar eu apenas aguardava um pretexto para insuflar o povo contra o faraó e o Egito. A morte de meu pai deveria ser vingada e eu, a qualquer preço, tentaria realizá-la.

A princípio, somente o meu amigo Aiezer dedicou-se de corpo e alma a esse projeto de divulgação da breve libertação de Israel. Contudo, ao ver o seu filho novamente dedicado à fé judaica, Amisadai resolveu abraçar as nossas idéias, pois para ele era melhor morrer naquela loucura do que ver o seu filho novamente entre os egípcios.

O chefe da tribo de Dã era imensamente respeitado em toda a comunidade. Sua prudência, sua nobreza de caráter e, principalmente, a experiência de seus cabelos grisalhos deram credibilidade aos nossos objetivos. Além disso, o povo percebia a presença sempre constante de Henok, que nos acompanhava diariamente procurando frear os nossos ímpetos juvenis.

Foi uma questão de tempo o ingresso da tribo de Levi nos debates. Sempre ardorosos defensores dos valores de nosso povo, eles vibraram de alegria por verem as idéias religiosas que defendiam ganhando nova força. E, assim, intensificou-se entre o povo um ideal que parecia no início apenas uma loucura, mas que com a perspectiva da chegada do libertador, empunhando um cetro de força concedido pelo próprio Yahwéh, estabeleceu-se como uma forte crença popular. Portanto, não demorou muito para que os israelitas defensores do sistema, ou seja, aqueles que se beneficiavam com ele, comparecessem às reuniões com o objetivo de protestar contra as nossas idéias revolucionárias.

Além dos comerciantes que lucravam com o comércio na corte do faraó, ainda encontravam-se ali os hebreus que se "egipcianizaram" constituindo família com o povo que nos subjugava, e também aqueles que eram contratados pelo faraó para serem capatazes de seus próprios irmãos, impondo-lhes pesada carga de trabalho a fim de conquistarem elogios e benesses do cruel Merneptah.

Naqueles dias, os debates eram ardentes. Tínhamos dois grupos bem distintos, como se fossem dois antagônicos partidos políticos que pensam de forma diametralmente oposta. O nosso grupo era o dos revolucionários, enquanto os que defendiam os interesses do faraó eram taxados de conservadores.

Alguns do grupo conservador erguiam os braços para o alto e falavam:

— Graças aos deuses imortais que o faraó e seus generais estão visitando as suas colônias além do Alto Egito; caso contrário, estaríamos todos mortos por essas loucuras que aqui ouvimos.

Então, subíamos no palanque improvisado e gritávamos, dedo em riste:

— Calai, blasfemadores! Como ousais enaltecer os falsos deuses egípcios? Em breve, o deus de Abraão virá nos socorrer e mostrará a Sua força, colocando os nossos algozes de joelhos. E aquele que estiver contra Israel estará contra o seu Deus e pagará com o seu sangue pela traição.

Não foram poucos os momentos em que essas reuniões quase terminaram em mortes. E, com a volta de Merneptah e seus generais, as perseguições reiniciaram com grande intensidade. O grupo dos conservadores delatou-nos, um a um, ao faraó. Desse dia em diante, fomos perseguidos sistematicamente pelos egípcios, o que nos obrigou a procurar refúgio em cavernas nas regiões desérticas, próximas ao Delta do Nilo.

Durante o dia, estudávamos com os sábios de nosso povo e descansávamos. Saíamos das cavernas apenas à noite, pois os egípcios tinham um estranho medo das trevas; talvez por que seu deus principal, Amon-Rá, era personificado através da força do astro rei, e inconscientemente eles se sentiam desprotegidos quando o Sol se punha no horizonte.

Durante as noites de lua nova, escuras como o breu, conseguíamos circular tranqüilamente inclusive pelas ruas do Império, e, nessas incursões, muitas vezes cometíamos atentados contra o palácio do faraó ou matávamos os hebreus que eram contratados como capatazes. Jamais tive tolerância com os traidores de nosso povo. Henok nos repreendia com severidade e afirmava que eram desnecessárias aquelas violentas iniciativas. Deveríamos apenas aguardar em segurança nas cavernas o esperado retorno de Moisés.

Irritado pelas condições subumanas de nossas instalações nas grutas, gritei, transtornado, indagando a Henok:

— Quanto tempo mais teremos de esperar? Onde está Mosheh, que não ouve a dor de seu povo, que sofre há décadas na mão desses déspotas cruéis?

Henok virou-se e mirou-me com profundidade, como se seu olhar fosse um raio a me atravessar a alma. Depois de alguns segundos de silêncio, ele falou:

Moisés, o libertador de Israel

— Contém-te, Natanael! Ou por acaso acreditas que a Inteligência Suprema não sabe o que faz. Deves dedicar-te aos estudos secretos junto com os anciões de Israel, enquanto esperamos o libertador. Se queres ajudar o teu povo a libertar-se da tirania, antes de erguer a espada, adquire o saber! Verás que a maior força de Mosheh não será encontrada em sua espada, mas sim em sua sabedoria. Com o conhecimento, encontramos respostas e força que nem mil espadas, arco e flechas ou machadinhas podem nos fornecer.

Eu abaixei a cabeça, envergonhado, e respondi-lhe:

— Desculpai-me, mestre! Mas, se Mosheh demorar muito para retornar, talvez não estejamos vivos para ver a grande libertação.

Henok aproximou-se e colocou a mão sobre minha cabeça, e, de forma fraternal, falou:

— Tem paciência! É chegado o momento de Mosheh retornar. Eis a vontade divina! Ele está pronto, apenas aguardando que a voz "Daquele que cria" lhe fale ao coração.

Eis, queridos leitores, a situação que Moisés encontrou ao retornar do deserto de Madian para tornar-se uma das mais célebres personalidades da história da humanidade!

Moisés volta ao Egito | 13

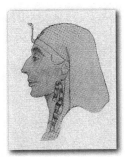

O provável rosto do faraó Merneptah, reproduzido a partir de sua múmia.

    É interessante como nossas aspirações se realizam nos dias em que menos esperamos. Após as advertências de Henok, eu e Aiezer nos dedicamos com afinco aos estudos secretos que deveriam formar a base da lei judaica nos séculos futuros. Infelizmente, muito desse conteúdo se perdeu ou foi adulterado por mentes pequenas. Seria maravilhoso se a mensagem de Moisés e de grandes sábios, como Henok, tivesse chegado aos dias de hoje em sua pureza original.

    Quanto a nós, criaturas ainda distanciadas da Luz de Deus, jamais imaginamos que faríamos parte de uma história tão rica e profícua, que estabeleceria um verdadeiro padrão de conduta e fé, para as gerações futuras. Sabíamos que a nossa saga seria lembrada, mas nunca imaginamos que a mensagem de Moisés teria o alcance que se conhece hoje. Sonhávamos apenas com a liberdade e com a dignidade que ela proporciona ao ser humano, sem ter passado por nossas cabeças qual seria o incrível legado que deixaríamos de herança à humanidade.

    Se, naquela época, pudéssemos ler os textos do Pentateuco, ou do Evangelho de Jesus, talvez sentíssemos um imenso desconforto para nos adaptarmos ao padrão de conduta espiritual que nos conduziria à Luz. Éramos jovens ou homens inexperientes, salvo raras exceções. A longevidade nesse período da história era pouco comum, em decorrência dos atrasos da medicina e do cruel estilo de vida a que um escravo era submetido. Nossa religião, em verdade, era embasada apenas em valores de natureza humana; acreditávamos que seríamos dignos de nosso Deus somente se tornássemos o seu nome imortal entre os demais povos da época, por meio da guerra e da dominação. Assim como os demais deuses, Yahwéh deveria ser um deus guerreiro que sobreporia o seu povo sobre os demais. Apesar dos esclarecimentos de sábios como Henok, era difícil compreender os valores espirituais, tão comuns nos dias atuais. Um povo escravo, que só conhecia a violência, teria muita dificuldade em aprender a imorredoura lição do amor.

Desse modo, a luta velada contra o faraó e as batalhas posteriores na peregrinação pelo deserto em nenhum momento nos afligiu, pois entendíamos que esta era a vontade do Grande Deus para testar o valor de Seu povo escolhido. Queríamos apenas ser "a imagem e semelhança de nosso Criador", ou seja, vencedores e poderosos.

As lembranças inconscientes de nossas encarnações anteriores, durante o reinado do faraó Akhenaton, eram muito superficiais para nos provocarem profundas reflexões a respeito de conceitos de amor, paz e respeito ao próximo. Os nossos irmãos se resumiam às pessoas de nossa própria raça. Os estrangeiros deveriam ser encarados sempre como possíveis inimigos. Ou seja, quando Moisés nos dizia: "Não matarás" ou "Ama ao teu próximo", entendíamos que o "próximo" era apenas os nossos irmãos de raça, jamais os inimigos. Assim, estávamos livres de cumprir esses mandamentos no que dizia respeito a estrangeiros.

Somente almas nobres como as de Henok, Amenófis e Jetro tinham sensibilidade suficiente para enxergar a Verdade Suprema. Mas até eles mesmos entendiam que a mudança para a crença monoteísta do deus de Israel deveria realizar-se pela espada, por causa da imaturidade da humanidade da época, que foi comprovada pelo fracasso anterior de Akhenaton.

Finalmente, em determinada tarde de um dia intensamente quente até mesmo nas cavernas úmidas, onde nos refugiávamos da ira do faraó, vimos adentrar, exultante de alegria, um levita chamado Aarão. Ele era filho de Amram, o falecido pai de Moisés. O meio-irmão do libertador ergueu os braços e, em gestos frenéticos, gritou para todos ouvirem: "Hoje é um dia de festa, porque o nosso Deus ouviu as nossas preces e trouxe do longínquo deserto o nosso salvador!"

Eu me virei para Aiezer e perguntei:

— Do que esse maluco está falando?

Aarão, assim como a maioria dos levitas, não era levado muito a sério por causa do seu excessivo fanatismo religioso. Não foram poucas as vezes em que ele afirmou ter visto o seu irmão retornando do deserto numa carruagem com cavalos alados, nos braços do próprio Deus Yahwéh para libertar o

154   Roger Bottini Paranhos

nosso povo.

O meio-irmão de Moisés, apesar de ser contramestre do faraó, não gozava de liberdade para ultrapassar os limites do Delta do Nilo. As informações que recebia sobre o profeta quase sempre advinham dos comerciantes que adoravam contos fabulosos, o que excitava ainda mais a sua imaginação fértil.

Até hoje me pergunto como fomos permitir que a redação dos textos sagrados ficasse a cargo de mãos tão fantasiosas e egocêntricas. Mas não há como negar, Aarão adorava escrever e tinha uma habilidade incomum para engrandecer os fatos ocorridos nessa incrível jornada, o que ampliou consideravelmente a mística mosaica; e talvez por isso tenha obtido o alcance que teve.

Portanto, continuamos a ler os textos sem dar maior atenção ao burburinho em torno de Aarão. Foi Aiezer quem me despertou para a grande notícia, colocando a mão sobre o meu ombro e dizendo:

— Natanael, pela glória de Nosso Senhor, não vais acreditar no que vejo!

Então, eu ergui os olhos para a multidão e, no seu centro, estava Henok acompanhado de um homem alto e vigoroso, trajando vestes típicas dos beduínos que habitavam o deserto. Mas os seus traços não eram árabes, e sim típicos dos filhos de Israel. Inclusive a sua barba rala era exatamente igual às nossas.

— Será Mosheh? — perguntei a Aiezer, com os olhos arregalados de espanto, procurando enxergá-lo melhor.

O amigo inestimável apenas sacudiu a cabeça, em sinal de dúvida. Então, nos aproximamos a passos lentos, abrindo espaço entre a multidão, e constatamos, por nós mesmos, que estávamos a alguns passos do esperado libertador de Israel.

Ele se mostrava como um homem sereno e conciliador, assim como o conhecemos em nossa infância, porém com uma força de vontade férrea, diríamos, indestrutível mesmo.

Seu olhar parecia agora mais penetrante do que na época em que o vimos pela primeira vez. Além do mais, sua sabedoria era inconteste. Pelo seus gestos e por sua elegância ao falar, notávamos que ele havia se tornado um ser incomum. Podíamos afirmar com segurança que os seus olhos pareciam possuir um poder hipnótico que somente almas muito evoluídas poderiam evitar serem subjugadas por eles. Naquele instante, tive certeza e afirmei para Aiezer:

— Somente esse homem pode dobrar o faraó e o seu povo!

A multidão ao seu redor, quase que em estado de adora-

Moisés, o libertador de Israel

ção, era uma prova do poderoso carisma do filho da princesa do Egito com o idealista Amram. Os chefes dos clãs detinham em suas mãos o poder institucionalizado, mas era inegável que o rei de Israel teria de ser aquele homem, que era oriundo de uma obscura família da tribo de Levi.

Certamente, nenhum ser vivo na Terra naquele período poderia rivalizar com o espírito de liderança e com a perspicácia de Moisés. Inclusive o faraó Merneptah, impetuoso por natureza, sentiu o fel amargo de realizar um duelo com o grande profeta. Acredito que Ramsés deva ter agradecido aos Céus por não estar vivo para ser um empecilho ao grande trabalho divino de implantação do monoteísmo na Terra, fato que iria agravar ainda mais o seu já pesado carma. Sem contar que, talvez, o seu ego não suportasse tal derrota.

Logo, todos nos rendemos às ordens daquele homem incomum, com exceção do grupo dos conservadores, que insistiam em negar o inegável, pois é muito difícil para as almas primárias renunciarem ao luxo e ao conforto, muitas vezes imerecidos, em prol do bem comum.

A fala de Moisés era envolvente, mas ainda percebíamos que ele tinha uma nítida dificuldade para expressar-se no dialeto semítico das tribos de Israel que viviam no Delta do Nilo. Ele desconhecia por completo muitas palavras do nosso vocabulário. Em alguns momentos, precisávamos nos utilizar de sinônimos ou da linguagem gesticulada para que ele nos entendesse. Nosso idioma era uma mistura da língua cananita com a fenícia, e ainda incorporava palavras egípcias, bem peculiares à nossa região, o que fazia com que os estrangeiros sofressem muito para nos compreender.

Os egípcios, por nos desprezarem, negavam-se a aprender uma palavra sequer de nosso vocabulário. Exigiam, inclusive, que falássemos na língua egípcia; do contrário, nos desprezavam a ponto de virarem as costas, encerrando o diálogo. Essa dificuldade de comunicação elegeu o chefe da tribo de Rubens nosso porta-voz, perante o faraó, e chefe-mor das construções, pois ele conseguia expressar-se com facilidade naquele idioma, habilidade que privilegiou a ele e seus familiares no contexto da escravidão a que estávamos submetidos.

Assim, comemoramos por vários dias o retorno de Moisés, e traçamos planos e projetos para iniciar um diálogo com o faraó, visando a nossa urgente libertação. O intérprete da vontade do Grande Deus nos ouvia com atenção e passou a compreender mais intensamente a nossa dor e aflição nos anos em que se manteve distante do Egito. A cada nova narrativa sobre as atrocidades cometidas contra o nosso povo parecia que Moisés sentia uma punhalada aguda em seu coração, intensificando a sua revolta contra o domínio egípcio.

Com o passar dos dias, a alegria e a determinação para empreendermos o grande projeto de libertação contagiava-nos de uma forma que nos levava às lágrimas, tal era a nossa felicidade. Mas, infelizmente, era difícil obter a unanimidade tão necessária. Os conservadores questionavam diariamente o mandato divino de Moisés para falar ao faraó em nome de Israel. Eles exigiam provas claras de que o filho de Amram realmente tinha ouvido a voz de Deus na península do Sinai. "Onde estão as provas?", eles diziam.

Na verdade, muitos dos conservadores temiam sofrer uma represália ainda maior do faraó e perder as suas regalias. Coré e o chefe da tribo de Judá, chamado Naasom, eram os que mais questionavam a liderança de Moisés. Eles chegaram ao ponto, inclusive, de desafiar o libertador. A maioria dos capatazes do faraó eram da tribo de Judá e de Rubens, o que os beneficiava com riqueza e conforto, conforme já narrei, além de sofrerem somente castigos brandos dos soldados egípcios.

Em uma das reuniões, Moisés irritou-se profundamente e disse:

— Homens de pouca fé, o que precisais para acreditar em vosso Deus? "Aquele que cria" revelou-se a esse Seu humilde servo no deserto, e garantiu-me a vitória. O faraó relutará em se curvar, mas isso somente servirá para tornar ainda maior a vitória de nosso Deus.

Ele ergueu o cajado, utilizado pelos pastores e peregrinos do deserto, e voltou a falar:

— Eis o cetro do Senhor Nosso Deus! Através dele me foi conferido o poder divino. Se desejais uma prova, então a vereis!

Moisés deitou o cajado no chão e este milagrosamente transformou-se numa cobra naja que possuía duas vezes o tamanho normal desses répteis.

O sentimento de pavor tomou conta de todos, enquanto o animal pegajoso rastejava pelo solo com a cabeça ouriçada de tal forma, que lembrava o toucado utilizado pelos faraós, e que foram inspirados nessas horripilantes serpentes da terra de Kemi.

O animal, com um olhar medonho, avançou em direção a Sedeur e Coré, apavorando-os com o seu silvo agudo, quase ensurdecedor, e com a agitação frenética de sua língua bifurca-da. Os dois homens jogaram-se ao chão e taparam o rosto com o manto de lã, implorando o socorro divino.

Após alguns instantes de pânico, Moisés pegou a cobra

Moisés, o libertador de Israel

pela cauda e ela imediatamente voltou a tornar-se um inofensivo cajado. O silêncio foi total. Aqueles que contestavam-no saíram cabisbaixos e amedrontados, vencidos por uma força que desconheciam.

Obviamente que milagres não existem! Os fatos que consideramos prodígios são apenas situações naturais, às quais desconhecemos as leis que as regem. Moisés era um fantástico hipnotizador e utilizava-se com freqüência de seu assombroso poder mental para provocar sugestões hipnóticas coletivas. Apenas mentes brilhantes poderiam evitar tal domínio. Ali, entre nós, somente Henok conseguiu perceber o feito realizado pelo libertador para encerrar as contestações contra si.

O sábio da tribo de Levi não simpatizava com a idéia de manipular as mentes primárias para obter resultados, mas era necessário disciplinar e impor respeito àquele povo ainda tão imaturo. A escravidão tinha destruído os valores do povo de Israel, fazendo com que se tornassem manhosos e indignos. Seria necessário discipliná-lo para torná-lo grande, não importando o preço que teria de ser pago.

Mas Moisés não pararia por aí! Assim que o faraó negouse a libertar o povo hebreu, ele resolveu utilizar-se indiscriminadamente dos seus poderes mentais para alucinar toda uma população e manipular as leis da natureza em benefício de seus objetivos. Como o leitor já tomou conhecimento, Moisés, a reencarnação do faraó Menés, jamais aceitava uma derrota. Sempre esmerava-se ao máximo, a qualquer preço, para vencer batalhas de quaisquer naturezas.

Não pretendo aqui julgar se tal método foi lícito ou não. Apenas possso afirmar que foi necessário. Não havia mais tempo para a humanidade arcar com mais um fracasso na implantação do monoteísmo entre os homens. A experiência de Akhenaton em nenhum momento saía da cabeça de Moisés. Em seu inconsciente, ele compreendia que o seu compromisso principal no mundo físico era executar com perfeição a missão na qual Akhenaton falhara por abrigar um imenso amor no coração. Nesses instantes angustiantes, quando o grande libertador sentia que o projeto divino corria riscos, ele sempre lembrava das advertências de Amenófis no momento em que este lhe apresentou a enigmática estátua do faraó filho de Aton. Moisés não vacilaria em substituir o amor divino pela força da espada, caso a situação assim o exigisse. E, somente isso, fez com que sua missão fosse coroada com êxito.

Merneptah, os sacerdotes de Amon, os nobres do Egito, os conservadores de Israel e até mesmo o povo cativo não imaginavam com quem estavam lidando. Moisés irradiava energia e determinação por onde andasse. Caso fosse possível aos encarnados que viviam ao seu redor verificar o campo áurico que o envolvia, ficariam impressionados com a sua capacidade de expansão que abrangia vários metros, e também com a intensidade da cor que variava do prateado à tonalidade do chumbo.

Um fato era claro: nada o barraria na conquista de seus objetivos. O libertador era como as poderosas correntezas do Nilo em sua cheia, em que qualquer tentativa de mudar o seu curso seria inútil. Em resumo: não seria a reencarnação do faraó Menés, que unificou o Alto e Baixo Egito, que se vergaria à arrogância de Merneptah ou à indolência e rebeldia do povo que estava para ser liberto da terra de servidão.

Naqueles dias que antecederam o grande confronto com Merneptah, aprendemos a admirá-lo e tentávamos nos espelhar em sua coragem e retidão de caráter. Moisés era duro, porém extremamente benevolente com os homens de boa vontade.

Um traço nítido de sua personalidade era o respeito aos justos e uma severidade implacável aos dissimulados que tentavam enganá-lo e procuravam aproveitar-se das situações em benefício próprio. Muitos morreram em suas mãos por traí-lo durante a longa peregrinação pelo deserto. E caso não fosse assim, ele não teria sobrevivido nem dois meses após a travessia do Mar dos Juncos, onde os israelitas deixaram de ser um povo escravo para tornarem-se uma grande nação.

Somente um homem de inquebrantável pulso firme conseguiria conduzir aquela massa humana indisciplinada e recém-liberta por uma longa jornada no deserto. A Sabedoria Divina outorgou ao mais preparado de Seus filhos essa gloriosa missão.

O primeiro encontro com o faraó demorou várias semanas para acontecer, pois Merneptah negava-se a aceitar que uma comitiva do povo escravo fosse interpelá-lo, porque não o julgava digno nem mesmo de uma audiência formal com o faraó, quanto mais para marcar um encontro de negociações. O que poderia ocorrer seria somente o encaminhamento de uma carta de reivindicações ao chefe geral dos canteiros de obras, posto que fora ocupado pelo próprio Moisés no passado, ou, então, o faraó poderia recebê-los informalmente, fora do expediente administrativo normal, caso fosse do seu agrado.

O povo egípcio era muito simbólico. O faraó acreditava que era um desrespeito aos deuses e à ordem estabelecida, se viesse a apresentar-se diante dos escravos com o símbolo do poder faraônico, que era o cajado e o chicote reais, cingindo a dupla coroa que representava o reino do Alto e do Baixo Egito.

Então, estabeleceu-se um impasse. Moisés queria falar frente a frente com o faraó, mas este somente admitia receber alguma reivindicação pelo seu chefe-mor dos canteiros de obras.

Ficamos todos muito impacientes. Além dessa carga emocional, tive novos atritos com Kermosa, que havia fugido uma segunda vez do bairro dos israelitas para encontrar algumas antigas amigas egípcias. Encontrei-a somente altas horas da madrugada numa das intermináveis festas da nobreza egípcia, que antes eu freqüentava com tanto prazer. Então, o sentimento de culpa, ou de remorso, por ter vivido em meio àquela vida improdutiva e inútil, aliado ao fato de que esse comportamento terminou me afastando de meu pai pouco tempo antes de sua morte, intensificou ainda mais a minha raiva contra aqueles ambientes.

Kermosa tinha bebido exageradamente e flertava sem discrição com um jovem egípcio, como se estivesse pedindo socorro ou asilo para libertar-se de minha influência e, assim, jamais voltar a ver um apiru em sua frente. Minha esposa era assim! Talvez pelos traumas de sua encarnação anterior, ela oscilava de humor e objetivos com uma velocidade impressionante. Algumas vezes, eu chegava a duvidar de sua sanidade mental. Em alguns momentos, ela me amava intensamente e parecia que não sobreviveria sem a minha presença; em outros, o seu desejo era o de nunca mais me ver.

Assim, quando vi aquela cena repulsiva típica de uma mente doentia, perdi o controle e junto com alguns seguranças que me acompanhavam invadimos a casa para resgatá-la. Kermosa esperneou e gritou enlouquecida. Os demais convidados e o dono da casa, então, reagiram. Este foi o grande erro que cometeram. Sacamos as nossas espadas e não ficou um egípcio sequer de pé. Permitimos apenas a fuga de um adolescente de doze anos.

Kermosa foi arrastada quase que pelos cabelos, enquanto as mulheres da festa choravam assustadas sobre os corpos ensangüentados dos seus amantes. No dia seguinte, o caso repercutiu por toda a corte e chegou aos ouvidos do faraó, intensificando a tensão que já angustiava a todos. Era possível sentir no ar que algo grave estava para acontecer. O ambiente estava pesado e não havia lugar algum que pudesse ser considerado seguro. O medo instalou-se tanto nas casas hebréias, como nas egípcias.

Não demorou muito para que o faraó recebesse a seguinte informação: "Grande soberano da terra de Kemi, o atentado foi cometido pelo chefe de um dos clãs de Israel. Ele é um dos procurados que estão foragidos desde o início da estação da colheita. O criminoso se chama Natanael e dizem que é filho de Zuar."

A partir daquele dia, tive de reduzir ainda mais minha exposição nas ruas, inclusive à noite. Mas, dessa vez, levei Kermosa comigo para as cavernas. Se ela achava horrível ter de viver no bairro apiru, sofreria ainda mais nas desconfortáveis cavernas, na região dos rochedos.

Ao invés de tentar conscientizá-la da importância de nosso amor e da fidelidade aos ideais de libertação, eu a coagia e lhe impunha severos castigos, afastando-a ainda mais de meu coração.

Kermosa socava o meu peito e dizia-me, chorosa:

— Por que fazes isso comigo? Eu te amo tanto! Não me faça odiar-te!

Em outras vezes, ela ficava sentada, entediada, balançando a cabeça de um lado para o outro, como se estivesse dementada, e, então, afirmava:

— Eu sinto tanta saudade da época em que vivíamos com os nossos amigos egípcios. Nossa vida era bela e tão feliz. Hoje, não somos mais do que ratos criminosos que precisam se esconder em grutas para não serem exterminados.

Ela me olhava com desdém e prosseguia, num ritmo lento e monótono:

— Procuras a liberdade, mas agora és mais escravo do que antes. Pelo menos antes podíamos andar livremente; doravante, teremos de viver encarcerados nessas tumbas mais adequadas às múmias do que aos seres vivos.

Algumas vezes, eu contestava os argumentos de Kermosa, mas em outras preferia manter-me calado. Na verdade, eu estava cansado de esperar a tão sonhada liberdade. Caso Moisés não começasse naquela semana as negociações com o faraó, certamente eu teria enlouquecido.

De certa forma, o meu insensato ataque à festa que Kermosa participava veio a mudar a disposição do faraó em receber Moisés. Era necessário acalmar os ânimos dos apirus e parecia que o bastão e os rígidos castigos já não surtiam mais efeito.

Os filhos de Israel não demonstravam mais medo nem mesmo da morte. Alguns afirmavam aos seus algozes: "Mais vale morrer lutando do que se sujeitar a esta vida ingrata."

Essas rebeliões fizeram com que geralmente um ou dois soldados fossem mortos pelos próprios operários nesses conflitos. Se o castigo era a morte ou a violência sobre as filhas e crianças de Israel, então melhor seria morrer lutando, pelo menos levaríamos para a outra vida alguns deles também.

Os heróis que se sacrificavam recebiam honrarias em seu sepultamento, e os levitas afirmavam que Yahwéh os admitiria em Seu reino numa posição de destaque pelo ato de amor ao seu povo e a seu deus. Algo semelhante ao que é feito hoje em dia pelas oprimidas nações muçulmanas. Essa é uma fórmula explosiva, pois se a vida é sofrida e sem perspectivas, nada melhor do que morrer por uma causa com ideologia religiosa. Nesse período, a perseguição ao nosso povo diminuiu e a guarda do faraó estava mais preocupada em evitar um motim generalizado. Dessa forma, foi possível voltarmos ao convívio social mais intenso. O afastamento das cavernas, então, foi algo realmente revigorante. Mas, não consegui me livrar de uma severa repreensão de Henok. Ele sentou-se ao meu lado e disse:

— Natanael, parece que sentes prazer em matar! Vê o que fizeste a esses egípcios. Eles não eram soldados, não tinham a mínima chance contra o teu insano ataque. Poderias muito bem resgatar tua esposa e retornar para casa sem esse despropositado derramamento de sangue.

O mestre hebreu andava de um lado ao outro da úmida caverna enxugando o suor do rosto. Após breve pausa, ele prosseguiu:

— Controla o teu ódio! Parece que desde a morte de Zuar não tens outra idéia na mente que não seja a de destruir os nossos algozes.

Eu sacudi a cabeça e, sorrindo, disse-lhe:

— Mestre, o que desejais? Deveria eu entregar flores de lótus para os nossos inimigos?

Ele me olhou com severidade, por causa da minha ironia, e falou com uma irritação que lhe era incomum:

— Não. Eu apenas gostaria que lutasses pela causa, e não obcecado por uma vingança pessoal. O ato de tirar a vida alheia deve ocorrer somente em legítima defesa de nosso povo. E estás matando a esmo.

Henok manteve-se por alguns segundos em silêncio, enquanto andava inquieto de um lado ao outro. Eu, então, falei cabisbaixo:

— Infelizmente, não vejo outro jeito de atingir os nossos objetivos que não seja por meio da espada. Os egípcios não entendem a palavra amor, a não ser que seja para atender aos seus desejos de libertinagem; muitas vezes violentando as filhas de nosso povo. Tanto é que eles até mataram o faraó que tentou lhes ensinar que amar, sem esperar nada em troca, é um ato de doação. O ódio deles a esse homem é tão grande que o seu nome não pode nem ser pronunciado.

Henok virou-se rapidamente para mim, e perguntou:

— O que sabes sobre Akhenaton?

Quando eu ia responder que sabia pouca coisa, uma energia

me envolveu e senti um *déjà vu*[1] de minha encarnação anterior. Henok percebeu a minha atitude estranha e perguntou:

— O que foi, Natanael?

— Não sei dizer — respondi. — Às vezes, cenas estranhas invadem a minha mente sem pedir licença. Parecem recordações que não consigo explicar, porque, em verdade, nunca as vivi.

— Talvez sejam recordações de outras vidas — replicou Henok, com serenidade.

— Sim, tendes razão! Eu me vejo numa cidade maravilhosa, onde a paz reina entre os homens. Todos são simpáticos, sorridentes e amigos. Há um grande rei que valoriza a amizade e o amor. Mas, de repente, acontece uma tragédia e tudo é destruído, inclusive as pessoas que eu mais amo. Algumas vezes, essas cenas surgem em minha mente durante o sono; em outras, como agora, quando estou acordado, porém é sempre a mesma história.

De vez em quando, surge também em minha mente a imagem de um anjo misericordioso com os olhos iluminados por um amor incompreensível ao meu fraco espírito. E ele me diz: "Natanael, somente o amor liberta!"

Henok percebeu que eu estava revivendo cenas da minha encarnação anterior, na personalidade de Radamés, quando a cidade celestial de Akhenaton foi destruída, e também recebendo a visita de um anjo protetor que iluminava os meus passos, que era a minha esposa na encarnação passada, Isetnefret.

Ele abaixou-se à minha frente e colocou sua mão direita em meu ombro. Por fim, disse:

— Natanael, não deixes que a dor inconsciente que guardas no coração destrua o bom homem que és. E também não dês guarida à depressão, porque é por meio dela que os espíritos das sombras atacam os nossos mais sagrados projetos de vida. Procura dar atenção apenas aos bons momentos dessas recordações e trabalha para reconquistar esse mundo harmonioso que te vem à mente como uma bênção divina. Israel precisará muito desses conceitos de paz, amor e honradez no futuro.

A luta armada pode ser necessária para a nossa libertação, porém jamais deve tornar-se o aspecto principal de nossas vidas. Depois de nossa liberdade, espero que dirijas a tua mente para o nobre trabalho de educação de nosso povo. Nós, os chefes dos clãs, devemos ser educadores, e não guerreiros.

Busca também seguir a intuição que esse anjo amigo te

---

[1] *Déjà vu* - Palavra de origem francesa que quer dizer: sensação de já haver estado em determinado lugar ou em certa situação.

Moisés, o libertador de Israel

traz, porque pressinto que trata-se de um espírito que te é muito amigo e deseja somente o teu bem.

Eu concordei com Henok, com sinceras lágrimas nos olhos, e disse que me esforçaria ao máximo para seguir os seus conselhos. Alguns dias depois, Merneptah terminou por conceder uma breve audiência informal aos porta-vozes das tribos de Israel, enquanto pousava para um artesão que confeccionava, já em fase final, uma bela estátua do rei em granito.

Moisés adentrou no amplo salão na companhia de Henok e chamou atenção do rei por seu porte nobre e altivo. Ele não se curvou, nem sequer teceu um cumprimento formal enaltecendo a glória do soberano do Egito, ao contrário do comportamento servil do chefe da tribo de Rubens, que era o principal porta-voz das reivindicações israelitas.

Aquela atitude arrogante irritou o faraó, que esbravejou:

— Ajoelha-te, miserável! Estás aos pés de um deus vivo, a reencarnação de Hórus, filho de Osíris e Ísis.

Imediatamente um dos soldados da guarda do faraó aproximou-se para aplicar a tradicional bastonada nas panturrilhas do impertinente, a fim de forçá-lo a fazer a deferência que o protocolo faraônico exigia. Mas Moisés ergueu a sua destra em direção ao soldado e este, incompreensivelmente, sentiu-se prostrado. Em seguida, o rapaz apoiou-se na parede e caiu de joelhos, pouco antes de desmaiar.

Merneptah ergueu-se do divã, com se fosse impulsionado por uma mola, e sacou a espada que estava no cinturão de um dos homens de sua guarda pessoal. Acuado, ele falou, enquanto escorria copioso suor em seu rosto:

— Que fizeste ao meu homem, maldito feiticeiro?

Com elegante serenidade, Moisés apenas respondeu:

— Não vos preocupeis, faraó do Egito, ele apenas dorme! Estamos aqui para entrar num acordo com o grande Merneptah. Nada mais que isso. Não desejamos um duelo, porém devemos avisar-vos que nosso Deus está conosco e não permitirá mais que o Seu povo escolhido sofra e seja humilhado.

Somos uma nação livre e assim chegamos ao Egito a convite do próprio faraó, há mais de quatrocentos anos. Ele assim procedeu em reconhecimento ao trabalho administrativo de inegável competência realizado por José, um dos nossos patriarcas, que livrou o Egito da fome durante o período em que o Nilo secou.

O filho da princesa Thermutis, mantendo o olhar altivo, prosseguiu após alguns segundos de pausa que ele ofertou ao faraó para que este mastigasse as informações que lhe eram oferecidas.

164   Roger Bottini Paranhos

— Grande faraó, nós reconhecemos o vosso poder, mas gostaríamos de lembrar-vos que os escravos não possuem identidade. Nós, filhos de Israel, possuímos a nossa personalidade, temos a nossa cultura e devemos servir tão-somente ao nosso Deus. Por isso, peço-vos, soberano das Duas Terras, que me permitais levar o nosso povo até o deserto para lá recebermos a mensagem de Yahwéh. Esperamos ouvir a voz de Nosso Senhor e que Ele nos mostre o caminho que devemos seguir.

O faraó estava impressionado, pois o tradutor da corte não precisou interpretar uma só palavra. Moisés expressou-se na língua egípcia com uma clareza nunca vista entre os hebreus, inclusive utilizando-se de termos refinados só conhecidos entre aqueles que conviveram intimamente com os nobres da corte.

Merneptah, intrigado, acompanhou-o com os olhos por longos segundos, tentando reconhecer aquela estranha e nobre figura. Mas isso era quase impossível, pois Moisés era outra pessoa. Os seus cabelos longos, já um pouco grisalhos, e a barba ainda rala, além das vestes típicas do deserto, não deixavam antever no porta-voz dos apirus aquele jovem rapaz com cabeça raspada que outrora usava os elegantes saiotes da corte egípcia, e que era conhecido pelo nome Hepmose.

Naquele instante, o faraó desejava fuzilar com todos os raios do Universo aquela criatura petulante que ousava enaltecer outro deus, que não os do Egito, diante dele, que deveria ser adorado como uma divindade sagrada. Mas parecia que as forças lhe eram sugadas e um medo lhe assomou ao coração de tal forma que o grande Merneptah ficou apático, sem ânimo inclusive para falar. Com voz baixa e quase imperceptível, o "Amado de Ptah" tentou reagir:

— Que deus é esse para que eu deva ouvi-lo? Não reconheço outros deuses que não sejam os egípcios. Até hoje, tolerei as crenças dos escravos porque sou misericordioso, mas o que pedes é uma blasfêmia que deve ser punida com a morte.

Moisés não se perturbou com as colocações do faraó e redargüiu, envolvido em poderosa energia invisível aos olhos físicos:

— Grande rei do Egito, o deus de que vos falo é o Único e Verdadeiro Deus. Ele está acima de tudo e de todos, e criou todos os povos. Não existem outros deuses diante Dele. Lamento informar-vos, mas o vosso povo vive em ilusão, porque todos os deuses do Egito não existem. Há somente um único Deus e Ele é o Criador da vida e do Universo. Ele se chama Yahwéh, "Aquele que cria".

O Grande e Único Deus já se apresentou ao povo do Egito no passado, sob o nome de Aton, e era personificado pela ener-

Moisés, o libertador de Israel

gia vivificante do Sol. Mas a arrogância egípcia destruiu os seus templos e matou o seu profeta Akhenaton. Agora Ele volta para proteger o Seu povo escolhido e deseja cobrar o preço de vossa ignomínia. Ele rebaixará o Egito para exaltar Israel. O faraó sentou-se no divã e colocou a mão sob o queixo em sinal de total espanto. Em seguida, voltou-se para o seu porta-abanico e disse, irônico:

— É verdade o que ouço ou estou sonhando? Esse apiru louco afirma que os nossos deuses não existem e que seremos destruídos por seu insignificante deus?

E, voltando-se para o seu copeiro, que era israelita, Merneptah perguntou, como se Moisés e Henok não mais ali estivessem:

— O teu povo, meu rapaz, deve estar pegando muito sol na cabeça, porque pelo que vejo estão sofrendo de fantásticos delírios.

O rei gargalhou e ergueu-se meneando a cabeça, como se não acreditasse no que ouvia. Em seguida, caminhou de um lado a outro do atelier, desconcentrando o artesão que procurava captar os seus traços para imortalizá-los na peça de granito. Merneptah sentia-se apreensivo, com um forte aperto no peito e com palpitações que não sabia precisar a origem.

Enfim, ele ergueu o braço direito e falou a Moisés, realizando gestos frenéticos com a mão:

— Não vou mandar-te prender, porque tenho piedade dos loucos. Agora retirem-se daqui e não quero mais ouvir uma palavra sequer sobre tuas idéias insensatas. Os apirus são muito preguiçosos e se ouvirem esses teus absurdos tornar-se-ão ainda mais indolentes.

O faraó virou as costas e retirou-se rapidamente do atelier, como se desejasse fugir da influência arrebatadora de Moisés. Poucas horas depois, ele chamou o superintendente dos canteiros de obras e disse-lhe, com voz soturna, enquanto alisava o queixo com os olhos voltados para a deslumbrante paisagem do Nilo:

— Proíbe que os soldados entreguem a palha para os apirus fabricarem os tijolos, como era costume até hoje. Que eles descubram a sua própria palha, porém o número de tijolos que devem entregar será o mesmo. Não aceitarei nem uma peça a menos. Esse povo é muito preguiçoso. Essa história de render homenagens ao seu deus é porque estão com tempo ocioso. O que lhes falta é mais trabalho pesado para que possam ficar sempre ocupados. Assim, essa ralé não terá tempo para ouvir as palavras dos lunáticos que aqui vieram hoje.

O chefe do canteiro de obras pensou que viria a ter problemas, porque seria impossível aumentar a carga de trabalho dos apirus. Mas ele não tinha interesse em se indispor com o faraó e apenas pensou: "Teremos de ser ainda mais severos para cumprir as metas."

Antes de retirar-se, o oficial perguntou:

— Senhor das Duas Terras, nós devemos prender o petulante?

O faraó se arrepiou ao ouvir aquelas palavras e lembrou-se do que havia acontecido a um dos membros de sua guarda particular. Após meditar por alguns instantes, falou, dispensando o chefe das obras:

— Não, mantenha-o em liberdade. Não precisamos prendê-lo para desacreditá-lo entre o seu povo. A última coisa que desejo é transformá-lo em um mártir. A melhor forma de destruir um idealista é destruindo a sua própria imagem.

Após a saída do chefe de obras, o vizir do faraó, chamado Paser II, que era um súdito muito perspicaz, aproximou-se e disse-lhe:

— Grande soberano, não percebestes quem era aquele homem. Porém, eu que servi também ao vosso pai o reconheci. Ele já viveu neste palácio em sua infância.

O faraó arregalou os olhos e aguardou as palavras enigmáticas de seu vizir. Após alguns minutos de expectativa, ele falou:

— Ele é o vosso primo Hepmose, filho da vossa falecida tia Thermutis; que os deuses a protejam! Não o reconhecestes porque ele está muito mudado. Já nem parece mais um egípcio... ele parece sim um apiru sujo.

Com essas palavras, o faraó ficou ainda mais pensativo. Poucos minutos depois, ele levantou-se sem nada dizer e foi para o seu quarto.

Nos dias seguintes, muitos trabalhadores dos poços de barro, onde se fabricava os tijolos, amaldiçoaram Moisés, estimulados pelos israelitas conservadores que não desejavam mudanças. A severidade dos soldados havia aumentado drasticamente e o chefe dos canteiros de obras tinha solicitado um enorme contingente militar para inibir qualquer rebelião. Naqueles dias, vários hebreus morreram ou retornaram com graves ferimentos por todo o corpo, por causa das chibatas insensíveis dos capatazes.

Os guardas, a mando do rei, falavam para os escravos:

— Eis aqui a tua paga pela blasfêmia de adorares um deus que não Amon ou Osíris! Se desejares ir ao deserto para sacrificar-te ao teu Deus, leva junto o teu sarcófago, pois só sairás daqui morto.

Moisés, o libertador de Israel

Outros, ainda mais insensíveis e bêbados, gritavam:

— Onde está o vosso Deus? Se ele é tão bom assim por que não vos socorre? Adorai a Amon e esquecei o sonho de liberdade e a vossa vida será mais suave!

A falta de palha fez com que as mulheres e crianças tivessem de trabalhar dobrado na cata desse material para que os homens pudessem cumprir a quota diária de tijolos. Dessa forma, não havia quem trouxesse um pedaço de pão ou uma vasilha de água para saciá-los. A dor da chibata, o sofrimento ainda maior de mulheres e crianças, aliada à sede e à fome, causou um total descontrole emocional entre os escravos.

O povo de Israel, então, se revoltou contra Moisés a ponto de jogar-lhe barro e alguns pedaços de tijolos que se quebravam no cozimento. Inclusive, alguns operários da tribo de Judá tentaram agarrar Moisés pelo pescoço para esganá-lo.

O libertador de Israel desvencilhou-se do ataque com facilidade e subiu com agilidade em um bloco de granito das construções para falar ao povo. Com o seu manto esvoaçante tremulando pela brisa incomum daquela tarde, ele disse:

— O que vejo? — gritou com energia. — Eu imaginei que os filhos de Israel eram feitos da mesma fibra de Judá, Rubens, Simeão, Issacar ou Dã. Ou quem sabe possuíam a rigidez de José, que se tornou quase rei desta maldita terra.

As palavras de Moisés surtiram efeito e um silêncio sepulcral apossou-se do local. Os guardas do faraó mantinham-se afastados, em respeitoso silêncio. Já corria entre eles o boato das feitiçarias realizadas por aquele estranho homem durante o primeiro encontro com Merneptah.

— Não posso crer — voltou a falar o futuro legislador de Israel, com um olhar místico e envolvente — que a memória do povo escolhido por Yahwéh seja tão fraca. Ontem mesmo vos afirmei que o faraó não se renderá com facilidade e que é preciso fibra e determinação para convencê-lo a nos libertar. Se ele perceber que a casa de Israel é composta de homens fracos e lamuriosos jamais cederá à nossa pressão.

A massa humana gritou, indignada, querendo demonstrar o seu valor. Moisés havia mexido com os seus brios. Ele era realmente muito carismático e convincente. O seu olhar e os seus gestos enérgicos, típicos de um homem de fibra, pareciam incendiar o povo de Israel de tal forma que as dores e o sofrimento pareciam cessar. Naquele instante, tínhamos a impressão de que todos estavam preparados para uma verdadeira batalha campal contra os soldados.

O profeta de Yahwéh andava de um lado ao outro, erguendo os braços e magnetizando o seu povo, que gritava alucinado, como se ele fosse um moderno astro de "rock" levando a sua platéia ao delírio.

Eu percebi a apreensão de Henok, mas Moisés terminou contendo a massa humana, ao dizer:

— Trabalhai, meus irmãos, porque a nossa libertação deve se dar sem que corra mais sangue de nossa gente. E isso ocorrerá, em breve. Eu vos prometo!

A multidão, em completo delírio, ovacionou o nome de Moisés, enquanto o profeta caminhava, confiante, entre os soldados egípcios. Quem chegasse naquele momento, jamais imaginaria que alguns minutos antes ele estava sendo amaldiçoado e correndo o risco de ser atacado por seu próprio povo.

Moisés era assim! Uma personalidade marcante, capaz de transformar as situações mais adversas, como se executasse tão-somente um simples passe de mágica. É difícil explicar com palavras a energia que sentíamos, que muitas vezes nos levavam às lágrimas. Em verdade, o profeta de Yahwéh trazia ao povo sofrido de Israel a maior de todas as riquezas: a esperança em uma nova vida.

Moisés, o libertador de Israel

O duelo das serpentes... e o Nilo sangra

Punhal egípcio usado pela realeza, com detalhes em ouro e pedras preciosas.

Poucos dias depois, a severidade do faraó arrefeceu-se. Talvez ele tivesse imaginado que Moisés e seu povo tinham se dobrado ao seu poder. Mas o rei do Egito estava enganado, pois muito ainda estava por acontecer.

Em determinada manhã, o Sol nasceu com força mais intensa no horizonte. Parecia ser apenas mais um dia de calor causticante na terra de Amon e Osíris, mas de forma alguma aquele dia seria igual aos outros. A partir daquela data, os fatos que se sucederiam ficariam registrados para sempre na memória dos povos por causa dos fenômenos que seriam gerados pelo Deus Todo-Poderoso por intermédio daquele homem incomum, que chamávamos Mosheh.

Enquanto o Sol se erguia soberano no céu, as servas andavam de modo descontraído pela beira do Nilo com pesados vasos de barro para recolher água para os afazeres domésticos. Os homens simples realizavam a colheita e outros já preparavam os canais de irrigação para fertilizar as terras das margens, pois dentro de algumas semanas iniciar-se-ia mais uma inundação anual do rio sagrado.

Já as damas egípcias da nobreza, desfilavam as suas belas roupas de linho, acompanhadas pelos seus numerosos séquitos de escravos que tinham a função de lhes proteger da investida de salteadores ou de galanteadores abusados.

O Nilo, pela manhã, era um grande centro de eventos, pois a vida no Egito sempre palpitou às margens de seu rio. Os egípcios eram um "povo solar", isto é, adoravam estar em contato com o Sol. Os seus eventos e festividades ocorriam geralmente durante o dia. Somente os mais devassos e desocupados se aventuravam à noite, que, para todo o egípcio, era o período do reinado de Seth, o deus do caos e da maldade.

Os passeios matinais às margens do Nilo só eram superados pelas magníficas festas do palácio faraônico. Eis o motivo para tanta badalação durante todas as manhãs! Esses passeios eram uma importante vitrine onde todos se mostravam, principalmente aos olhos do faraó, que executava diariamente esse ritual.

Carregado por seus servos pessoais em sua liteira de ouro, Merneptah, assim como fizeram seus antecessores, desfilava de corpo ereto, como uma estátua, carregando junto ao peito os símbolos do poder faraônico: o cajado e o chicote, que imortalizaram a imagem dos faraós perante o seu povo e todas as gerações futuras.

Em meio a essa rotina monótona, fomos avisados de que Moisés se dirigia às margens do Nilo, nas proximidades do palácio faraônico, para mais uma vez interpelar o faraó durante o seu rotineiro passeio matinal.

A princípio, não acreditei naquela informação. Seria muito arriscado afrontar novamente o faraó, ainda mais em um local público. Se tinha algo que Merneptah detestava era sofrer qualquer tipo de humilhação. Eu acreditava que Moisés pretendia negociar sempre em locais fechados e de forma sigilosa, mas eu estava enganado. Somente o primeiro encontro entre os dois, que já narrei, fora em particular.

Assim, todos corremos para lá a fim de de ver o resultado daquele inusitado confronto, que, caso fosse outro o desafiante, certamente resultaria na morte do petulante que ousava desafiar o poder faraônico. Mas, com o profeta do Deus Único tudo era diferente, fato que aumentava a cada dia a mística em torno de seu nome.

Apesar de ser ainda um jovem de trinta e poucos anos, Moisés demonstrava a autoridade dos anciãos. Seus longos cabelos desalinhados, a vasta barba e o manto típico dos beduínos, imprimiam-lhe um ar de respeito e superioridade. Merneptah tinha quase o dobro da idade de Moisés, mas este último parecia mil vezes mais sábio e maduro.

Desse modo, alguns comemoravam a coragem de Moisés; outros, resmungavam acreditando que as loucuras do filho de Amram trariam mais desgraças ao sofrido povo hebreu.

Quando lá chegamos, o profeta do Deus Único já estava interpelando o faraó, demonstrando sempre uma gesticulação enérgica, quase febril. Com voz clara e soberana, ele dizia:

— Merneptah, por que não reconheceis o poder soberano do Senhor Nosso Deus? Esse comportamento insensato somen-

Moisés, o libertador de Israel

te trará dor e sofrimento ao vosso povo. Libertai-nos para que possamos ouvir a voz de nosso Deus no deserto e assim sereis poupados da ira do Senhor.

Sentado confortavelmente em sua liteira reluzente, o faraó apenas gargalhou e disse:

— Escravo, apenas vejo-te alardeando o poder do teu deus. Mostra-me, então, algo que me faça acreditar em tuas palavras!

Moisés olhou por alguns instantes para o seu povo, que o acompanhava com uma expressão angustiada. Era possível notar que ele se sentia contrariado com a descrença, tanto do faraó quanto de seus próprios irmãos. "Como libertar uma raça que não acredita em seu Deus e em si própria?", pensava ele.

Perdido nesses pensamentos, o libertador de Israel deitou o seu cajado na terra negra das margens do Nilo e disse, com ar confiante e desafiador:

— Faço isso para que tenhais fé no poder de Yahwéh. Seria melhor que sentísseis com o coração a força do verdadeiro Deus, e não por meio de prodígios que vos excitam os sentidos, agora mas que no futuro causar-vos-ão imensa dor, ó homem incrédulo!

Nesse mesmo instante, o cajado de Moisés transformou-se numa cobra naja de médio tamanho. O faraó aplaudiu a ação de Moisés e disse-lhe, com ironia:

— Parabéns, hebreu! Vejo que és um admirável ilusionista, assim como os que me servem em meu palácio. Talvez queiras que eu te empregue durante a festividade para celebrar a inundação do rio sagrado, que ocorrerá em breve.

O enviado de Deus, cerrou os olhos, controlando as suas emoções, e apenas respondeu serenamente:

— Nobre faraó, apenas desejo que meu povo seja libertado da escravidão para receber a mensagem do seu Deus no deserto. Já vos falei isso e espero que não me façais repetir novamente.

Merneptah desconsiderou as palavras de Moisés e chamou os seus mágicos para repetirem o feito com outras duas varas que também se transformaram em cobras.

Realizada a ilusão, todos riram abertamente da ingenuidade de Moisés em apresentar um truque tão comum entre os ilusionistas do Egito faraônico. Como já expliquei, tratava-se de uma sugestão hipnótica, ou, no caso dos mágicos do povo, era apenas um truque barato de enganação.

Os olhos de Moisés, então, brilharam como duas bolas de fogo, o que mais uma vez angustiou o faraó. A irritação do grande legislador era imensa. Ele realmente tinha pouca paciência com a descrença e a falta de fé do mundo que o cercava. Após alguns minutos, em que o burburinho e as risadas dominaram o ambiente, o futuro libertador de Israel disse, com a sua voz metálica, poderosa e autoritária:

— Acreditáveis, faraó, que eu viria até vossa presença para realizar mágicas ingênuas? Vossos homens enganam, enquanto o que vos mostro aqui é o poder verdadeiro da Eterna Potência.

Todos ficaram, então, estupefatos, quando, depois de um gesto enérgico de Moisés, a sua serpente dobrou de tamanho e partiu agressivamente para cima das duas cobras dos sacerdotes egípcios, engolindo-as a um só golpe. Em seguida, a naja de Moisés encarou profundamente o faraó e emitiu silvos agudíssimos, amedrontando a todos. Após um segundo movimento de Moisés, a cobra deitou-se e novamente transformou-se numa inofensiva vara de madeira.

O silêncio que se seguiu foi sepulcral. Jamais algo assim havia acontecido. Os mais esclarecidos sabiam que aqueles truques eram ilusões momentâneas, fruto de uma influência hipnótica sobre os espectadores. Mas Moisés havia feito desaparecer definitivamente as varas dos sacerdotes egípcios, fato que impressionou realmente a todos.

A serpente desempenhava um grande papel na mitologia egípcia. O grande deus-sol, Rá, conquistara uma difícil vitória sobre a serpente de nome Apófis, que representava a vitória da luz sobre as trevas. Muitos dos seus deuses e deusas tomavam formas de poderosas cobras najas, para imprimir terror aos seus oponentes.

O cajado de Moisés, na forma de uma serpente assustadora, de pronto afetou a mentalidade dos egípcios. O desrespeito e a ironia, que antes haviam tomado conta das suas mentes, convertiam-se agora em absoluto sentimento de terror. Moisés, então, seria um poderoso homem com habilidades para dominar aquele ardiloso réptil, coisa que o próprio deus Rá não havia conseguido fazer, como rezava as crenças egípcias?

A fascinação dos egípcios pela cobra naja era tão grande que ela era o símbolo do Alto Egito, ao passo que o abutre representava o Baixo Egito. Os faraós geralmente utilizavam esses dois símbolos para demonstrar a sua soberania sobre as Duas Terras.

Assim, depois de alguns momentos de hesitação, os hebreus aplaudiram intensamente o feito de Moisés, enquanto os egípcios estavam tomados por um incontido sentimento de espanto e terror. O faraó, para não se sentir enfraquecido perante o povo, resolveu desmerecer o espetáculo miraculoso

Moisés, o libertador de Israel

realizado pelo filho bastardo de sua tia Thermutis.

Durante a sua juventude, ele havia presenciado alguns fatos fantásticos realizados por aquele jovem rapaz, que outrora se chamava Hepmose. Provavelmente isso seria fruto de seus estudos no misterioso Templo de Heliópolis. Assim pensou o faraó, que também lá havia estudado em sua juventude. Portanto, conhecia os feitos fantásticos daqueles sacerdotes incomuns.

O faraó resolveu, então, não revelar que conhecia a identidade de Moisés, pois isso poderia fortalecer ainda mais a sua posição. Após essas reflexões, o coração de Merneptah se endureceu e ele disse:

— Chega dessa farsa! Nenhum hebreu terá autorização para partir. Estou cansado desse jogo e não aceitarei mais as ameaças de teu deus!

Moisés pegou o cajado e dirigiu-se a uma serva egípcia que carregava um pesado vaso de barro. Ele pediu à mulher que repousasse no solo o vasilhame e falou, olhando fixo nos olhos do faraó:

— Vejo que preferis fazer vosso povo sofrer, faraó insensato! Mas o Senhor Nosso Deus não Se curvará à vossa intransigência e ferirá a família egípcia para que venhais a mudar de opinião. É a vontade do Soberano dos Mundos que o povo escolhido vá ter com Ele no deserto!

Em seguida, Moisés pousou o cajado sobre o cântaro de barro e pediu a intervenção divina, com os olhos voltados para os Céus. Passados alguns instantes, ele empurrou com o pé o vaso, virando o seu conteúdo sobre a terra. De seu interior verteu um líquido vermelho escuro, viscoso e com cheiro repugnante.

O profeta de Deus, por fim, ergueu o cajado em direção a Merneptah e disse-lhe, com sua voz metálica e imponente:

— Faraó, se não mudardes de idéia até o repouso do disco solar, amanhã, quando ele retornar no horizonte, todo o Nilo se tornará um rio de sangue, representando o sofrimento de nosso povo durante esses anos de servidão. Os peixes morrerão, a água se tornará infecta e o vosso povo não a conseguirá beber, causando privações e doenças.

O faraó ficou lívido. E, após alguns momentos de hesitação, disse calmamente:

— Volta para os teus afazeres, maldito hebreu! Já estou cansado de tua conversa manhosa!

Em seguida, ele fez um sinal para os seus carregadores o conduzirem em sua liteira ao interior do palácio. Mas, discretamente, ordenou a um de seus mágicos que recolhesse o cântaro de sangue para ser analisado no palácio.

Sempre impetuoso, Moisés gritou quando o faraó já estava

se distanciando:

— Ouvi a voz do Deus Soberano, faraó! Caso contrário, vosso povo pagará com um sofrimento jamais visto nesta terra maldita.

Merneptah entrou a passos rápidos e nervosos no átrio do palácio. Aos gritos, ele ordenou aos seus sacerdotes:

— Eu quero saber imediatamente como esse apiru maldito transformou a água em sangue.

Um dos principais sacerdotes, um homem gordo e com cabeça raspada, chamado Unennefer, ajoelhou-se diante do faraó e disse:

— Grande senhor das Duas Terras, já vos demonstramos esse feito diversas vezes.

Merneptah gargalhou com ironia, de uma forma que mais parecia um relincho abafado, e gritou aos seus sacerdotes, enquanto apalpava entre os dedos o líquido transmutado por Moisés:

— Hepmose transformou água em sangue, enquanto vós somente a transformais em uma ridícula água colorida!

Em seguida, o faraó despojou-se da dupla coroa do Alto e Baixo Egito e dos demais adereços que representavam o seu poder. Com passos lentos, dirigiu-se a uma das janelas do palácio e falou, com voz soturna:

— Se ele conseguir fazer isso com todo o rio sagrado teremos imensa dificuldade em controlar a situação. É necessário desvendar o segredo de seu poder.

Os sacerdotes ajoelhados com o rosto voltado para o chão resolveram não tecer nenhum comentário sobre as palavras de seu soberano. Decepcionado com a limitada capacidade de seus mágicos, o faraó foi tratar de assuntos administrativos para desanuviar a mente.

Enquanto isso, Moisés reunia os hebreus no bairro dos apirus e dizia-lhes:

— Filhos de Israel, reuni todos os vasilhames que possuís e enchei-os com a água do Nilo até o anoitecer, porque amanhã o Nosso Senhor sangrará as águas, trazendo fome e miséria aos nossos algozes.

Logo em seguida, Mosheh dirigiu-se para o alto de uma colina e pôs-se a meditar, com um semblante carregado. Alguns hebreus entenderam aquele gesto como um atestado de incapacidade para realizar tal feito. Então, a preguiça e a descrença desanimaram os filhos de Israel, que desistiram da idéia de procurar armazenar água.

Alguns preguiçosos diziam:

— Isso é um absurdo! Já trabalhamos como animais para

Moisés, o libertador de Israel

o faraó e agora teremos de carregar pesados vasos para estocar água para atender a essa loucura. Eu corto os meus pulsos se as águas do Nilo amanhecerem transformadas em sangue. Fazer mágica com um jarro de água é uma coisa, agora com a imensidão do rio sagrado é outra muito diferente. Os deuses do Nilo não permitirão.

Logo a descrença apossou-se de um grande número de hebreus, que além disso eram ironizados pelos egípcios, que achavam impossível a realização daquele feito e riam abertamente dos que se preocupavam em reservar água.

Nós, os chefes das tribos de Israel, ficamos indecisos sobre qual atitude tomar. Henok aproximou-se e nos disse:

— Cumpramos a ordem de Mosheh! Não duvideis do poder de Yahwéh! Em Seu profeta está nossa salvação. Se não tivermos fé, o que nos restará?

Todos concordamos com as palavras de Henok e fomos estimular as famílias a providenciarem o seu devido estoque de água. Alguns tiveram de ser praticamente estapeados para se mexerem. Aos gritos, dizíamos:

— Mexei-vos, porque caso se cumpra a profecia de Mosheh, quem estiver com seu cântaro vazio não será socorrido! O previdente não pagará pelo incauto. Buscai vossa água e escondei-a para que o faraó não venha roubá-la quando estiver desesperado.

E, dessa forma, seguiu-se aquele dia. Nós carregávamos pesados vasos com o líquido sagrado, enquanto Moisés mantinha-se em silêncio absoluto, provavelmente conversando com aquele que para nós era invisível, mas, para ele, parecia sempre tão presente.

Ao anoitecer, todos foram para as suas casas repousar. Os egípcios, que possuíam medo da noite, recolheram-se cedo, como era seu hábito, enquanto os hebreus repousavam como pedras, pelo extremo cansaço da dupla jornada: trabalhar para as obras do faraó e reservar água.

Enquanto todos dormiam, eu e Henok presenciamos a chegada de um estrangeiro vindo da península do Sinai, da terra dos madianitas. Moisés o recebeu com lágrimas nos olhos. Era um dos primos de sua esposa, Séfora. Ele trazia consigo um pequeno e imaculado pano de algodão, alvo como as nuvens do céu.

O profeta de Yahwéh aproximou o tecido do rosto e o cheirou profundamente. Com os olhos brilhando de felicidade, ele perguntou ao estrangeiro, com o rosto iluminado:

— O meu menino nasceu? E como está minha "Estrela"?

Por longas horas aquele homem de pele escura, que trajava as roupas pesadas dos beduínos do deserto, relatou a Moisés fatos corriqueiros de uma família feliz.

Moisés permitia que sinceras lágrimas de saudade e felicidade escorressem tranqüilas pela sua face, enquanto ele mantinha próximo ao rosto aquele singelo pano que deveria ter abrigado, desde os primeiros instantes de seu nascimento, o seu segundo filho, que viria a se chamar Eliezer.

Perdido em meus pensamentos, imaginei a renúncia e a coragem daquele homem que abandonara a vida feliz e tranqüila com sua esposa para aventurar-se em uma luta com resultados imprevisíveis contra o faraó do Egito. Naqueles dias, ainda duvidávamos de sua capacidade e até de sua sanidade, por querer realizar uma luta aberta contra o homem mais poderoso do mundo.

Lembrei-me, então, dos israelitas que ironizavam a sua palavra e não acreditavam que o deus de Abraão lhe havia surgido para convocá-lo à sagrada missão de libertar o Seu povo da terra de servidão.

O cansaço, enfim, terminou me vencendo. Recolhi-me ao meu leito e antes de dormir pensei sobre como são pequenos aqueles que não respeitam e não reconhecem os gestos de amor e renúncia de seus semelhantes.

Aquela noite foi extremamente quente e o Nilo parecia absolutamente parado, sem a sua tradicional correnteza. O silêncio era realmente absoluto.

O único som era proveniente dos insetos que se lançavam contra as tochas que iluminavam a noite. O calor sufocante parecia que roubava o oxigênio de uma forma jamais vista. Por diversas vezes, acordei com o corpo encharcado e mergulhei a cabeça nos cântaros de água que reservamos.

Esse clima incomum, que já vinha se estendendo por alguns dias, terminou por provocar a reprodução descontrolada de uma determinada alga que torna a água vermelha, matando os peixes e intoxicando as águas com os restos dos animais. Esse processo enfermiço das águas do Nilo foi acelerado e intensificado pelo poder mental de Moisés, que viria a dominar de forma impressionante a todos os elementos da natureza.

Além desse fato, o profeta conseguiu realizar uma fantástica hipnose coletiva que fez com que os egípcios que tocassem ou provassem a água do Nilo viessem a sentir um nojo incontrolável. Assim, todos foram levados a crer, através de hipnose, que as águas do rio haviam-se transformado em sangue humano.

Desse modo, quando Rá ergueu-se mais uma vez no horizonte, após vencer a sua diária batalha contra os demônios que

Moisés, o libertador de Israel

cobriam a sua luz durante a noite, tanto egípcios como hebreus tiveram uma assombrosa surpresa. Até aonde a vista alcançava, o Nilo tinha se transformado num caudaloso rio de sangue. Por onde desaguassem as suas águas, ali vertia um líquido vermelho escarlate, pegajoso e com um odor repulsivo. Tal era a fetidez do rio sagrado que as mulheres grávidas desmaiavam ou tinham fortes acessos de vômito, desde as primeiras horas da manhã.

Parado, como se fosse uma grande bacia hidrográfica, o Nilo assemelhava-se a um imenso esgoto a céu aberto, onde já começava a proliferar todo o tipo de inseto que se reproduz nessas condições.

Espantado, perguntei a Henok como aquilo poderia ter ocorrido. Ele apenas respondeu:

— Nem tudo que vemos é realidade. Abre tua mente, meu amigo, e verás que às vezes uma forte sugestão nos faz crer em coisas improváveis.

Por alguns momentos, meditei sobre as palavras do grande mestre dos levitas e, então, pedi-lhe socorro. Com um sorriso franco no rosto, ele me falou:

— Vou mostrar-te o que acontece, pois talvez seja importante que enxergues isso claramente para esclarecer as gerações vindouras sobre esse fantástico momento que agora vivemos.

Não entendi as palavras de Henok, porém mantive-me atento às suas explicações. Ele, então, me mostrou a sua mão direita e disse:

— Vê a minha mão. O que dizes dela?

Eu sacudi a cabeça e falei, sem entender o motivo da pergunta:

— Não vejo nada de anormal. Ela está como sempre esteve.

Ele sorriu e disse-me, enquanto a escondia atrás de seu manto:

— Pois bem, observa como o mundo é mental, nós é que acreditamos que ele é como o enxergamos com os nossos olhos.

Por alguns instantes, o grande mestre dos levitas me olhou de forma penetrante e foi, pouco a pouco, tirando a mão de trás do manto. Eu dei um salto para trás e gritei.

— Oh, meu Deus!

A mão de Henok estava leprosa a tal ponto que era possível ver os ossos e as falanges dos dedos. A carne estava enegrecida e pútrida. Simplesmente não acreditei no que vi. Fiquei estático, assombrado.

Perto de mim, a alguns passos de distância, tão espantado quanto eu, estava Aarão, o irmão de Moisés. O sábio levita

Roger Bottini Paranhos

guardou novamente a mão dentro do manto e, poucos segundos depois, retirou-a tão sã como antes. Durante todo esse processo, em nenhum momento ele tirou os seus olhos dos meus.

Em seguida, ele pediu que eu me ajoelhasse perto das margens do Nilo, o que fiz a muito custo, tal era o mau cheiro, e falou-me com brandura:

— Esquece o que Mosheh falou-nos ontem, liberta-te de sua sugestão mental e vê somente a verdade!

Depois de longos minutos realizando o esforço mental sugerido pelo grande mestre, as águas começaram a retornar ao seu estado natural, mas era possível perceber o avanço do fenômeno da proliferação das algas, que causavam a mortandade de peixes de tempos em tempos no Nilo. Eu me virei para Henok e ele proferiu a sua imortal frase:

— Natanael, o mundo é mental. O sábio vê a realidade, enquanto o tolo apenas enxerga aquilo que lhe é incutido na mente. Conhece a verdade e serás livre; isola-te na alienação e tua alma será apenas mais uma escrava do mundo que a cerca.

A sugestão de Moisés era tão poderosa que se fosse oferecido um copo de água pura para qualquer habitante do Delta do Nilo naqueles dias, só o que se veria era uma taça cheia de sangue em estado de putrefação. Mesmo aqueles que não estavam ao alcance de sua sugestão hipnótica sofreram a sua ação coerciva, à medida que a notícia da contaminação se alastrava pelo Baixo Egito. Essa influência só começou a se quebrar quase uma semana depois, quando os egípcios conseguiram cavar poços e encontrar água pura, ainda não infectada pelas algas.

Mas, nos primeiros dias, a situação foi de desespero total. As famílias egípcias, desacostumadas com situações de privação, aglomeravam-se na frente do palácio faraônico para implorar providências e pedir que o faraó interviesse junto aos deuses egípcios, que, segundo as crenças da terra de Kemi, eram seus iguais e ouviam os apelos do rei.

Entretanto, o problema não era somente dos egípcios. No fim da tarde, os líderes dos clãs correram para pedir auxílio ao profeta. Várias famílias haviam negligenciado a ordem de Moisés e ficaram sem suas reservas de água.

Alguns homens procuravam roubar a água de seus irmãos previdentes e outros, mais baixos ainda, ameaçavam delatar ao faraó os locais onde os seus próprios compatriotas haviam guardado os reservatórios de água pura, caso não recebessem parte das reservas.

Ao saber disso, Moisés enrubesceu e lembrou-se de quando teve de fugir do Egito por ter sido delatado por um hebreu traidor.

Moisés, o libertador de Israel

"Sim", pensava ele, "quando partirmos desta terra maldita corrigirei a moral deste povo sem valores. Não haverá compaixão para quem trair a sua gente!"

Após meditar por alguns momentos, ele disse aos chefes:

— Aqueles que não fizeram as suas reservas deverão ir até o rio e buscar a água infectada. Hoje à noite passarei em cada casa e curarei os cântaros dos imprevidentes para que Israel possa saciar a sua sede sem brigas e com boa água abençoada por Yahwéh.

E assim ocorreu. Intrigado, perguntei a Henok como isso seria possível. Libertar da hipnose poderia ser fácil, mas como purificar uma água já contaminada pelas intrigantes algas vermelhas.

— Mosheh possui poderes fantásticos — respondeu Henok. — Seria muito difícil ele agir sobre todo o Nilo, mas alguns cântaros de água não exigem muito de alguém com assombroso poder magnético.

Nos dias seguintes, o Egito parou. Ninguém mais cuidava de seus afazeres. Só o que interessava era encontrar uma forma de achar água pura.

Os soldados egípcios invadiam as casas dos apirus com o objetivo de furtar-lhes a água. Mas todos tinham escondido suas reservas sob a terra. Moisés havia jurado de morte aqueles que entregassem as suas reservas ao faraó. Dessa forma, muitos apanharam, mas os egípcios continuaram sedentos.

Um dos poucos a entregar água para um egípcio foi Aiezer, que mais uma vez cedeu aos encantos da bela Nezmet. Em determinada noite, ela o procurou em nosso bairro e se colocou de joelhos aos seus pés, beijando-lhe a mão e oferecendo o seu corpo. Em lágrimas, ela pedia a intervenção de Aiezer para salvar a sua família que se encontrava muito desidratada.

O futuro chefe da tribo de Dã cedeu alguns cântaros de água, sem que Moisés viesse a saber. Ao descobrir o ocorrido, o repreendi severamente. O querido amigo, com um olhar angustiado, apenas respondeu:

— Natanael, minha alma está aprisionada a essa mulher. Não sabes o tormento que existe dentro de meu peito. Sei que não devo amá-la, mas não há um dia em que meu pensamento esteja livre da imagem, do cheiro, da voz e dos carinhos dessa mulher. Já orei a Elohim, pedindo que me liberte dessa influência incompreensível, mas é inútil.

Eu coloquei a mão direita sobre o ombro do amigo e disselhe, com carinho:

— Aiezer, nós temos tantas belas mulheres entre o nosso povo. Vê Raquel, que atrai tantos olhares! O sonho dela é casar-se contigo.

O filho de Amisadai, apenas respondeu-me, com ironia:

— Quem és tu para falar-me, Natanael? Casaste com uma mulher que possui sangue egípcio e parece amar mais a vida de nossos algozes do que a nossa própria cultura.

— Tem razão! — respondi. — Mas crê no que te digo, meu amigo. Antes eu tivesse me casado com uma dócil hebréia, do que com a impetuosa Kermosa.

Eu olhei para o céu, como se estivesse a desvendar os segredos escondidos nas estrelas, e disse-lhe:

— Às vezes, parece que somos hipnotizados pelos Invisíveis para tomarmos decisões que jamais aceitaríamos em sã consciência.

Depois de alguns momentos de reflexão, falei, enfim:

— Sinto que essa mulher ainda vai desgraçar a minha vida.

Aiezer fez um gesto que demonstrou a sua compreensão em relação às minhas palavras e terminou por se abrir:

— Natanael, por que nos atraímos por aquelas mulheres que parecem ter o dom de estabelecer o Amenti (inferno) na terra?

Ambos rimos de modo descontraído e, então, respondi-lhe:

— Creio que nada é por acaso. Mestre Henok me falou que vivemos diversas vidas. Assim, colhemos na atual o bem ou o mal que plantamos outrora.

Aiezer meditou por alguns instantes, enquanto alisava lentamente a sua barba e, por fim, disse:

— Talvez isso faça sentido. Acho que vou me aproximar mais de Henok. Ele é certamente um grande sábio. Meu pai sempre diz para ouvirmos os sábios porque neles reside a palavra de Deus.

Concordei com Aiezer e repliquei:

— Sim, esse é o caminho. Mas recomendo-te que ores ao Grande Deus para que o Seu profeta na terra não descubra que doaste água à família de Nezmet. Caso contrário, o céu desabará sobre tua cabeça. Mosheh é muito sereno e justo, mas quando contrariado torna-se um tirano cruel.

Após aquela conversa, nos dirigimos aos nossos lares. Em meio ao caminho, vislumbramos uma multidão defronte de um casebre pobre. Ali estava Moisés atendendo uma velha senhora com os pés em frangalhos por ter sido obrigada a amassar o barro para fabricar tijolos, por vários dias, sem descanso. Isso havia ocorrido antes da infestação do Nilo. Fazia vários dias que a mulher delirava em febre, vítima de forte infecção.

A multidão, espantada, observava Moisés, de joelhos, aos pés da enferma, com os braços voltados para o céu, orando em alta voz:

Moisés, o libertador de Israel

— Grande Yahwéh, Pai de infinita bondade! Somente Vós sois o Soberano do Universo e todos os deuses de todos os povos são apenas pálidas estátuas frias comparados a Vossa Augusta Magnitude.

E, com os olhos marejados de lágrimas, ele pediu ao Criador que o investisse daqueles maravilhosos poderes que poucos entre nós compreendiam:

— Estendei, ó Senhor, a este Vosso pobre filho, que sem Vós nada seria, os Vossos sacrossantos poderes. Assim, poderei recobrar a saúde dessa Vossa filha de Vosso amado povo. Fazei, querido Pai, que eu seja o emissário de Vossa justiça, recobrando o vigor dessa mulher e imputando aos Vossos inimigos a dor por não aceitarem o Vosso poder soberano.

Moisés encerrou a sua súplica e ergueu-se, direcionando ambas as mãos sobre a cabeça da mulher. Em seguida, ele correu rapidamente os seus braços sobre todo o corpo da enferma.

Mais uma vez o levita, filho de Amram, assombrou a todos. De suas mãos espargiam fagulhas de Luz sobre a mulher, aliviando as dores, tanto das pernas, como da coluna, já tão curvada pela ação do tempo, e ainda massacrada sob um regime cruel de escravidão.

Depois desse movimento frenético com as mãos, ele pousou-as sobre os pés da doente e ali as manteve. Não demorou muito para vermos um festival de luzes policromáticas, onde as mais destacadas eram o violeta, o azul e o verde. Em questão de segundos, as pavorosas feridas estavam totalmente fechadas. Víamos apenas um tom violáceo na pele, denotando uma recente cicatrização.

Aiezer colocou a mão sobre o meu ombro para não cair e a outra sobre a testa, tal o seu assombro. Após alguns minutos de indecisão, ele perguntou, sabendo que eu não saberia darlhe nenhuma resposta:

— Como Mosheh pode realizar tais coisas? Jamais vimos nada igual.

Sim, Moisés era um fantástico magnetizador e realizaria ainda outras curas e proezas que nos impressionariam nos longos anos que viveríamos junto dele no deserto.

Terminada a ação magnético-curativa, ele apoiou serenamente as mãos sobre os pés da pobre mulher e os beijou, agradecendo a Intervenção Divina. Em seguida, osculou a fronte da mulher, que parecia ter rejuvenescido após aquele insólito atendimento médico. Ela abraçou o profeta como uma criança, e, com o rosto coberto de lágrimas, disse:

— Nosso Senhor seja louvado!

Ele, então, achegou a mulher ao seu peito, como se ela

fosse uma criança, e disse carinhosamente:

— Que assim seja, minha querida filha!

Moisés era exatamente assim: carinhoso, amorável e atencioso com aqueles que compreendiam a sua mensagem e eram dignos dela. Contudo, era intolerante e tirano contra aqueles que não possuíam caráter e valores espirituais. Os indignos, invejosos e traidores padeceram o inferno na Terra sob as mãos de ferro desse notável homem.

Terminada aquela fantástica demonstração de que Moisés realmente era o enviado de Yahwéh, despedi-me de Aiezer e fui para casa. Nada mais tínhamos a falar. A mensagem de Moisés era muito clara, e prudente seria aquele que a ouvisse.

Ao deitar em minha cama, suspirei aliviado, pois o meu joelho que sofria de artrose estava doendo demais naquele dia, por causa das longas caminhadas e por ter passado muito tempo de pé. Eu pensei, então, que as mãos mágicas de Moisés poderiam curar-me. Quem sabe um dia isso poderia acontecer?

Intuitivamente me veio a idéia de que isso só viria a ocorrer se eu tivesse algum merecimento aos olhos de Yahwéh. Fechei os olhos e pensei: "Preciso me esforçar cada dia mais na busca da dignidade que perdi em meu passado recente." O rosto sereno e amigo de meu pai, o bom Zuar, surgiu em minha mente. Uma lágrima, então, escapuliu pelo canto de meu olho direito. Eu a sequei com o braço e terminei adormecendo. O cansaço era tanto que nem sequer ouvi as eternas lamúrias de Kermosa. Naquela noite, dormi como uma pedra.

Moisés, o libertador de Israel

A invasão das rãs 15

Seti II, filho de Merneptah.

Quase uma semana depois, os egípcios cavaram inúmeros poços e deles retiraram água pura e se recobraram do caos em que se encontravam. A vida então pareceu voltar à normalidade. As portas do palácio do faraó finalmente estavam livres das romarias de egípcios chorosos. O povo da terra de Kemi, assim como o de todas as nações, em nenhum momento demonstrou coragem para viver com serenidade e dignidade as dificuldades daquelas semanas. Todos choravam como crianças e acusavam o faraó de não os proteger daquele que chamavam de "cruel feiticeiro". Somente os soldados e alguns dignitários demonstravam hombridade.

Como a situação parecia ter se regularizado, o povo e o faraó passaram a dedicar-se aos rituais de apresentação de oferendas e mais oferendas ao deus Amon. O Baixo Egito foi tomado por inúmeras procissões e cantorias religiosas, em que os supersticiosos egípcios sacrificavam bois para receberem o amparo do obscuro deus Amon. Mas, em breve, eles veriam que o seu frio deus de ouro não poderia rivalizar com o poderoso e inigualável Deus Invisível de Moisés.

Eu observava o cortejo com um sentimento que era um misto de tédio e ódio. Inconscientemente eu sabia que aquela classe corrupta de sacerdotes havia matado Akhenaton e as pessoas a quem eu amava em minha encarnação anterior. Desde a morte de meu pai, eu havia despertado para o compromisso espiritual assumido em minha encarnação anterior na personalidade de Radamés. Às vezes, um grande choque é o melhor meio para nos libertarmos da fascinação pelos interesses mesquinhos, geralmente estimulados por espíritos das sombras. Então, com desdém, eu disse para mim mesmo:

— Malditos idólatras! Essa adoração estúpida a estátuas e animais será a sua ruína.

Com o pensamento vagando longe, eu acompanhei sentado sob um sicômoro o movimento do povo seguindo as estátuas dos deuses Amon, Mut e Kohns, a sagrada família de Tebas. Algumas pessoas acompanhavam a procissão de joelhos, implorando as bênçãos de uma fria estátua de ouro; outras cantavam hinos chorosos, realizando coreografias de servilismo às estátuas. Junto à procissão, um inofensivo boi era levado para o sacrifício.

À frente, sentado em sua liteira, seguia o faraó, com um semblante preocupado. No fundo, Merneptah sabia que mais tragédias viriam pela frente. Certamente, depois daquela fantástica mortandade de peixes, o Egito sofreria com a fome e também com a proliferação de insetos e pragas que surgiriam a partir da podridão em que se encontrava o Nilo.

No dia anterior, o faraó havia realizado uma reunião com os governadores das províncias próximas, para tentar encontrar uma forma de evitar a multiplicação do terrível maruim, um mosquito de picada dolorida que, acreditava-se, era um dos responsáveis por alastrar algumas doenças "mágicas", ou seja, aquelas que os egípcios não sabiam curar, como: febres, erupções cutâneas nunca diagnosticadas, epilepsia, doenças mentais, e, por isso, atribuídas a demônios ou à feitiçaria maligna. Logo, o tratamento deveria ser realizado pela "medicina mágica", e não pela convencional.

Essas enfermidades exigiam a invocação de cânticos sagrados e exercícios poderosos de poder mental para afugentar a influência perniciosa, algo semelhante às técnicas de cura através da fé, muito comum na medicina holística moderna.

Então, contrariando as mais sombrias expectativas, pareceu que tudo havia se normalizado. O deus dos hebreus havia sido vencido, diziam alguns egípcios menos prudentes, já que a paz fora restabelecida.

O povo da terra de Kemi andava sorridente pelas ruas e ameaçava os hebreus. Alguns gritavam em frente ao palácio, questionando as autoridades quando os "preguiçosos hebreus" retornariam às atividades nas construções faraônicas. Para eles, tudo deveria voltar ao normal o mais breve possível. Assim sendo, o faraó ordenou a retomada dos trabalhos na fabricação de tijolos para erguer os seus templos e palácios. Mas Moisés impediu que seus compatriotas fossem trabalhar para o faraó e dirigiu-se ao edifício suntuoso do monarca. O povo do Egito, ao

Moisés, o libertador de Israel

vê-lo caminhando a passo firme, olhar resoluto e empunhando o seu misterioso cajado, sentiu um medo terrível.

Moisés adentrou no palácio sem se fazer anunciar. Os guardas, hipnotizados por seu poder mental, nenhuma resistência ofereceram.

Merneptah encontrava-se numa reunião com alguns assessores quando o profeta da Eterna Potência irrompeu o salão de audiências e falou ao rei:

— Sois imprudente e mesquinho, assim como vosso pai o era! Vossa arrogância e espírito egocêntrico vos cegam. Mas não terei mais indulgência convosco e com o vosso povo. Libertai-nos para nos encontrarmos com o nosso Deus no deserto ou vereis pragas e desgraças sem fim nesta terra.

Ao ver o estado catatônico de seus guardas, o faraó percebeu que mais uma vez teria de resolver aquele assunto sem o uso das armas e da força. Só que agora ele acreditava estar amparado por Amon, pois desde a transmutação do Nilo em sangue parecia que a situação melhorava a cada dia.

Era de se esperar a proliferação de doenças depois de o rio ter ficado infecto, mas nenhum caso sequer ocorreu, o que indicava que Amon protegia o faraó e seu povo, segundo o seu entendimento.

Logo ele se aprumou e disse a Moisés:

— Retira-te daqui, verme imundo! O deus Amon é mais forte do que esse teu deus sem rosto, que mais parece uma invenção de tua mente doentia. Talvez ele seja somente uma loucura da tua cabeça insana.

Eu não libertarei a tua raça e, a partir de hoje, todos devem retornar ao trabalho. Além da produção habitual, todos terão de recuperar o tempo perdido trabalhando horas adicionais. Quero o templo da deusa Sekhmet pronto antes do final da cheia do Nilo.

Moisés respirou profundamente, apoiou-se em seu cajado e apenas disse, com um tom melancólico na voz:

— É inútil prosseguir com essa conversa. Nenhum hebreu trabalhará mais como escravo. Serviremos somente ao nosso Deus e seremos libertos pelo Seu infinito poder. Enquanto eu viver, jamais um filho de Israel trabalhará novamente para outro homem, sem justa remuneração e contra a sua vontade.

Moisés girou sobre os calcanhares e preparou-se para partir. Em seguida, voltou-se para o faraó, como se tivesse esquecido algo, e falou com voz grave e autoritária, adornada por um tom profético:

— Amanhã, quando o disco solar surgir no horizonte, o Egito será infestado por rãs, mosquitos, moscas e todo o tipo

Roger Bottini Paranhos

de pragas que imaginardes. Vosso povo então sentirá na pele pestes como jamais supôs existir. Não haverá uma casa sequer sem doentes. A morte ceifará a vida de homens, mulheres e crianças, indistintamente. E assim será até que o faraó comova o seu coração e liberte o povo escolhido por Yahwéh.

Enquanto Moisés retirava-se a largos passos, o faraó esbravejou:

— Retira-te daqui, traidor daqueles que te deram luxo e instrução! O que és hoje é fruto do que o Egito te deu. E é com essas ameaças que nos retribuis, criatura desprezível?

Moisés parou e virou-se lentamente em direção ao faraó e demais assessores que o acompanhavam estarrecidos. Com um olhar sereno, ele disse:

— Eu pensei que não havíeis me reconhecido, Merneptah. Agora que sabeis quem sou, talvez compreendais melhor o meu desejo de ver Israel livre e o faraó de joelhos aos meus pés. Vosso pai deve ter agradecido aos Céus por ter partido para a terra dos imortais antes de minha volta, porque não importa quem seja o faraó, não há homem no mundo capaz de resistir à vontade soberana de Yahwéh. E não penseis, criatura arrogante, que a dor que meus irmãos egípcios sofrerão não penaliza o meu coração. Reconheço nos filhos desta terra também os meus irmãos, mas se eles não ouvem a minha voz, devem sofrer as conseqüências, pois a minha voz somente reproduz a voz do Único e Verdadeiro Deus.

Guardai o que vos digo, pois isso vos será cobrado no tribunal de vossa consciência. Sereis responsável por cada morte e sofrimento que se abaterá sobre os filhos da terra de Kemi, porque a mão pesada de Yahwéh só descerá sobre o Egito por causa de vossa intransigência em nos libertar.

Após aquela audiência, Moisés foi novamente orar nas colinas mais afastadas da cidade de Pi-Ramsés, enquanto o faraó ameaçava punir os seus sacerdotes por causa de sua incapacidade em determinar o segredo dos poderes de Moisés. Merneptah gritava, transtornado, enquanto esbofeteava seus soldados, que lentamente libertavam-se do profundo estado de torpor em que se encontravam, tal qual estátuas inanimadas sendo bafejadas pelo miraculoso sopro da vida.

Andando de um lado ao outro, batendo forte com o seu chicote sobre os móveis, o faraó esbravejava:

— Explicai-me, como isso pode ocorrer? Observai o estado desses homens! Eles parecem mais estátuas de granito do que seres vivos.

Os sacerdotes do Templo de Amon apenas choramingavam respostas evasivas. Merneptah, indignado com a impotência de

Moisés, o libertador de Israel

seus sacerdotes, perguntou:

— E como está o trabalho nos porões do templo para amaldiçoar o nome de Hepmose?

O chefe dos sacerdotes tremeu e, com copioso suor escorrendo por sua gorda cabeça raspada, respondeu:

— Senhor do Alto e Baixo Egito, não queríamos vos preocupar com mais um problema, mas o fato é que a última equipe de padres foi encontrada morta nos subterrâneos.

O faraó saltou da cadeira, como se tivesse sido impulsionado por uma mola, e perguntou com voz soturna e olhos quase saltando das órbitas:

— Mas como isso aconteceu?

— Não sabemos, meu senhor, mas creio que é obra do feiticeiro, pois os corpos estavam intactos. Quando os abrimos para o trabalho de mumificação, percebemos que os órgãos internos estavam enegrecidos, como se tivessem sido queimados de dentro para fora.

Merneptah sentou-se lentamente no trono, boquiaberto de pavor:

— Por Osíris! — exclamou. — Isso significa que ele pode nos atingir à distância.

Esfregando as mãos e com indisfarçáveis tremores por todo o corpo, o sacerdote disse, sem cerimônia:

— Não vos preocupeis, meu rei, porque ele precisa do faraó para libertar o seu povo. Quanto a nós, sacerdotes, infelizmente estamos nas mãos do humor instável desse perigoso homem.

Merneptah meditou por alguns instantes e, constatando a impotência de seu clero, falou:

— Vejo que realmente os sacerdotes de Heliópolis são os mais poderosos, pois foi lá que esse maldito foi instruído.

Depois de dizer essas palavras, o faraó ficou pensativo por alguns instantes e lembrou-se que o mestre do jovem Hepmose fora o enigmático sacerdote Amenófis do Templo de On, na cidade do Sol. Amenófis também havia lhe educado em sua juventude, mas certamente sem a profundidade dedicada a Moisés.

Merneptah era trinta anos mais velho que Moisés, ao contrário do que pensam muitos. O filho de Ramsés II tornou-se faraó com mais de cinqüenta anos, após o fim do longo reinado de seu pai. Já Moisés, mal passava dos trinta anos durante esses dias turbulentos.

"Hoje em dia", pensou o faraó, "Amenófis talvez seja ainda mais sábio e tenha novos misteriosos ensinamentos a revelar. Certamente ele me auxiliará a resolver os incômodos gerados por Hepmose".

Falando para si mesmo, ele disse:

— Se amanhã as palavras desse lunático se confirmarem, trarei Amenófis para enfrentá-lo e desvendar os seus mistérios.

Cabe aqui esclarecer que essa mesma prática de magia negra utilizada pelos padres de Amon foi empregada para prejudicar a missão de Akhenaton, conforme está narrado no livro "Akhenaton — A Revolução Espiritual do Antigo Egito". A diferença no resultado dessa prática entre Akhenaton e Moisés deveu-se ao fato de que o faraó "Filho do Sol" era sensível demais para batalhar contra o mal que lhe atingia. Já o profeta de Yahwéh, ao perceber a nefasta ação espiritual dos padres de Amon, com sua intuição incomum, imediatamente revidou mentalmente a ação dos inimigos, provocando uma inversão nas ondas mentais dos agressores. Esse mecanismo das leis espirituais fez com que o centro de força básico desses indivíduos despertasse descontroladamente o "fogo serpentino", energia que pode acarretar a incineração interior do imprevidente que ousa manipular as forças ocultas para o mal.

Moisés poderia ter orado e utilizado o poder do amor para proteger-se, mas, em virtude da sintonia espiritual pesada em que se encontrava, certamente não atingiria o resultado esperado.

O pavor dos espíritos das sombras que auxiliavam os sacerdotes de Amon foi tal, que eles imediatamente abandonaram o seu apoio ao templo do deus obscuro. Alguns deles ficaram tão horrorizados com a materialização física do poder espiritual de Moisés que diziam:

— Ou ele está muito próximo de Deus ou então é o demônio em pessoa!

Assim, na manhã seguinte, o dia nasceu mais belo do que o anterior. Ao constatar que a tranquilidade reinava no Egito, Merneptah respirou aliviado. Naquela manhã, o faraó participaria do casamento da irmã de um de seus oficiais mais próximos. Ela era uma das mais belas egípcias de sua época e o seu irmão detinha o título de "condutor do carro do rei", ou seja, ele era a pessoa que conduzia os cavalos que puxavam o carro do rei nas caçadas no deserto e nas guerras.

Ouvíamos falar que ela se casaria a contragosto, obrigada por assuntos familiares, mas demos pouca atenção a isso. A vida dos egípcios não nos interessava mais de maneira alguma, apenas ficávamos na expectativa pelas ações de nosso libertador.

Certamente, aquele seria um dos principais eventos daquela estação e contaria com a presença de toda a nobreza egípcia. Caso se confirmasse a nova praga proferida por Moisés, o caos estaria novamente instalado.

Assim, o rei foi conduzido em sua liteira até o templo onde

Moisés, o libertador de Israel

a cerimônia nupcial seria realizada. O sentimento de alívio era algo indisfarçável no rosto do faraó. Naquela noite, Merneptah havia tido pesadelos pavorosos, mas, ao despertar, os deuses egípcios lhe haviam acenado com uma grande bênção: o fracasso das ameaças do "maldito feiticeiro", como Moisés era chamado pelos egípcios.

Durante o cortejo, o povo gritava os nomes sagrados do rei e enaltecia a sua divindade e o seu poder em restabelecer a ordem na terra de Kemi. O faraó sorria e acenava para todos, contrariando o protocolo real que impedia qualquer gesto de consideração aos seus súditos. O rei, filho de Osíris e Ísis, deveria manter-se durante as procissões em posição ereta, como se fosse uma estátua, desprezando o mundo ao seu redor. Mas Merneptah era um militar avesso a protocolos; dessa forma, ele constantemente desprezava tais rituais.

Porém, em meio ao percurso, o seu semblante se anuviou quando ele viu ao longe Moisés, apoiado em seu cajado e com um sorriso irônico no rosto. O semblante confiante do profeta do Deus Único preocupou profundamente o faraó. Mas ele resolveu desconsiderar a presença de Moisés e prosseguiu até o templo construído em homenagem à deusa Ísis, local da cerimônia religiosa.

Os noivos e seus convidados, entusiasmados de orgulho pela presença do faraó, sorriam de tanta felicidade. Parecia que aquele seria um dia inesquecível em suas vidas, e nisso eles tinham razão.

Logo após os rituais religiosos executados pelo sumo sacerdote de Amon, todos se dirigiram à mansão da família da noiva, onde uma festa regada a vinho e cerveja seria oferecida aos convidados.

Um palanque especial fora construído para o faraó, pois, como divindade viva, ele não poderia ficar no mesmo nível de seus súditos. E assim a festa transcorreu por várias horas com muita alegria e tranqüilidade.

Os convidados conversavam e dançavam alegres, e a todo instante agradeciam aos deuses pela normalização da carência de água, que quase os havia enlouquecido.

Alguns mais idosos conversavam de forma descontraída:

— Os jovens não dão valor ao rio sagrado que nos fornece tudo que temos, da água ao alimento, através das colheitas. Essa crise pelo menos serviu como uma lição para as novas gerações.

Merneptah relaxou de tal forma, que, após vários copos de vinho, chamou o seu principal general, e disse-lhe, com voz enrolada pelo efeito do álcool:

— Manda os soldados levarem os apirus para fabricarem os tijolos. Tudo volta ao normal a partir de hoje. Já é hora de ocupar essa ralé para que não me causem mais problemas.

E assim foi feito. Os soldados, com chicotes nas mãos, dirigiram-se ao bairro apiru para obrigarem os hebreus a retornarem aos postos de trabalho. Mas antes de lá chegarem, um barulho ensurdecedor surgiu das margens do Nilo, como se ali tivesse aparecido por encanto, pois até um instante antes ouvia-se apenas o barulho monótono das pequenas ondas das margens.

Em poucos minutos, uma multidão de rãs invadiu as ruas e as casas. Mas não eram rãs comuns e sim animais enormes, alguns com horríveis deformações genéticas. Não eram poucas as que possuíam duas cabeças e inúmeras patas. O barulho logo tornou-se ensurdecedor.

Assim, não demorou muito para a festa de casamento que o faraó prestigiava tornar-se um verdadeiro pandemônio. As mulheres corriam apavoradas, gritando o nome dos deuses egípcios, pedindo-lhes proteção, enquanto os homens, acuados, davam bastonadas nos anfíbios agressivos que pulavam sobre as pessoas, como se as estivessem atacando.

Ao ver aquela gritaria histérica e os convidados embriagados caindo pelo chão numa inútil tentativa de fuga, Merneptah levantou-se e começou a chutar e a pisotear as rãs, demonstrando toda a sua irritação e indignação, desejando, quem sabe, demonstrar um pouco de hombridade aos seus súditos covardes. Ele mesmo desceu de seu palanque e passou a afugentar os animais com um bastão.

Quando parecia que a situação começava a se normalizar, surgiram grandes ratazanas que guinchavam histéricas e pulavam sobre as mesas do banquete de casamento para roubar os alimentos. Vendo que era inútil lutar, o faraó, com uma expressão sombria no rosto, abandonou a festa, acompanhado de sua guarda pessoal e assessores mais próximos. Mas quando chegou no palácio percebeu que a situação não era diferente. Não havia uma casa sequer onde os gritos de horror não pudessem ser ouvidos. Em todos os lares era possível ver os egípcios lutando desesperadamente para salvar os seus mantimentos do ataque daqueles animais asquerosos. A situação era tão insólita, que as matronas egípcias gritavam:

— Despertai-me, Osíris, deste pesadelo pavoroso!

Já os hebreus, mais uma vez tinham sido protegidos pelo engenho de Moisés. Ele ensinou a todos como evitar o assédio daqueles animais, queimando algumas ervas pouco conhecidas entre os egípcios. E para garantir que estes não teriam como

Moisés, o libertador de Israel

se imunizar, convocou vários garotos de nosso povo para subtrair todas as ervas das regiões vizinhas, dificultando qualquer tentativa dos nossos inimigos de se livrarem do castigo divino, caso descobrissem o segredo para imunizarem-se.

A invasão desses animais foi um desencadeamento natural do desequilíbrio ecológico pela contaminação do Nilo. Porém, Moisés utilizou-se mais uma vez de seus poderes para intensificar a ação desses bichos e hipnotizar o povo para que eles sofressem um impacto ainda maior.

Quando os sacerdotes egípcios apresentaram-se ao faraó e disseram-lhe que nada poderiam fazer, pois todos os focos da erva salvadora haviam desaparecido, Merneptah urrou como um leão selvagem. Ele se levantou do trono e, apontando com o chicote para o chefe de sua guarda pessoal, disse:

— Suti, eu não quero que esse maldito hebreu seja iluminado mais um dia sequer pelos raios de Rá. Faça o que estiver ao teu alcance para que minha vontade seja satisfeita!

Com os olhos flamejantes, o faraó ergueu o punho com o braço rígido, desejando sorte ao fiel soldado, que retribuiu com emoção ao gesto do rei e prometeu-lhe que daria a sua vida para cumprir a missão na qual estava sendo incumbido.

Naquela mesma noite, três soldados egípcios se esquivaram pelas estreitas ruelas do bairro apiru à procura do local onde Moisés repousava. Já era alta madrugada e todos dormiam um sono pesado.

A noite corria tranqüila em minha casa, até o momento em que despertei de meu sono profundo ao ouvir um dos nossos serviçais sussurrando à porta. Sobressaltei-me e saquei o meu punhal que ficava sempre ao meu lado durante o sono. Levantei-me, então, rapidamente e me deparei com Aiezer, pálido como o mármore dos templos da deusa Sekhmet.

Ele entrou e me disse:

— Desculpa-me, Natanael, por acordar-te a esta hora! Mas acredito que ouvi em sonho a voz enigmática de Yahwéh.

Esfregando as mãos, de forma nervosa, Aiezer completou:

— Eu estou muito confuso. Não sei o que pensar.

Arregalei os olhos e perguntei:

— Dize, homem! O que o Deus de nossos ancestrais te falou.

O nobre amigo, meio sem jeito, disse, de forma evasiva:

— Não sei ao certo, mas parece que a poderosa presença de Elohim me avisou de que algo tentará calar a voz de seu profeta esta noite.

Ao ouvir as palavras do grande amigo, um arrepio correu célere pelas minhas vértebras até o topo da cabeça. Ajeitei-me

Roger Bottini Paranhos

rapidamente e disse-lhe:

— Sinto um mau presságio no ar. Vamos informar isso a Henok, pois eu não ousaria jamais interromper o sono de Mosheh.

Aiezer concordou com a minha idéia, aliviado com minha presença de espírito, pois ele não sabia como anunciar o seu sonho, aparentemente absurdo, a Moisés. Henok estava acordado e recebeu-nos amavelmente. Poucas vezes o víamos dormir. Quando íamos repousar, ele estava sempre observando os movimentos das estrelas; ao acordarmos, o encontrávamos realizando anotações em idiomas que nem sonhávamos que existisse. Aiezer, então, narrou o fato ao grande sábio e este nos falou, com a mão sob o queixo:

— Acredito que o nobre Aiezer recebeu uma Luz do Mundo Oculto. É imperativo que protejamos Mosheh. Mas não é necessário acordá-lo, pois ele está muito estafado e talvez o sonho de Aiezer não se confirme.

Assim, eu e meu amigo nos postamos atrás de um grande vaso de cerâmica, ao lado da tenda em que Moisés repousava naquela noite. Enquanto isso, Henok foi alertar alguns homens da tribo de Levi que já haviam se destacado como seguranças do profeta. Mas não houve tempo para isso, porque poucos minutos depois que nos acomodamos os três egípcios invadiram rapidamente o aposento, fazendo com que eu e Aiezer realizássemos um gesto defensivo puramente reflexivo. Moisés acordou sobressaltado com o tilintar agudo das espadas. Eu e Aiezer, após rápidos golpes, enterramos nossas espadas no ventre dos assassinos. Moisés teve um pouco mais de dificuldade, mas poucos segundos depois o chefe da guarda de Merneptah perdia a vida em suas mãos.

Toda a vizinhança acordou assustada e entrou em pânico quando soube do atentado à vida de seu líder. Moisés olhou-nos com gratidão e disse-nos:

— Yahwéh, que a tudo vê, vos recompensará pela vossa presença de espírito desta noite!

Em seguida, ele suspirou e disse a Henok:

— Não poderei mais dormir sem alguém a velar o meu sono. O faraó começou a perder o equilíbrio antes do que esperávamos.

Pouco antes do amanhecer, levamos os três corpos até perto do palácio do faraó e ali os depositamos. Na primeira hora da manhã, algumas mulheres egípcias acordaram o faraó com gritos histéricos. O rei olhou a rua de sua janela e viu algumas aguadeiras jogando terra sobre a cabeça e rasgando as roupas em frente aos corpos dos soldados, demonstrando o

Moisés, o libertador de Israel

seu pesar pela morte dos nobres oficiais.

O faraó afastou-se da janela e apoiou a cabeça na parede de alvenaria. Em seguida, ele socou a parede e disse:

— Deuses do Egito, quando isso irá terminar?

Nos dias seguintes, nos fechamos em nossas casas enquanto os egípcios lutavam para desvencilharem-se dos ataques dos ratos e rãs. Algumas de nossas casas foram arrombadas pelos soldados que tentavam roubar-nos as ervas que espantavam os animais. Em algumas vezes, eles obtinham sucesso, em outras, eram mortos a pauladas ou pela espada.

O caos em que viviam não os permitia organizarem-se para realizar uma perseguição direta ao nosso povo. E também quase todos os soldados egípcios foram enviados ao deserto à procura das ervas ou estavam lutando para exterminar as ratazanas e rãs.

A cada dia, eu me impressionava mais com o poder de Moisés. E isso fazia com que a minha fidelidade àquele grande homem crescesse diariamente. Somente um enviado do Grande Deus poderia realizar aqueles fantásticos prodígios que colocavam o poderoso faraó de joelhos diante do seu poder. O domínio sobre a natureza, principalmente sobre as almas-grupo das rãs e ratazanas era impressionante. Parecia que aqueles animais asquerosos formavam um fiel exército sob o comando mental de Mosheh.

Nas semanas que se seguiram, ficamos em oração em nossos lares, aguardando novos acontecimentos, conforme determinação de Moisés. As traumáticas ocorrências haviam acalmado Kermosa que, ao ver a infernal situação por que passavam os egípcios, sentia-se a mais abençoada das mulheres. Ela havia praticamente cessado as lamúrias e apenas dedicava-se a orar junto com as demais mulheres de nosso clã. Já os homens, dividiam o seu tempo em orações e nas reuniões, onde Moisés esquentava os ânimos de todos com a sua empolgação realmente contagiante.

Em uma dessas reuniões, ele nos disse:

— Queridos irmãos, após quatrocentos anos de escravidão, o nosso povo será novamente livre por meio das abençoadas mãos de Yahwéh, o Nosso Senhor, a quem devemos ser sempre servis. Ele nos libertará, e assim poderemos retornar à terra de nossos antepassados: a terra de Canaã. Lá, fundaremos uma grande nação que será reconhecida por todo o sempre pela sua unidade e subserviência ao seu Deus, pois, enquanto servirmos ao Nosso Senhor, ninguém poderá contra nós e nada nos será impossível. E, como símbolo de nossa união, levaremos desta terra maldita os ossos do patriarca José, assim como ele mesmo

Roger Bottini Paranhos

solicitou antes de sua morte, para que simbolize a libertação definitiva de nosso povo.

Caminhando a passos largos, de um lado ao outro da assembléia, ele dizia com os olhos flamejantes, como se fossem duas estrelas a brilhar:

— Yahwéh permite que o coração do faraó fique assim endurecido para mostrar o Seu poder aos Seus amados filhos e a todos os povos do mundo. Ele me falou esta noite que no dia em que sairmos das terras do Nilo realizará proezas inesquecíveis que assombrarão a todas as nações por toda a eternidade. Basta que os filhos de Israel tenham fé em seu Deus e farão parte do povo mais glorioso da Terra.

Tende fé, meus irmãos, porque o Nosso Senhor não nos desamparará! Em breve, estaremos longe desta terra, caminhando em liberdade para uma nova vida, onde cuidaremos de nossos rebanhos, de nossos campos e de nossas famílias, ao invés de sermos escravizados para construir imagens de faraós megalômanos ou de deuses falsos.

Não esqueçais o que já vos disse: Yahwéh não permite o culto a imagens, porque somente Ele é o Verdadeiro Deus e jamais poderá ser representado sob qualquer forma. E todo aquele que se prostrar a outro deus que não seja Yahwéh será punido por Ele. O Nosso Deus também não tolerará amuletos e qualquer outra forma de crença. Só há um Deus; portanto devemos nos reportar somente a Ele, procurando cumprir as suas Leis, que as receberemos quando estivermos livres da escravidão.

Nesse instante, uma criança perguntou:

— Onde está Yahwéh?

O profeta de Deus, olhou para o céu azul, sorriu e disse:

— O Nosso Senhor está no Céu, atrás das nuvens. Ele Se encontra também em meio às tempestades, desencadeando a Sua ira contra aqueles que não respeitam as Suas Leis.

Yahwéh está junto ao Sol, irradiando a Sua energia vivificante para que os frutos da terra nasçam em abundância. Ele ainda é encontrado soprando os ventos lá no sul, no Alto Egito, para inundar o Vale do Nilo e fertilizar a terra que nos dá o alimento.

Ouvi, Israel! Yahwéh está em todo o lugar, porque foi Ele quem criou o mundo. Ele não está enclausurado dentro de um templo egípcio, pois Ele é muito mais do que uma estátua fria e impotente. O Nosso Deus domina a natureza e demonstrará todo o Seu poder, caso o faraó relute em nos libertar.

Orai para que Ele nos proteja e sede fiéis ao Todo-Poderoso, porque Ele nos escolheu para ser a nação mais

Moisés, o libertador de Israel

gloriosa do mundo!

Após as palavras do profeta, todos gritaram a uma só voz:

— Yahwéh é nosso Senhor!

Encerrada a reunião, Naasom, chefe da tribo de Judá, aproximou-se de Moisés e não parou um segundo sequer de bajulá-lo. Antes de o profeta comprovar por ações que era um enviado de Deus, Naasom fora o primeiro a atacá-lo e desmerecê-lo perante o povo. Procurei Aiezer para fazer este comentário e só então percebi a sua ausência na reunião. Naquele momento, ele estava na parte central da cidade, na casa de Nezmet.

A atração que aquela mulher exercia sobre ele era quase hipnótica. Não há como negar, Nezmet era uma egípcia de rara beleza e de porte nobre. A cintura esguia, a pele morena e os cabelos negros como a noite, eram irresistíveis. Além disso, o seu jeito meigo e delicado cativava o coração de Aiezer, sempre desejoso de proteger os indefesos.

Naquela tarde, mais uma vez Aiezer havia abandonado o bairro dos apirus para levar escondido um carregamento das ervas que afastavam as pragas. O chefe da tribo de Dã privava as famílias mais pobres do escasso recurso para atender aos caprichos do coração. Nezmet ainda lhe exigia um estoque extra para atender a toda a sua parentela.

Quando Aiezer retornou, eu me dirigi à sua casa e lhe disse em particular:

— É vergonhoso o que estás fazendo! Privas tua tribo e abasteces o inimigo com as ervas que deveriam ser usadas somente pelo nosso povo. O que dirá Mosheh quando descobrir os teus atos insensatos?

Aiezer enrubesceu com a minha condenação e disse, defendendo-se:

— Ages dessa forma porque Kermosa está em tua casa, e não mais entre os egípcios. Gostaria de ver o que farias se estivesses em minha situação.

Sacudi a cabeça e disse-lhe, desnorteado:

— Kermosa é uma hebréia, pois a ascendência do pai é que determina isso.

Aiezer sorriu, irônico, e disse:

— Mas é filha de uma egípcia, e para eles o que importa é a ascendência da mãe. Quem pode afirmar que no futuro ela não irá brigar para defender a sua cidadania egípcia?

As palavras de Aiezer me desarmaram. Para encerrar o assunto, eu apenas lhe disse:

— Essa conversa não vai nos levar a lugar algum. Agradece aos céus por termos salvo a vida de Mosheh. Assim, quando ele descobrir as tuas loucuras, talvez poupe a tua garganta.

No dia seguinte, Henok informou Moisés que o faraó havia requisitado a presença de Amenófis na corte para auxiliá-lo a se desvencilhar das "magias" do profeta de Yahwéh. Os dois se olharam de forma sombria. Após alguns instantes, Henok disse-lhe:

— Terás de ser prudente. Caso contrário, o nosso querido amigo correrá risco de vida nas mãos do faraó.

Moisés assentiu com um gesto sereno e replicou:

— A viagem de Heliópolis até aqui leva vários dias. Talvez Merneptah ceda antes disso.

— Acho pouco provável — respondeu Henok, após um longo suspiro.

Moisés abaixou a cabeça e entregou-se a uma profunda meditação.

Moisés, o libertador de Israel

As úlceras | 16

Brincos utilizados por Seti II.

Os egípcios não conseguiam manter mais que dois dias de sossego. Mal a ação dos ratos e das rãs havia arrefecido, e a presença constante e quase imperceptível de moscas e mosquitos cobrou o seu preço. O caos provocado pelos ratos fez com que a invasão de insetos fosse avaliada como uma questão secundária, mas o terrível mosquito maruim, que atacava sem piedade o gado, os cavalos e a população, terminou infectando a tudo e a todos. As moscas, por sua vez, pousando ora sobre as ratazanas e rãs mortas, ora sobre as feridas dos animais nos estábulos, alastrou o mormo, uma doença eqüina que também ataca o homem.

Essas pragas esvoaçavam por toda a parte, atacando homens e animais com uma picada muito dolorida, para sugar-lhes o sangue. Era um tormento sem trégua. Depois do ataque, a ferida infeccionava e abria pavorosos furúnculos na pele.

Além do cenário caótico, os cadáveres dos sapos e ratos produziram uma superpopulação de insetos de todos os tipos, ainda maior do que a causada pela mortandade dos peixes. O Vale do Nilo, um lugar que era conhecido como o paraíso do mundo antigo, transformou-se naqueles dias num local pior do que os lixões das grandes metrópoles da atualidade. E, como agravante, não havia sequer uma organização política para realizar um trabalho que amenizasse o desequilíbrio ecológico gerado pelo desarranjo do Nilo.

Não demorou muito para os animais apresentarem pústulas gigantes no corpo e começarem a tombar um após o outro. O vizir do faraó apresentou-se rapidamente ao palácio, dispensando protocolos, e disse ao soberano do Egito:

— Filho de Rá, tememos que a grande família egípcia venha a perecer por escassez de alimentos. A morte dos peixes do rio sagrado e agora do gado comprometerão os nossos recursos alimentares. Algo que só havia ocorrido nas épocas em que o Nilo não inundava as suas margens poderá se repetir, caso não controlemos essas epidemias que nos assolam uma após outra.

Merneptah suspirou com os olhos rasos de lágrimas e disse ao seu vizir e confidente:

— Que fazer, meu amigo?! Já realizei inúmeros sacrifícios aos deuses, orei como nunca antes havia feito em toda a minha vida, mas parece que a força dos Invisíveis apóia o bastardo Hepmose.

O faraó ergueu os olhos cansados para o alto e disse:

— Ó meu pai, ó grande Ramsés, como pudestes realizar tantas obras magníficas, obter tantas glórias, e não perceber a víbora mortal que crescia neste palácio, sob vossos olhos. Caso tivésseis exterminado essa criatura maldita em sua infância, hoje vosso legado não estaria ameaçado e o meu reino não se encontraria às portas do caos. Parece-me que Seth, o deus da anarquia, estabeleceu sorrateiramente o seu reinado no Egito.

De cabeça baixa, Paser perguntou:

— O que faremos, meu faraó?

— Dize-me tu! — respondeu o faraó. — Como controlar os fenômenos da natureza? Isso não é um feito realizado somente pelos deuses?

— Hepmose não é um deus, mas realiza esses prodígios.

— Sim — respondeu pensativo o faraó —, Hepmose não é um deus. Eu sou uma divindade viva. Eu sou Hórus reencarnado, o filho de Osíris e Ísis. No entanto, esse bastardo realiza obras que não consigo nem mesmo entendê-las.

O vizir meditou por alguns segundos e falou:

— Soberano da terra de Kemi, Hepmose foi indiciado e condenado em um antigo julgamento conduzido por vosso pai, o grande Ramsés II. Por que não aplicamos a lei, já que ele está condenado à morte por ter matado um nobre egípcio, que inclusive era o seu padrasto?

Merneptah, cabisbaixo, apenas disse ao seu fiel servidor:

— Se não conseguimos matá-lo, por causa dos seus poderes, como iremos prendê-lo? Os nossos guardas tornam-se inúteis estátuas a um simples comando desse feiticeiro.

Nesse ínterim, aproximou-se uma bela e elegante mulher. Era Isisnofret, a grande esposa real do faraó. Discretamente, ela colocou as mãos sobre os ombros do esposo e lhe disse:

Moisés, o libertador de Israel

— Meu amado, talvez o deus de Hepmose e os nossos sejam os mesmos, somente com nomes diferentes. Eu sonhei esta noite que os imortais desejavam-lhe falar ao coração e, por não conseguirem, utilizavam-se do filho de tua tia Thermutis.

Merneptah olhou com indignação para a sua rainha e perguntou:

— O que sugeres, então? Que eu entregue o cetro e o cajado reais para Hepmose?

A indignação do faraó fazia sentido, pois a função do faraó era ouvir os deuses do Egito e seguir as suas orientações para garantir a paz, a prosperidade e a ordem na terra de Kemi. Se Moisés ouvia os deuses, ele deveria ser o faraó por direito, fato que tornava Merneptah uma peça descartável no jogo da vida. Nada poderia ser mais deprimente e humilhante do que chegar a essa constatação.

Isisnofret tentou acalmá-lo e, em seguida, disse-lhe, com sua voz serena e macia:

— Desculpa-me, meu senhor! Jamais quis dizer isso. Apenas creio que deverias ver com outros olhos a petição dos hebreus.

O rei sacudiu a cabeça e falou:

— O que me pedes é impossível! Eu prefiro morrer a ter de ceder a esse maldito bastardo. Hoje lhe entrego a liberdade dos hebreus; amanhã, ele se intitulará herdeiro do trono da terra de Kemi, já que possui em suas veias o sangue real.

Merneptah ergueu-se do trono e, com passos lentos, caminhou em direção aos seus aposentos, procurando afastar as moscas que insistentemente atacavam o seu rosto. Antes de trespassar a soleira da sala real, ele falou ao seu vizir:

— Paser, convoca uma reunião com os conselheiros para daqui a uma hora. Quem sabe os sábios não encontram uma resposta? Parece que os deuses realmente não desejam iluminar a minha mente.

O faraó suspirou e, minutos depois, falou quase que para si mesmo:

— O pior será quando o nosso povo começar a cair vitimado por essa peste. Os animais são apenas sinais negros da tempestade que se aproxima...

Após um breve repouso, o faraó reuniu-se com os sábios do reino e discutiu por longas horas a busca de uma solução. Mas todas as idéias e discussões foram inúteis, parecia impossível barrar as ações daquele homem incomum.

Merneptah, vencido pelo cansaço, jogou-se em seu leito e dormiu um sono pesado e repleto de pesadelos durante toda a noite. Ao alvorecer, mais uma vez foi acordado com gritos estridentes de desespero pelas ruas. Então, ele abriu os olhos de forma sombria e temerosa. O que seria dessa vez? Ao aproximar-se da janela, viu uma multidão rasgando as roupas pelas ruas e jogando terra em suas cabeças. Era uma desesperada demonstração de pesar coletivo. Quem havia morrido?, perguntou-se o faraó.

Aquela era uma manifestação de pesar tão intensa que assemelhava-se somente àquela ocorrida na morte de seu pai. Com um forte aperto no peito, ele correu até os aposentos de seu herdeiro, chamado Seti, como o seu bisavô, mas o rapaz, que tinha pouco menos de trinta anos de idade, dormia tranqüilamente.

Mais tranqüilo, Merneptah dirigiu-se ao salão principal do palácio e lá encontrou os sacerdotes de Amon, ajoelhados, com as roupas rasgadas e sujas de terra, aguardando, ansiosos, a presença do rei.

— O que se passa? — perguntou o faraó, irritado com o suspense causado pelo silêncio fúnebre de todos no palácio.

O sumo sacerdote de Amon, Nebenteru, ergueu-se e falou cabisbaixo e com voz trêmula:

— Perdoa-nos, filho de Rá, mas esta manhã Ápis morreu vitimado pela peste.

Merneptah caiu sentado no trono enquanto escorria pelo seu rosto um copioso suor gelado. Os deuses egípcios eram representados ora sob forma humana, ora sob forma de animais, considerados sagrados. O culto de tais animais era um aspecto importante da religião popular dos egípcios.

Os sacerdotes afirmavam que neles — como no boi Ápis, por exemplo — encarnava-se uma parcela das forças espirituais e da personalidade de um ou mais deuses. O culto era dirigido a um só indivíduo da espécie, escolhido de acordo com determinados sinais e entronizado num recinto especial. Ao morrerem, os animais sagrados eram cuidadosamente mumificados e sepultados em cemitérios exclusivos.

Esse touro negro sagrado deveria ter certos sinais ou manchas: na fronte, uma mancha branca quadrada; no dorso, a figura de um abutre ou de uma águia; sob a língua, um nó em forma de escaravelho. Os pêlos da cauda deveriam ter mescla de branco e preto e, enfim, um crescente branco sobre o lado direito do corpo.

Embora em vida o touro fosse considerado uma encarnação do deus Ptah e as representações do boi Ápis trouxessem o disco solar entre seus chifres, depois de sua morte o animal era comparado a Osíris (sua veste negra lembrava a cor do deus) e adorado sob o nome de Serápis (Osíris-Ápis).

Moisés, o libertador de Israel

Enquanto ele vivia, era alimentado com iguarias e recebia honras dignas de um rei. Quando morria, o povo inteiro ficava de luto. E geralmente a sua morte era entendida como sinal de maus presságios pela supersticiosa cultura egípcia. Esse era o temor de Merneptah! A cada momento, parecia que a sua posição se enfraquecia, enquanto Moisés ganhava ainda mais força.

Durante todo aquele dia o povo chorou desesperadamente às portas do palácio, enquanto os sacerdotes do templo retiravam-se cabisbaixos para providenciar o funeral do deus Ápis.

No bairro israelita, os sacerdotes levitas irradiavam a sua fé fervorosa ao povo hebreu, dizendo-lhes que a morte do boi sagrado dos egípcios era mais uma vitória de Yahwéh sobre os falsos deuses egípcios. Somente o deus dos israelitas era imperecível e ele estava muito acima de todas as divindades de todos os povos em sabedoria e poder.

A indignação e a revolta dos egípcios, então, chegou a tal ponto que o faraó determinou que os filhos de Israel fossem feridos pela espada. Já que ele não conseguia atingir Moisés, feriria o seu povo, na intenção desesperada de frear a ação forte e determinada do profeta de Deus.

No dia da morte de Ápis, os soldados egípcios invadiram o nosso bairro e mataram homens, velhos, mulheres e crianças, sem dó nem piedade. Tentamos reagir, mas as bigas e armamentos dos nossos algozes obtiveram resultados avassaladores. Era inútil impor qualquer resistência.

Foi um dia horrível; perdemos muitos irmãos queridos. O faraó não conseguiu reduzir o efeito das pragas, mas pelo menos assustou o nosso povo, intimidando-nos de forma determinante. Ele sabia que era necessário aplacar o sentimento de vitória que imperava entre os israelitas. Era preciso nos enfraquecer e demonstrar ao seu supersticioso povo que o poder dos deuses ainda estava ao lado do faraó.

Nos dias posteriores, mantivemos silêncio absoluto e choramos por nossos mortos, enquanto os egípcios lutavam contra as pragas que surpreendentemente nos poupavam, graças ao poder assombroso de Moisés, que neutralizava a ação desses elementos da natureza em nosso bairro, através de energias que nos eram incompreensíveis. Essa proteção divina aos hebreus assustava ainda mais os egípcios que criam estarmos sendo protegidos por Yahwéh, ao passo que os seus deuses os abandonavam à própria sorte.

Com o decorrer dos dias, o inevitável aconteceu. Surgiram os primeiros casos de peste entre os egípcios. Pavorosas úlceras sanguinolentas brotavam da pele do povo atemorizado. Os primeiros sintomas eram uma forte dor de cabeça e uma fraqueza que prostrava os doentes de tal maneira que eles não podiam nem sequer dar um passo. Raros seriam aqueles que se levantariam novamente!

Um a um, pobres e ricos, plebeus e nobres, homens e mulheres, jovens e velhos foram sendo acometidos pela terrível doença que causava repulsa pela desfiguração dos corpos e pelo asqueroso mau cheiro das feridas.

As pessoas não saíam mais às ruas. Somente se via um grande número de cadáveres enegrecidos caídos pelo passeio público. O faraó determinou que os corpos infestados fossem queimados para evitar o alastramento da praga, o que causou grande pesar entre todo o povo, pois os seus parentes queridos não obteriam o ingresso para a Terra do Sol Poente, já que os seus corpos não seriam preservados por meio da mumificação.

Muitos, inclusive, tentaram esconder os corpos em suas casas, proliferando ainda mais a peste dentro de seus lares. Em algumas residências ninguém escapou da foice insensível da morte, por causa dessa atitude insensata.

Quando passou o período mais crítico, os médicos egípcios encontraram nesses lares apenas silêncio absoluto e cadáveres enegrecidos por todos os cantos. Alguns médicos, mais sensitivos, percebiam a presença dos espíritos desesperados, pedindo-lhes socorro e implorando que as suas almas fossem encomendadas segundo os rituais de Osíris, que deveriam ser conduzidos por Anúbis, o deus com cabeça de chacal das crenças egípcias, em busca da imortalidade.

A situação agravou-se rapidamente e quase um terço da população foi infectada pela peste. As últimas horas das vítimas eram horríveis. Imensos furúnculos brotavam por toda a pele e a febre fazia a temperatura do corpo subir a níveis assustadores. O paciente sofria dores atrozes e maldizia o faraó em seus últimos estertores.

O socorro às vítimas era quase nulo, porque eram raros os egípcios abnegados que procuravam auxiliar os seus semelhantes. O longo período de riqueza e soberba do reinado de Ramsés fez com que os habitantes do Vale do Nilo esquecessem o espírito de solidariedade. Salvo raras exceções, todos fugiam da face tétrica da morte, representada pela desfiguração causada pela peste.

A princípio, festejávamos a desgraça alheia, até percebermos que encontravam-se entre os enfermos alguns egípcios amigos; assim os considerávamos por sua honra e dignidade. Entre eles, cito Tutmés, que era um primo de Kermosa, homem valoroso que condenava a exploração dos hebreus e sempre demonstrava respeito e comiseração para com o nosso povo.

Moisés, o libertador de Israel

Não foram poucas as vezes em que sua intervenção amiga poupou os israelitas da chibata insensível dos capatazes.

Além de Tutmés, todos pareciam conhecer egípcios que sofriam, ou viriam a sofrer, as atrocidades das pragas. Aiezer era um exemplo. Ele corria desesperado de um lado ao outro sem saber o que fazer, porque um irmão de Nezmet havia contraído a praga e tudo indicava que todos em sua casa ficariam doentes, já que o pai de sua amada negava-se a queimar o corpo morto do filho e ainda o conservava em seu lar, sem nenhum isolamento dos demais membros da família.

Além do mais, havia vários hebreus casados com egípcias, e vice-versa. Logo se instalou entre quase todos os membros das tribos de Israel um sentimento de sofrimento pelos familiares e amigos de sangue egípcio que contraíam, dia após dia, a temível doença. Somente entre os levitas ortodoxos é que a indiferença reinava. Eles sempre criticavam com severidade a união dos israelitas com os egípcios e condenavam diariamente aqueles que cultuavam a cultura e a religião egípcias.

Por um lado, pedíamos a Moisés que intercedesse pelos egípcios amigos; por outro, os levitas o pressionavam para não ceder, relegando à própria sorte todos aqueles que tivessem sangue egípcio.

Foi a intervenção de Henok que resolveu a situação. Em determinada tarde, ele apresentou a Moisés um egípcio seguidor dos ensinamentos de Akhenaton. Apesar do culto exclusivo ao deus Aton ter sido reprimido, este ainda era um dos deuses do panteão egípcio. Logo, esses sacerdotes, apesar de esquecidos e desprezados, ainda podiam exercer a sua fé sem a perseguição do Estado.

Esse sacerdote pediu a intervenção de Moisés, pois a praga havia se instalado num humilde templo dedicado ao deus Aton, em uma cidade próxima. Os seus padres estavam, um a um, sendo infectados pela peste.

— Grande profeta do Deus Único — disse o sacerdote com os olhos cheios de lágrimas —, venho pedir-vos a intervenção do Soberano dos Mundos para que os nossos sacerdotes não pereçam. Hoje em dia, somos as únicas e pálidas vozes que resgatam a memória e a mensagem do faraó "Filho do Sol". Caso todos venhamos a morrer, o Egito será totalmente entregue às trevas espirituais e jamais se reerguerá.

Moisés sorriu e abraçou o velho homem com carinho. E, por fim, disse-lhe:

— Yahwéh, o Grande e Único Deus, estende o Seu amor e misericórdia a todos aqueles que ouvem a Sua voz! A partir de hoje, aqueles que aceitarem o Deus Único e renegarem o politeísmo egípcio serão protegidos pelo Todo-Poderoso.

Moisés dirigiu-se ao humilde Templo de Aton e curou a todos os sacerdotes, sob o nosso olhar espantado. Com a ajuda de Henok, em dois dias todos estavam em franca recuperação e eternamente agradecidos ao carismático profeta de Yahwéh.

O faraó ficou sabendo dessa prerrogativa de Moisés aos sacerdotes de Aton e egípcios simpáticos, mas não cedeu. Inclusive, condenou todo egípcio que pedisse ajuda ao inimigo.

Os sacerdotes e boa parte dos simpatizantes de Aton terminaram seguindo Moisés para o grande Êxodo em direção à Terra Prometida. Quando eles partiram junto com os hebreus, o faraó disse, antes de iniciar a perseguição até o Mar dos Juncos:

— Que esses leprosos morram com os hebreus, pois não são dignos de serem filhos da terra de Kemi!

Como Moisés havia estendido a misericórdia divina àqueles que professassem a crença no Deus Único, todos corremos aos amigos egípcios para lhes fazermos o convite. Alguns aceitaram, outros não. O pai de Nezmet se revoltou profundamente com a imposição religiosa e negou-se. Mas ela, que já começava a demonstrar alguns sintomas, abandonou os pais, atemorizada por seu destino, ainda mais depois de acompanhar a morte horrível do irmão.

Assim, agradecida aos Céus, aquela imprevisível mulher foi morar definitivamente com Aiezer dentro do bairro apiru. Antes, as residências hebréias eram tratadas pelos egípcios como um lugar infecto e desprezível, mas depois da epidemia passaram a ser vistas como um paraíso protegido pela força invisível do deus de Moisés.

A vinda de Nezmet e alguns outros egípcios amigos deram novo ânimo a Kermosa. Mesmo com todo o carinho de minha mãe e de meus irmãos, ela jamais se sentira plenamente feliz. A saudade dos amigos egípcios parecia uma obsessão que lhe corroía a alma. Mesmo sendo proibida qualquer manifestação que lembrasse a cultura egípcia, parecia que a presença dos antigos amigos lhe despertava novamente a vida fútil que sempre lhe atraíra.

Meu envolvimento com a causa de libertação de nosso povo e as atribuições inerentes aos chefes dos clãs faziam com que eu lhe dedicasse pouca atenção. Assim, a presença mais próxima de Nezmet terminou surtindo um bom efeito no instável humor de Kermosa.

Para Aiezer, foi o paraíso na terra. Ele havia conseguido o que mais sonhava e agora poderia direcionar toda a sua atenção para o projeto de libertação que tanto acalentava em seu

Moisés, o libertador de Israel

205

coração, assim como acontecia com todos nós.

Alguns dias depois, Moisés sofreu nova tentativa de assassinato. Dessa vez, o faraó contratou mercenários fenícios para realizar o ato vil. Os homens, para pavor de todos, foram encontrados mortos com grandes manchas escuras pelo corpo, como se tivessem sido vitimados por descargas elétricas.

Zurisadai, chefe da tribo de Simeão, ao olhar os corpos, disse, com os olhos arregalados:

— Um dia vi um homem no deserto de Madian que havia sido morto por um raio dos Céus. As manchas eram iguais a estas.

Ele sussurrou algumas rezas e, por fim, falou com voz trêmula:

— Que eu jamais caia em erro, porque a ira de Yahwéh não tem compaixão!

Na manhã seguinte, Moisés dirigiu-se para a frente do palácio e gritou para que o faraó e todo o povo que o cercava ouvisse a sua palavra. Alguns egípcios mais simples e menos orgulhosos já beijavam a barra de seu manto e pediam-lhe que curasse a enfermidade de seus familiares.

— Faraó, pela segunda vez atentastes contra a minha vida. Pois vos digo, se me matardes, Yahwéh despejará toda a Sua ira contra vosso povo e este mundo acabará, pois será tanta dor e destruição que ninguém sobreviverá.

O povo chorou desesperadamente e pediu a libertação dos hebreus. Moisés, aproveitando a situação, disse aos egípcios:

— Todo aquele que clamou pela libertação dos hebreus, ao retornar à sua casa encontrará os seus familiares curados.

O incrível, então, aconteceu. O povo egípcio começou a ovacionar Moisés e a gritar ameaças ao faraó, caso este não libertasse os hebreus.

Merneptah, desconcertado, recolheu-se para o interior do palácio e lançou contra a parede o seu copo de vinho, deformando a fina peça de ouro. Em seguida, colocou as mãos sobre a cabeça, atordoado com os acontecimentos.

Minutos depois, os sacerdotes egípcios correram para o palácio e, desesperançados, disseram ao faraó:

— Grande rei, Hepmose usa a força dos deuses para beneficiar-se. Previmos que hoje, dentro de algumas poucas horas, ocorrerá um eclipse do Sol. Este fato colocará o nosso povo em pânico, depois dessas declarações.

Merneptah, ao ouvir a previsão de seus adivinhos, reclinou a cabeça no encosto do trono e, olhando para o teto ricamente decorado do palácio, disse:

— Não creio que venci os ferozes exércitos dos povos do norte para sucumbir a esse miserável.

Roger Bottini Paranhos

E, desferindo um soco feroz na mesa, esbravejou:

— Onde reside o poder desse homem?

E assim ocorreu. Algumas horas depois, o dia tornou-se noite e os supersticiosos egípcios choraram desesperadamente, acreditando que o mundo acabaria por causa da ira de Yahwéh. Alguns mais afoitos tiraram as suas próprias vidas, numa total demonstração de pânico.

A partir desse dia, o povo perdeu o respeito pelo faraó, pois este já não manifestava mais o seu poder divino. Inclusive, alguns súditos mais indignados jogavam pedras no palácio, alimentando o início de grandes distúrbios populares.

O faraó sempre foi considerado um deus vivo do Egito, desde a quarta dinastia. Logo, a atitude do povo era realmente incomum. Tanto que os reis egípcios não necessitavam nem mesmo de seguranças, pois um atentado contra a vida de um faraó seria o mesmo que rasgar o ingresso para a terra dos imortais. Quem matasse um deus, jamais poderia ser recebido no seu reino após a morte. E isso era o pior dos castigos para um egípcio.

O ataque direto do povo a Merneptah significava que as crenças institucionais do Egito estavam ruindo, por causa da incapacidade do faraó em demonstrar que os deuses, ou seja os seus pares, estavam ao seu lado. As derrotas de Merneptah simbolizavam que as divindades não o apoiavam mas ou, então, estavam descontentes com o seu reinado.

O povo egípcio agora via uma inteligência superior a reger aquela seqüência de eventos catastróficos. Aquilo já não era mais simples feitiçaria. Era a obra de um deus poderoso que colocava aos seus pés a própria natureza. E se aqueles grandiosos fenômenos eram obras do deus de Moisés, o que seria do Egito e de seu povo, já que o faraó relutava em libertar os hebreus?

Os mágicos e sacerdotes egípcios já reconheciam abertamente para o povo que não podiam imitar nem neutralizar aquelas ocorrências extraordinárias.

Das janelas do palácio, Merneptah falava à esposa:

— Olha, Isisnofret! Agora o meu povo está contra mim. Eu deveria estar lutando contra os hebreus, mas vou ter de derramar o sangue de meus próprios irmãos para conter a sua ignorância.

Nos dias seguintes, o exército egípcio teve imensas dificuldades para conter a revolta popular, que só amenizou quando um mago hebreu, notadamente sem caráter, socorreu o herdeiro do faraó que foi acometido pela praga. Ao peso de muito ouro, ele revelou algumas receitas secretas para amenizar a

Moisés, o libertador de Israel

ação implacável da peste. Esse traidor era um homem recatado que vivia afastado de nosso círculo social. Sendo assim, jamais imaginávamos que a informação pudesse vazar dessa forma. Moisés ficou irado quando descobriu quem era o responsável pela deslealdade. Porém, nada pôde fazer, pois o traidor já tinha fugido com suas riquezas para o deserto.

Logo os egípcios que ainda conseguiam manter-se de pé realizaram um mutirão para erradicar a ação da epidemia. Os soldados do faraó e os sacerdotes divulgavam pelas ruas que Amon havia entregado a receita da cura para o faraó, quando este, durante a noite, adentrou em espírito no Amenti e lá travou uma luta contra o deus de Moisés e obteve a vitória com o apoio dos deuses egípcios.

Merneptah, então, saiu às ruas e falou com empolgação ao seu povo:

— Se os feitos desse homem não são feitiçarias, e sim o poder de seu deus, eis aí mais um motivo para lutarmos e vencermos esse deus estrangeiro. Não creio que o valoroso povo egípcio vai se deixar vencer pelo deus de um povo escravo. Em toda a nossa história vencemos batalhas contra as divindades fenícias, hititas e babilônias. Por que sucumbiremos a um deus fraco que permitiu a escravidão por séculos aos seus fiéis?

O povo da terra de Kemi, então, voltou a adorar o seu soberano e a revolta popular desapareceu assim como surgiu: rápida como um raio.

Nos dias que se seguiram, a correnteza do Nilo acelerou e o movimento incessante das águas purificou gradualmente as águas do rio sagrado. O faraó, demonstrando presença de espírito e habilidade administrativa, organizou um mutirão para debelar os focos onde poderiam ocorrer novas doenças. A nação egípcia, então, o viu pessoalmente auxiliando na limpeza das margens e organizando os seus súditos para restabelecer a ordem nas Duas Terras. Onde havia carcaças de animais mortos, várias equipes providenciavam a sua remoção para o deserto, ou cavavam covas fundas para enterrá-las.

Aquele fato era novo para os egípcios. Todos estavam acostumados a ver o faraó como uma figura indiferente e que jamais deveria dirigir sequer um olhar ao seu povo. Aquela atitude de liderança e amor à sua terra e à sua gente criou um sentimento de pura admiração por parte de seus súditos.

O rei descia de seu trono para amparar diretamente o seu povo, demonstrando amor e compaixão.

Merneptah era um homem valoroso e determinado. Este é um fato que devo reconhecer. O seu grande erro foi não admitir a sua impotência diante do homem e do Grande Deus que lhe pediam serenamente passagem para um mundo livre. A sua intransigência, exclusivamente ela, acarretou todas as mortes ocorridas naqueles dias; inclusive a sua própria. Moisés jamais desistiria, e não haveria preço a ser pago para atingir os seus objetivos.

Naquele momento em que Merneptah novamente crescia aos olhos de seu povo, Moisés estranhamente recolheu-se para meditar. Por vários dias, ele sumiu do povo. Eu e os demais chefes das tribos nos dirigimos ao enigmático profeta e perguntamos:

— Por que te escondes do faraó neste momento em que ele cresce? Deverias partir novamente para o ataque. Se ele recuperar a sua imagem, será difícil novamente desmerecê-lo perante o seu povo.

O profeta do Deus Único apenas ergueu os olhos, abandonando a sua meditação, e disse-nos com voz pausada:

— Acreditai que Yahwéh precisa se favorecer para fazer valer a sua vontade? Com o faraó fraco ou forte, descrente ou com fé, seja como for, seremos libertos desta terra de servidão. Já vos disse, o Senhor sabe que o faraó endurecerá o seu coração e usará a arrogância e a prepotência deste homem para mostrar ao mundo o seu Poder Soberano.

Tende paciência, pois nada acontece sem que Nosso Senhor saiba e autorize! Quando for o momento, Ele nos dirá o que fazer.

Todos nos retiramos cabisbaixos e pensativos, sem ousar questionar as palavras de nosso líder.

No seu retorno do deserto, várias semanas antes, alguns chefes o questionavam, mas depois que o Nilo virou sangue a sua palavra passou a ser uma ordem indiscutível para todos nós. Somente aqueles que não desejavam que o projeto de Moisés obtivesse êxito é que semeavam discórdia, contrariando a sua palavra.

Nos dias seguintes, enquanto aguardávamos uma ação de Moisés, me aproximei bastante de Henok, procurando beber daquela fonte inesgotável de saber.

Em determinado momento, disse-lhe, ingenuamente:

— Mestre Henok, ensinai-me a ser sábio e a tomar decisões sensatas, assim como fazeis todos os dias.

Ele apenas sorriu, como se dissesse: "Mas é isto que faço há séculos; no entanto, teimas em desprezar as Verdades Eternas para entregar-te à ilusão da vida humana!"

Com o passar das semanas, a situação normalizou-se, mas o faraó não obrigou mais os hebreus a trabalharem em suas construções. Talvez ele temesse uma nova praga de Moisés. Era neces-

Moisés, o libertador de Israel

sário primeiro fortificar-se para enfrentar novos confrontos.

Nesse período de calmaria, Moisés desapareceu. Henok nos informou que ele havia subido o rio para organizar junto com alguns homens a união de todos os israelitas no Delta do Nilo, pois, segundo ele, Yahwéh havia lhe dito que a partida do Egito ocorreria em breve e que a "família de Jacó" deveria estar unida.

E assim, passado algum tempo, quando menos esperávamos, vimos Moisés novamente caminhando pela capital do Império egípcio, em direção ao palácio do faraó para pedir-lhe novamente pela libertação de seu povo.

Com o retorno do grande profeta, o número de hebreus multiplicou-se na capital do Império, causando uma sensação de medo e desconforto nos habitantes da região.

A tempestade assola o Egito 17

Carro de combate do faraó.

Após a chegada dos hebreus que viviam nas regiões do Alto e Médio Egito, os soldados começaram a realizar rondas constantes, com o objetivo de evitar uma provável rebelião. A situação dos egípcios era desconfortável. Mesmo com um forte exército, qualquer atitude mais agressiva contra os hebreus poderia resultar numa revolta popular. Além disso, Moisés poderia desencadear novamente a ira de Yahwéh.

Assim, antes de procurar novamente o faraó, Moisés reuniu toda a família israelita no bairro apiru. No final de uma tarde tranqüila, ele arrebanhou os seus irmãos, assim como faz o bom pastor, e disse-nos:

— Filhos de Israel, Yahwéh, o Deus Todo-Poderoso, prepara a saída de seu povo da terra de servidão, assim como foi prometido a Abraão, Isaac e Jacó, os nossos patriarcas.

O profeta do Deus Único percorreu lentamente com o olhar a movimentação dos inquietos hebreus e, com elegância, prosseguiu:

— O Grande e Único Deus nos escolheu para sermos o Seu povo muito amado. Ele deseja estabelecer um pacto de honra e valores espirituais com a nossa gente. Nós fomos escolhidos para servirmos de exemplo a todas as nações do mundo. Yahwéh deseja que Sua Lei seja seguida por nosso povo e assim estabeleça um novo padrão de conduta para toda a humanidade. Portanto, devemos abandonar a cultura dos nossos algozes. Israel é uma grande nação, e jamais deve portar-se como uma submissa colônia de um povo politeísta e depravado, como são os egípcios.

Irmãos, iremos estabelecer uma nova nação temente a Deus para preparar a vinda do Grande Mensageiro que descerá ao mundo dos homens para trazer o reino de Deus à Terra.

O Nosso Senhor nos libertará, colocando o faraó de joelhos à Sua vontade, mas cobrará de Seu povo fidelidade e honra. Caso contrário, perderemos as Suas bênçãos e Sua ira descerá sobre nossas cabeças. Eis a palavra de Deus! Lembrai-vos sempre, Yahwéh nos escolheu para sermos o Seu povo. Em contrapartida, teremos de retribuir com honra, fidelidade e dignidade.

Moisés caminhava de um lado ao outro mirando os mais próximos no fundo dos olhos. Ele tinha pouco mais de trinta anos e sua beleza, pouco comum, misturando o que há de melhor das raças hebréia e egípcia, tornava a sua figura a cada dia mais atraente e cativante. Sua estatura alta e esbelta, aliada à elegância de quem viveu na corte, irradiavam de seu ser uma natural majestade. O rosto emoldurado por traços regulares e a impecável barba, cuidada com esmero, tornavam-no a imagem de um verdadeiro príncipe: o príncipe de Israel tão esperado por quatro séculos.

Nos olhos de seu povo, ele via confiança e devotamento, mas também ironia e desinteresse. Os mais valorosos compreendiam a importância de sua mensagem, porém, os preguiçosos e aqueles que se beneficiavam com a escravidão de seus irmãos tramavam constantemente para derrubar os ideais de libertação do grande profeta.

Os mais humildes e escravizados secavam as lágrimas com as mãos calosas, fruto do árduo trabalho escravo, enquanto os privilegiados hebreus, que possuíam uma situação confortável por sua proximidade com os egípcios, lançavam a Moisés olhares irônicos e de reprovação.

Enquanto Caleb, da tribo de Simeão, demonstrava todo o seu respeito e devotamento à causa de libertação, Coré, Abiram e outros hebreus de caráter duvidoso, erguiam a voz somente para semear dúvidas nos corações mais inseguros.

Naquela época, como em todas as épocas, encontrávamos também aqueles que pensam somente nos seus interesses, mesmo que seja ao custo do sangue e da dor de seus irmãos. Moisés sabia disso e trataria desses casos com pulso de ferro.

Após alguns instantes de reflexão, o profeta transformou o seu olhar sombrio numa fonte inesgotável que irradiava amor e carinho ao seu povo. O leitor deve entender que Moisés foi um dos mais poderosos magnetizadores que já pisaram o solo terreno, e não o gago inseguro retratado nos textos bíblicos por seu invejoso e patético irmão, Aarão.

Roger Bottini Paranhos

Ele hipnotizava a todos com o seu cativante discurso de libertação, através do amor de Deus, fazendo com que aqueles que o amavam fossem envolvidos pelo mais puro sentimento de amor altruístico à causa da liberdade. Já àqueles que o contrariavam, Moisés irradiava energias turbulentas que causavam os mais desencontrados sentimentos.

Transmitindo o eterno amor de Deus através de seu ser, ele voltou a falar ao seu povo:

— Eu tenho em minhas mãos o poder divino outorgado a mim por Yahwéh. Aqueles que forem dignos dessa bênção, encontrarão a felicidade com que tanto sonham. Os homens honrados só terão alegrias a receber, posso vos garantir. Mas aqueles que forem indignos e traírem a confiança do Grande Deus, tende a certeza, se arrependerão de terem nascido!

Nessas últimas palavras, Moisés acentuou o tom de sua voz, e de seus olhos pareceram saltar chispas de luz. Sem baixar a guarda um segundo sequer, ele prosseguiu com convicção:

Refleti sobre minhas palavras, meus queridos irmãos. Nelas encontram-se a encruzilhada para dois caminhos. No caminho de Yahwéh, encontrareis o amor, porém, no rumo do demônio, enfrentareis a dor.

Moisés acenou a todos, indicando que a reunião estava encerrada. Em seguida, ele se afastou da multidão e dirigiu-se às colinas na região desértica do país. Lá, desabou de joelhos no solo e orou:

— Deus Pai Todo-Poderoso, dai-me forças para cumprir os Vossos desígnios! Eu sei que Vossa mensagem é de amor, mas como falar da beleza do reino de Luz a almas ainda tão enegrecidas por paixões inferiores e por uma inquebrantável fraqueza de caráter?

Mas Vos prometo, ó Senhor, que quando adentrarmos na Terra Prometida, onde corre leite e mel, Vosso povo será outro, honrado e digno. Jamais pisaremos com pés impuros no chão que nos servirá de pátria por Vossa Infinita Misericórdia. Nem que levemos mil anos no deserto, domarei esse povo indisciplinado e o tornarei uma grande nação à altura de seu Deus.

No dia seguinte, Moisés aproximou-se do palácio do faraó e do topo da escadaria do átrio proferiu as seguintes palavras, com sua voz metálica:

— Soberano do Egito, Yahwéh, o Único e Soberano Deus, permitiu a vós e ao vosso povo alguns momentos de tranqüilidade para que pudésseis refletir. Contudo, já é momento de perguntar-vos novamente: "Libertareis o povo de Yahwéh? Precisamos ir ter com o nosso Deus no deserto."

Moisés, o libertador de Israel

Merneptah, antes irônico, agora respondia apenas de forma pragmática:

— Hepmose, o Egito não pode prescindir neste momento da mão-de-obra do teu povo. Avalia melhor a situação. Aqui no Egito todos possuem casa e alimento. No deserto, os apirus passarão por privações e até creio que seja impossível conduzir uma multidão por terras inóspitas sem que muitos morram.

Moisés sorriu discretamente ao perceber que o faraó começava a se curvar. Mas, para não perder aquela oportunidade de conciliação, disse-lhe, com respeito:

— Agradecemos a vossa nobre preocupação com os nossos destinos, porém temos fé de que estaremos protegidos pelo nosso Deus, que nos conduzirá em segurança à terra dos nossos ancestrais. Portanto, faraó, nós vos pedimos mais uma vez autorização para abandonarmos a terra de Kemi.

Merneptah meditou por alguns instantes, revelando a indecisão que corroía o seu coração. Com uma expressão preocupada no rosto, ele percorreu com um olhar inseguro a multidão, procurando avaliar o estado de espírito de seus súditos, que aguardavam em absoluto silêncio a sua inquestionável resolução. Era possível ver nos olhos dos egípcios o desejo de gritar:"Libertai os hebreus! Mandai essa praga para bem longe de nossas vistas."

Mas a arrogância e o orgulho do faraó não lhe permitiam tomar essa simples decisão que pouparia a sua vida e a de seu povo. Jamais o filho do orgulhoso Ramsés II aceitaria ser vencido por aquele homem que vestia-se como um plebeu do deserto.

O desejo de todo faraó era tornar-se ainda maior que o seu antecessor. Ultrapassar as realizações de Ramsés seria algo quase impossível. Na verdade, Merneptah sabia disso. Portanto, ele desejava somente conquistar e manter realizações e glórias semelhantes às de seu pai.

Libertar os hebreus significaria declínio e desonra. Ele seria lembrado na posteridade por ser um faraó fraco, que não estivera à altura do legado que recebeu de seu predecessor. Ao adentrar na terra dos imortais, após o seu desenlace, teria de olhar nos olhos do pai e envergonhar-se de seu fracasso como líder máximo da nação egípcia.

Depois de refletir, Merneptah falou de forma pausada e imponente:

— Nada muda nas terras do Egito. O nosso país não abrirá mão de seus direitos e bens. O povo de Israel nos pertence e assim continuará sendo enquanto eu viver.

Cabe lembrar que em nenhum momento o faraó autorizou a

saída do povo hebreu do Egito, e depois, de forma dissimulada, negou essa autorização, como narrado na Bíblia. Esse comportamento não condiz com o caráter dos antigos egípcios, principalmente dos faraós. Esse tipo de velhacaria era comum entre os negociantes inescrupulosos do deserto, mas, justiça seja feita, nunca houve um faraó que não cumprisse sua palavra.

Moisés, então, se encolerizou e com voz autoritária proferiu uma nova praga sobre o Egito:

— Ouvi-me, faraó! Vossa intransigência trará fortes ventos sobre esta terra maldita. O dia se tornará noite por vontade de Yahwéh. O homem não enxergará o seu irmão e ao final desses três dias cairá do céu uma chuva de pedras que destruirá as plantações, matará o gado e todo aquele incauto que não se abrigar da ira do Deus de Israel.

Após as palavras de Moisés, o povo egípcio agarrou-se em seus amuletos, com as mãos trêmulas, e passou a gaguejar preces que pediam a proteção de seus deuses. O profeta de Deus virou-se e partiu rapidamente, enquanto o faraó manteve-se petrificado, rezando intimamente para que aquela nova praga não se realizasse.

O Egito era um país onde raramente chovia. A sua agricultura era forte por causa das inundações do Nilo. Tanto que eles se admiravam quando viam a água cair do céu. Nos países além do Alto Egito, onde isso ocorria com certa freqüência, os egípcios diziam que esses povos possuíam um "Nilo no céu".

As tempestades de areia que obscureciam o céu até eram comuns, mas chuvas, ainda mais de granizo, eram raríssimas, e muitos jamais a tinham visto em toda a sua vida.

Na noite desse dia, todos os habitantes do Delta do Nilo aguardaram apreensivos o movimento dos ventos. A mínima brisa era motivo para terror. Eu, Kermosa, Aiezer e Nezmet nos sentamos perto das margens do Nilo e ficamos observando a brisa tranqüila que movimentava levemente a copa rígida dos sicômoros.

Passamos assim, em silêncio, por longas horas, aguardando os menores indícios de uma possível tempestade. Até que as mulheres se entediaram e retornaram aos seus afazeres. Eu e Aiezer, então, fomos ao encontro dos demais líderes de Israel que estavam juntos com Moisés. Amisadai, o pai de Aiezer, gesticulava com as mãos, empolgado com os seus sonhos e projetos de libertação. A conversa corria tranqüila até que em determinado momento surgiu em nossa roda um homem de barba longa e branca com vestes muito estranhas. Logo o identificamos como um mago da Babilônia. Ele conversou por longos minutos com Moisés, utilizando-se da língua egípcia.

Moisés, o libertador de Israel

Isso entediou a todos os israelitas que se desinteressaram da conversa, dirigindo a sua atenção para outros assuntos. Eu dominava bem o idioma de nossos algozes e logo percebi que a conversa não possuía nada de atraente; portanto, também voltei a minha atenção para os colóquios mais divertidos que corriam em paralelo. Inclusive, pensei naquele instante como era desagradável tornar-se um líder famoso, pois é necessário ter de dispor de tempo e paciência para atender a tudo e a todos, até mesmo os mais chatos e inconvenientes.

Passados alguns instantes, esqueci-me do mago babilônio e me distraí com a alegria de Amisadai, que já estava embalado por vários copos de vinho. De repente, em meio aos risos, percebi que o mago falava a Moisés de forma pausada e ritualística, enquanto empunhava um estranho espelho quadrado que media uns vinte centímetros. O espelho estava voltado para o rosto de Moisés, que apenas sorria enquanto mirava a sua imagem no instrumento reflexivo.

Todos, então, ficamos em silêncio, completamente apavorados com o que víamos. Alguns ali jamais tinham visto um espelho de vidro polido. No Egito eram comuns os espelhos de cobre, mas não uma peça assim tão bem acabada e que refletia uma imagem tão fidedigna.

Após recitar as suas palavras mágicas, o mago sorriu e disse:

— Agora eu detenho aprisionada a tua alma em meu espelho mágico, poderoso mago! Servirás aos meus interesses ou promoverei a tua destruição.

O homem, então, desatou a correr pelas ruas do bairro apiru. Moisés apenas riu, divertindo-se com aquela situação insólita, enquanto bebia tranqüilamente um copo de vinho.

Ele sabia que a sede do poder está na mente. E que somente almas fracas deixam-se sugestionar por crendices e superstições. Logo, ele apenas procurou divertir-se com o velho mago; ao contrário de nós, que realmente acreditamos que aquele homem estava carregando dentro daquele incomum objeto a alma de nosso líder.

Então, houve uma correria tresloucada atrás daquela estranha criatura que, apesar de aparentar avançada idade, era ágil como um garoto. Ao ver a reação causada em seu povo, Moisés passou a se preocupar. Se os hebreus acreditassem realmente na sugestão hipnótica do mago, a menor vitória de Merneptah poderia abalar os ânimos do povo de Israel e fazê-los mergulhar em um pessimismo extremamente prejudicial aos planos de libertação. Dessa forma, o grande profeta tratou de anular a ação do babilônio.

Foram longos minutos de uma caçada angustiante. O mago tinha posicionado auxiliares entre as ruas para evitar a nossa perseguição e para passar, de mão em mão, o espelho com a "alma de Mosheh".

Para a sociedade moderna dos dias de hoje, isso pode parecer ridículo e sem sentido, mas naquela época muitas guerras eram vencidas pela magia e sugestão hipnótica, assim como fez Moisés para libertar-nos do Egito.

Quando já estávamos dando por perdida a busca, Moisés apontou para uma viela escura e o mago saiu de trás de uns vasos de cerâmica, derrubando umas vassouras velhas, e correu pela ruela. O profeta de Deus ergueu as mãos e gritou:

— Desfaze-te, instrumento do mal!

Instantaneamente o espelho espatifou-se, como se tivesse sido atingido por um raio, ferindo as mãos e o rosto do intrigante mago.

Atônito e ferido, o homem desfaleceu no chão. Amarramos as suas mãos e o prendemos, enquanto os seus auxiliares fugiam no breu da noite.

Aiezer aproximou-se de Moisés e disse:

— Os cúmplices eram egípcios. Certamente esse mago está aqui a serviço do faraó.

Moisés meditou por alguns instantes e falou, enquanto alisava a sua longa barba:

— Sim. Vamos interrogá-lo! Acho que esse fato pode nos ser muito útil.

Depois de confirmada a nossa suspeita de que Merneptah tinha enviado o mago, Moisés nos disse:

— Irmãos, que o feitiço aja contra o feiticeiro! Enviaremos um homem de nossa confiança para "aprisionar" a alma do faraó num espelho mágico. Se Merneptah crê nessa tolice, poderemos quebrar a sua disposição em lutar, caso tenhamos êxito.

Abidã, do clã de Benjamim, ergueu a mão e disse:

— Mas Mosheh, o espelho está quebrado.

O profeta de Yahwéh puxou o mago pelos braços e, levantando-o, disse:

— Esses bruxos não andam sem instrumentos sobressalentes. Ele irá nos mostrar onde escondeu outro espelho para o caso de esse que trouxe quebrar-se.

O homem relutou em revelar a informação, mas era inútil travar um duelo mental com Moisés. Em poucos minutos, o babilônio estava escavando um esconderijo nos arredores do nosso bairro, onde, dentro de um bornal de couro, encontrava-se mais um daqueles fascinantes espelhos.

Confesso que fiquei com medo de olhar a minha imagem

Moisés, o libertador de Israel

nele. A idéia de ter minha alma presa àquele objeto causava-me arrepios. Mesmo assim, me candidatei a procurar o faraó e tentar aprisionar a sua alma.

Moisés negou-se a aceitar minha idéia.

— Natanael, eu preciso de todos os chefes de clãs para conduzir o nosso povo pelo deserto. Não posso correr o risco de perder uma peça importante em nosso esquema para realizar uma tarefa que talvez não nos traga resultados expressivos. Eu enviarei alguém a quem possamos prescindir, porque se este for capturado pelo faraó, certamente será executado.

Ainda assim, insisti com o nosso líder por algumas horas. Percebendo que seria inútil prosseguir, abandonei a idéia.

Naquela mesma noite, às três horas da madrugada, o jovem Abel, da tribo de Gade, foi enviado para a tarefa. Todos aguardamos apreensivos, mas a tarefa foi mais fácil do que imaginávamos. Acreditávamos que o sono de Merneptah estaria protegido por um forte esquema de segurança, porém Abel o encontrou no terraço do palácio, angustiado com a última praga rogada por Moisés.

Debruçado no alambrado, o faraó assustou-se com a presença repentina do jovem hebreu e vidrou o seu olhar no espelho, enquanto Abel pronunciava as palavras mágicas:

— Mira o teu rosto neste espelho e vê tua alma! Através da luz de teus olhos, possuo o teu espírito para servir-me hoje e sempre!

A frase fora repetida três vezes. No final da última vez, o faraó gritou, assustado com aquela situação que lhe parecia mais um sonho, tal a sua improbabilidade de acontecer. Abel desequilibrou-se e caiu do alambrado do terraço, onde se apoiava. Milagrosamente o espelho não se quebrou. Abel apenas teve uma fratura nas costelas flutuantes, próximas ao baço, e sofreu uma pequena luxação no dedo mínimo da mão esquerda.

Enquanto o faraó pedia, histérico, a presença dos guardas, Abel corria como um rato em direção ao nosso bairro.

Lembro-me como se fosse hoje da alegria em seu olhar quando ele chegou triunfante com o espelho que continha a "alma" do faraó aprisionada. Todos o felicitamos pelo feito memorável, ao passo que no palácio o desespero do faraó era total. Os egípcios eram demasiadamente supersticiosos. Os servos do faraó, então, espalharam rapidamente que Hepmose havia aprisionado a alma do faraó e que o destino do Egito agora estava nas mãos do "feiticeiro" que defendia os apirus.

No dia seguinte, os sacerdotes e o povo egípcio dedicaram-se a orar ao deus Amon para que este recuperasse a "alma" do

Roger Bottini Paranhos

faraó que estava nas mãos do inimigo. Merneptah, prostrado por causa de forte enxaqueca, cancelou todos os seus compromissos oficiais naquele dia. Porém, no final da tarde, as atenções foram desviadas para um outro fato. Mais uma vez a mão de Yahwéh descia sobre as cabeças dos egípcios, por meio de um outro fenômeno incomum que assombrou a todos.

Um forte e repentino vento começou a soprar no Delta do Nilo. Rajadas intensas levantaram grandes massas de areia do deserto. Era o "simum", vento típico das regiões desérticas que, ao levantar a areia, escurece o Sol, dando-lhe inicialmente uma cor baça e amarelada, até que o dia se transforma em noite. E assim, como profetizou Moisés, "o homem não enxergou nem mesmo o seu irmão por três longos dias".

Mais uma vez Moisés demonstrava o poder superior de Yahwéh sobre as divindades egípcias. Amon-Rá, o principal deus egípcio, era representado principalmente pela força da luz solar. Um dos principais rituais sagrados para essa divindade consistia em realizar procissões matinais para saudar o Sol, que era entendido como a manifestação física desse deus.

Assim como a vitória de Moisés sobre a serpente Apófis "no duelo das serpentes", o poder de Yahwéh voltava a demonstrar-se de forma ilimitada, porque chegava a ponto de obscurecer o Sol durante o seu reinado, ou seja, o dia, o que representava algo extremamente simbólico para a sociedade egípcia.

Foram três dias de longa apreensão, período em que alguns egípcios acreditaram que o deus Amon-Rá havia sido morto pelo deus dos apirus e o Sol jamais voltaria a iluminar o Vale do Nilo.

Aqueles foram dias de fortes reflexões para todos. Na rua era impossível dar um passo sequer e muito menos realizar qualquer atividade. Dentro das casas e no palácio do faraó a escuridão era total, apenas sendo amenizada pela pálida luz dos candeeiros.

Não bastasse o desconforto das trevas, era impossível concentrar-se em qualquer coisa, por causa do barulho ensurdecedor do vento. Não víamos nada e era difícil conversar com o alvoroço da tempestade.

Essa praga afetou igualmente egípcios e hebreus, fazendo com que todos os habitantes do Vale do Nilo ficassem imobilizados dentro de suas casas. O pânico era tal que algumas pessoas nem sequer se mexiam para realizar as suas necessidades fisiológicas.

O faraó, beneficiado pela amplitude e a solidez de seu palácio, mobilizava-se e procurava encontrar saídas para o drama que vivia. Em meio aos seus devaneios, ele foi avisado por seu

Moisés, o libertador de Israel

vizir da chegada, no dia anterior, do sacerdote Amenófis.

Merneptah, ergueu a cabeça com um largo sorriso no rosto, e falou:

— Ora homem, traze-o aqui imediatamente!

— Ele não está no palácio, grande rei. Acreditamos que está hospedado no Templo de Osíris. Assim que for possível enxergar um passo à frente dos olhos, ele será trazido até vossa augusta presença.

Mas Amenófis não estava no Templo de Osíris, e sim junto a Moisés. O encontro entre os dois foi fraterno e feliz. Mestre e discípulo reunidos mais uma vez. Apesar das sábias orientações de Henok e Jetro, certamente a palavra de Amenófis foi a que mais moldou a personalidade de Moisés para que ele realizasse a sua inesquecível missão com perfeição.

Angustiado com o destino de seu mentor, Moisés expressou seus temores:

— Mestre Amenófis, eu temo por vossa segurança. Creio que Merneptah atentará contra a vossa vida quando negardes a apoiá-lo para intervir na libertação do povo de Israel.

Amenófis sorriu serenamente e disse:

— Meu querido filho, não te preocupes com o meu destino, pois ele está nas mãos do Todo-Poderoso. A causa da libertação de Israel e da difusão da crença no Deus Único está acima de nossas vidas. Se o sacrifício for o meu destino, não relutarei em aceitá-lo. Entregar-me-ei de braços abertos à causa do Grande Deus pelo bem das gerações futuras. Afinal, não é essa a nossa missão neste mundo?

A reencarnação de Akhenaton abraçou Moisés e falou com carinho e mansuetude:

— E também não desejo instigar a ira do faraó. Trabalharei para poupar o nosso povo do sofrimento exacerbado gerado pelas energias que tens liberado sobre o Egito e farei o que for possível para que ele perceba a inutilidade de lutar contra o inevitável.

O profeta de Yahwéh abraçou o mentor amigo e, com os olhos marejados de lágrimas, disse:

— Mestre, eu sei que deveria providenciar a libertação de Israel por métodos pacíficos, mas o faraó não me deixa outra opção. Além do mais, não possuo a serenidade e a energia amorosa que cativa e envolve os corações mais empedernidos. Sinto que só obterei êxito sendo justo e amoroso com as almas preparadas, porém austero e implacável com aqueles que contrariam os planos da Eterna Potência.

Amenófis, que já possuía no rosto as marcas do tempo, suspirou profundamente e falou:

— Compreendo as tuas angústias e não julgo os teus atos. Eu sei que se o Criador confiou a ti essa missão é porque Ele entende que és o único capaz de realizá-la da forma que seja possível, haja vista a intransigência e o orgulho desmedido do povo egípcio.

Moisés, ajoelhado diante de seu mestre, apenas disse, enquanto secava as lágrimas que corriam céleres pelo seu rosto:

— Que seja feita a vontade de Nosso Senhor!

— Que assim seja! — afirmou Amenófis.

Na tarde do terceiro dia da tempestade de areia, as trevas dissiparam-se lentamente. O povo aliviado ergueu os braços aos Céus e agradeceu, mais uma vez, a Amon, o seu frio deus de ouro. Todavia, o estado da soberba capital do Império começava a tornar-se preocupante. Havia terra por todos os cantos e muita destruição. Inclusive uma estátua de doze metros de altura do faraó Ramsés II tinha rachado na altura dos tornozelos e tombado, destruindo as construções ao seu redor.

Os egípcios que se aventuraram a sair de suas casas, caminhavam assustados pelas ruas, olhando para os lados e para o céu, temendo que a mão pesada de Yahwéh os atingisse repentinamente.

O grande sacerdote Amenófis, então, dirigiu-se ao palácio para encontrar-se com o faraó. Lá chegando, ele achou Merneptah com olheiras profundas e alquebrado pelas intensas batalhas que travara contra Moisés. Nem mesmo as campanhas militares contra os povos do norte haviam causado tantos estragos na saúde física e mental do faraó.

Ao ver o sábio sacerdote, Merneptah ergueu-se com dificuldade do trono e abraçou-o, contrariando o protocolo real. O faraó não o via desde a sua juventude, período em que tinha estudado no Templo de On, em Heliópolis. Naquela época, ambos eram jovens. Amenófis tinha apenas dez anos a mais do que Merneptah. Agora ambos eram homens maduros e vividos.

O faraó apoiou a sua mão sobre o ombro do sacerdote e ambos caminharam até uma ampla janela que estava sendo descerrada pelos servos do palácio. Os dois então vislumbraram prédios e monumentos cobertos de areia pelo apocalipse gerado por Yahwéh, através das mãos poderosas de Moisés.

O rei dos egípcios olhou para Amenófis e perguntou com um misto de admiração, incredulidade e irritação:

— Sábio mestre, quais são as forças que operam através de Hepmose? Como esse mestiço consegue realizar essas façanhas nunca antes vistas? Pelo que sei, somente egípcios de sangue puro podem ter essa intimidade com os deuses. Hepmose é

Moisés, o libertador de Israel

impuro! Ele é meio apiru, meio egípcio. Em resumo: ele não é nada.

O sacerdote de Heliópolis desconsiderou o recalque do faraó, olhou profundamente em seus olhos angustiados e, enfim, respondeu: '

— Meu amigo, para continuarmos essa conversa eu gostaria de falar-te abertamente, como se fosse de um pai para um filho, e não tendo de me sujeitar aos rituais faraônicos, que estabelecem uma fria e improdutiva barreira. Permites que assim seja?

Merneptah, como uma criança assustada diante do pai, apenas realizou um gesto inseguro com a cabeça, demonstrando a sua concordância:

— Pois bem! — disse Amenófis, estudando com cuidado as palavras que dirigiria ao faraó. — Merneptah, talvez o que vou te dizer fira o teu orgulho e te cause revolta, mas a vontade soberana dos imortais me impele a ser claro e honesto contigo.

Uma nova ordem espiritual surge no horizonte, assim como Rá durante todos os dias desde o princípio do mundo. Durante os nossos contatos com os imortais, já faz algum tempo que percebemos o desejo dos Senhores da Terra do Poente de que o mundo compreenda a Verdade.

Amenófis suspirou profundamente e apoiando-se na janela prosseguiu:

— A verdade, meu irmão, é que estamos equivocados sobre as divindades. Os nossos frios e impassíveis deuses de pedra apenas representam a nossa vontade de possuirmos uma fé e de crermos que cada um deles solucionará as nossas angústias e caprichos. Criamos deuses para todos os assuntos e realizamos oferendas que não atendem aos reais desejos dos imortais, que aspiram a nossa renovação interior, e não apenas cultos de natureza exterior.

O Mundo Espiritual é composto de almas livres do corpo, como bem o sabes, e aqueles mais dignos, como Osíris e outros tantos líderes de nossa nação, hoje realmente trabalham pela nossa evolução e nos apóiam nos momentos mais difíceis. Mas isso não faz deles deuses que devem ser cultuados, na maioria das vezes, com personalidades que lhe atribuímos apenas refletindo os nossos caprichos meramente humanos.

Criamos estátuas frias e lhe instituímos o nosso orgulho e vaidade, na esperança de que os imortais apóiem as imperfeições de nossas almas. Certamente, os grandes líderes de nossa nação devem lamentar amargamente o nosso atraso espiritual e o nosso culto primitivo. E, procurando redimir-se de seu passado de equívocos, hoje esses irmãos iluminados trabalham sob um único comando: o comando do Único e Verdadeiro Deus, o Criador de todas as coisas. E a lei soberana desse verdadeiro deus é o amor, a igualdade e a justiça.

O faraó recuou um passo e falou com rispidez:

— Amenófis, pelo que vejo estás apoiando a loucura de Akhenaton, o herege!

O sacerdote de Heliópolis, reencarnação do próprio Akhenaton, com brandura e serenidade apenas respondeu:

— Desculpa-me, meu amigo, mas não há como negar essa verdade. Akhenaton estava certo! Existe apenas um único Deus e ele O representou muito bem, através dos raios vivificantes do Sol.

Sei que é difícil para ti libertar-te das tradições milenares de nosso povo, mas deves compreender que a Lei de Deus é a lei inexorável do progresso. E o Deus Todo-Poderoso entende que é hora da Verdade prevalecer para que as gerações futuras evoluam por meio do amor e da paz, abandonando o mundo de ilusões no qual ainda nos debatemos em busca de glórias perecíveis. Lamento dizer-te, Merneptah, porém nada poderá impedir a vontade soberana do Criador do mundo.

O faraó meneou a cabeça, como se tivesse levado um golpe seco e violento, e, por fim, disse:

— Queres dizer que nada podemos fazer contra as feitiçarias de Hepmose, porque ele está sendo apoiado pela vontade do Deus de Akhenaton?

Amenófis aguardou alguns segundos para que o faraó digerisse melhor aquelas delicadas informações. Em seguida, prosseguiu com paz no coração e mansuetude na voz:

— Sim, meu amigo, é inútil lutar. Deves permitir que Hepmose leve o povo de Israel para o deserto. Caso contrário, o nosso povo irá sofrer... e sofrer muito. Tu, como líder de nosso povo, deves pensar primeiro na segurança e na paz de espírito de teus súditos. E também no sofrimento que eles estão passando por causa de tua intransigência.

Deves despir-te do teu orgulho e compreender que este é um momento crucial de mudanças inevitáveis. Encerra-se um ciclo e outro se inicia! E se essas mudanças não podem ocorrer no Egito, por causa do pensamento retrógrado e intolerante de seus sacerdotes, que essas transformações se sucedam por intermédio desse povo sofrido que também merece ser livre e feliz, assim como nós somos.

Desejas manter os hebreus cativos para enaltecer a tua glória com estátuas de pedra, mas creio que ingressarás com maior honra na terra dos imortais se poupares a vida de teu povo,

Moisés, o libertador de Israel   223

libertando Israel para que novas desgraças não coloquem a nossa nação numa situação de penúria ainda maior. Se o Egito abomina a crença num único deus, pelo menos permite que a vontade do Mundo Maior se concretize por meio de outro povo. Merneptah, não aumentes ainda mais a nossa culpa perante os imortais! Já teremos muito a responder quando adentrarmos no "Salão da Dupla Verdade". Acredito que quando partires para a Terra do Poente desejarás ser considerado de "voz verdadeira" pelos quarenta e dois juízes do Amenti.

Amenófis procurou utilizar-se das crenças egípcias sobre o julgamento de Osíris, com o objetivo de convencer o faraó, enquanto ele, de costas para o sacerdote, meditava por alguns momentos. Em seguida, ele disse, sem virar-se para o seu antigo mestre:

— Deixa-me agora, preciso meditar sobre tuas palavras!

O sacerdote de Heliópolis inclinou a cabeça em sinal de respeito ao soberano e retirou-se. Antes de trespassar a soleira da porta, o faraó perguntou-lhe:

— As tuas afirmações significam que não lutarás para derrubar o inimigo da terra de Kemi?

Amenófis parou e respondeu com serenidade:

— Não haverá luta, meu senhor, mas simplesmente um massacre, pois é inútil lutar contra Hepmose. Não existe força na Terra, ou fora dela, capaz de neutralizar as suas intenções, pois elas refletem a vontade do Único e Soberano Deus. Contudo, estou aqui para amenizar a dor e o sofrimento de nosso povo, caso se faça necessário. Amo o meu povo e jamais cruzarei os braços ao vê-lo sofrer. Trabalharei com todas as minhas forças para reduzir os impactos das pragas do enviado do Deus Único.

O faraó novamente voltou-se para a janela, sem nada dizer. Nesse instante, o céu rapidamente ficou negro e grossos pingos de água caíram sobre a terra seca. Nem dois minutos depois, bolas de granizo, do tamanho de ovos de pato, caíram sobre o Egito ocasionando mais uma vez um barulho ensurdecedor que se confundia com os gritos agoniados dos que se encontravam nas ruas, acreditando-se livres do poder do Deus de Israel.

O faraó abaixou a cabeça em sinal de desalento, enquanto Amenófis retirava-se com uma forte angústia no peito. Os gritos dos transeuntes, atingidos pelas pedras do céu, eram como punhaladas no coração do sábio sacerdote. Mas a dor prosseguiria porque o orgulho desmedido do soberano do Egito fazia como que este se negasse terminantemente a ceder à petição do emissário do Grande Deus.

Naquela tarde, muitos homens, mulheres e crianças foram

Roger Bottini Paranhos

atingidos pela inesperada ação dos Céus. Como já disse, esse fenômeno era raríssimo no Egito; portanto, muitos jamais tinham visto em suas vidas tal acontecimento. Esse fato causou a morte de muitos por terem subestimado a ação dessa força incontrolável da natureza que descia implacavelmente do céu. Além das perdas humanas, muitos animais e plantações foram destruídos, agravando definitivamente a fome no Egito. Antes, apenas as famílias mais pobres estavam sendo atingidas, agora as mais abastadas começariam a passar por graves privações, às quais não estavam acostumadas. A fome e o racionamento de alimentos se tornaria, a partir daquele momento, uma rotina à qual somente os soldados estavam acostumados.

Moisés, o libertador de Israel

Enfim, os gafanhotos | 18

Sarcófago de Merneptah.

A chuva intensa, jamais vista antes no Egito, obscureceu mais uma vez o dia, levando os egípcios a uma nova onda de desespero. Mas não eram somente eles quem se lamuriavam. O nosso povo também começava a se angustiar e aqueles que não tinham uma personalidade forte choravam como crianças assustadas. Nesses momentos, aconselhávamos o nosso povo a não se amedrontar porque Yahwéh nos protegeria das consequências nefastas de suas pragas.

Mas chegou um momento em que até os mais aguerridos ficaram esgotados. Os minutos pareciam horas, dando-nos a falsa impressão de que aquela saraivada de granizo havia perdurado por vários e vários dias. A falta de incidência solar, o relógio dos egípcios, fez com que perdêssemos completamente a noção de tempo e nos convencêssemos de que estávamos todos aprisionados numa noite eterna.

O estrondo ensurdecedor dos raios e do granizo, aliados à correria para evitar que a água invadisse as casas, terminou por esgotar-nos a todos. Os momentos de sono eram escassos porque tínhamos dificuldade para dormir, cercados por tanto barulho e estresse.

Lembro-me apenas que em determinado momento, quando já me encontrava completamente exausto, abracei-me a Kermosa e desmaiei. Eu apenas sentia os tremores nervosos de minha esposa e os gritos desesperados da vizinhança, como se tudo e todos estivessem muito distantes. Talvez, no meu inconsciente, eu desejasse que aquele caos fosse apenas mais um pesadelo noturno.

Acordei muitas horas depois e me sobressaltei com o silêncio reinante e a luz intensa do Sol. Era possível ouvir apenas o movimento frenético da correnteza do Nilo, canalizando a imensa quantidade de água que havia desabado do céu. Desprendi-me dos braços de minha esposa e caminhei com passos vacilantes até a rua. Lá, presenciei um espetáculo assombroso. O Nilo tinha inundado as suas margens como nunca antes e invadido várias casas. Alguns moradores estavam no terraço de suas residências procurando salvar os objetos de valor da fúria da correnteza do rio sagrado.

As plantações que tinham resistido ao granizo agora estavam sendo arrastadas sem dó nem piedade pela aluvião do Nilo. Era uma cena aterradora. Homens caminhando cabisbaixos, derrotados pela ferocidade da natureza.

O Sol, soberano no céu, trazia algum alento à população, mas as casas e plantações destruídas causavam em todos um enorme aperto no peito e um sentimento generalizado de impotência diante dos poderes do Invisível.

Com um olhar assombrado, balbuciei para mim mesmo:

— Espero que o faraó agora nos liberte, senão Yahwéh acabará com o mundo!

Pouco a pouco, o calor envolvente dos raios solares foram me acalmando e resolvi meditar sobre todos aqueles acontecimentos. O silêncio quase absoluto era como uma dádiva divina. Porém, o eco ensurdecedor das últimas noites ainda ressoava em meus ouvidos.

Assim fiquei acompanhando o movimento lento das pessoas pelas ruas. Analisei a desolação no olhar de todos. Não deveríamos nos abater, porque em breve aquela não seria mais a nossa casa. Mas era impossível não ficarmos tristes com tantas perdas.

Agora eu entendia porque Moisés havia insistido para que antecipássemos a colheita do nosso trigo, do linho e da cevada. Pelo menos agora tínhamos algumas reservas para a penúria que se avizinhava do Egito. Certamente os egípcios não teriam como evitar a fome. O mais irônico é que eles já deveriam ter realizado a sua colheita. Esta só foi atrasada em virtude das sucessivas pragas que não ofereciam trégua para que o povo egípcio trabalhasse.

Resolvi, então, caminhar pelas terras dos nossos algozes para compreender melhor a situação em que eles se encontravam. Ali, parecia que o castigo de Yahwéh havia sido total e irrestrito. A destruição fora impressionante e as plantações pareciam jamais terem existido. Não era possível encontrar um só rastro de trigo em toda aquela região. As águas do Nilo

Moisés, o libertador de Israel

a tudo haviam carregado. Algumas mulheres, inclusive, choravam desesperadas pelo desaparecimento de seus filhos, que, certamente, tinham sido carregados pelas águas revoltosas.

O mais impressionante era o estado dos templos dos deuses egípcios. Nem mesmo as suas sólidas construções evitaram algo que parecia notório a todos: Yahwéh tinha direcionado o centro de seu "ataque" àquelas construções e aos seus jardins, arruinando a tudo em seu derredor. Os donos de propriedades mais próximas aos templos foram, portanto, os mais afetados.

Algumas pessoas se perguntavam que força descomunal era aquela que derrubava estátuas de granito e sólidas construções, além de fazer desabar o "Nilo do céu".

Foi perdido nesses pensamentos que me deparei com uma cena insólita. Em meio a um bairro egípcio, encontrei Moisés, Henok e Amenófis auxiliando o povo que nos escravizava. Moisés carregava em seus braços uma pobre velha egípcia com o corpo alquebrado. Ao ver aquela cena, mesmo não a entendendo, resolvi colaborar nas atividades daqueles grandes mestres. Se eles assim estavam procedendo é porque aquela atitude deveria ser correta.

Eu sempre fui um rebelde, mas também reconhecia a experiência daqueles que andavam à minha frente na busca da Luz de Deus. Entretanto, jamais me furtei de entender os porquês de tudo o que me cercava. Os dogmas das religiões sempre foram um obstáculo para mim. Em momento algum aceitei imposições sem uma explicação lógica.

Caso um terço dos absurdos contidos no Pentateuco e atribuídos a Moisés tivessem sido criação dele ou fossem verídicos, jamais eu teria seguido um passo sequer desse fantástico homem. E por ser Moisés um líder coerente e sensato, bem diferente dos textos bíblicos, é que lhe perguntei:

— Por que ajudarmos os nossos inimigos? Não deveríamos estar em nosso bairro, atendendo às necessidades de nossa gente?

Moisés colocou uma inocente criança egípcia numa esteira de palha, sob o olhar assustado de seus pais, e me disse na linguagem hebraica, ininteligível àquela família:

— Natanael, na verdade, eles não são nossos inimigos, porque todos somos filhos do mesmo Deus. Se os egípcios ainda não compreendem essa verdade, só nos resta esperar o dia em que todos os povos se irmanarão sob a égide do Único Deus.

Nós devemos amar a Deus sobre todas as coisas e ao nosso próximo como a nós mesmos. Por isso, somente Yahwéh sabe a dor que sinto por ser o portador dessas desgraças. Eu gostaria de possuir o poder de transformar os nossos algozes com amor.

Mas essa é uma vocação que não possuo, e talvez a humanidade nem esteja preparada para isso. Sendo assim, devo fazer com que a vontade de Deus se realize por meio das forças que possuo, que é a de um justiceiro implacável.

Ele suspirou por alguns instantes e concluiu:

— Sei que o que faço agora não é o suficiente para amenizar a dor causada pelas pragas que lancei sobre esta infeliz pátria, escrava do politeísmo insensato e de sua própria arrogância. Espero um dia poder me redimir de todo o mal que estou causando a este povo por causa da intolerância do faraó... E sei que Deus me dará essa oportunidade.

Aquelas idéias de Moisés eram completamente novas para mim. Sim, aquelas longas semanas de batalhas contra Merneptah não me permitiram ver o homem por detrás do profeta. Assim como nós, ele tinha os seus dramas e aflições. Terminei expondo sinceramente este sentimento a ele, que me respondeu, enquanto alguns egípcios simples beijavam as suas mãos e lhe agradeciam, como se estivessem diante de um deus vivo:

— Quando sairmos do Egito, e o deserto for a nossa casa até que cheguemos à Terra Prometida, poderás compreender melhor a natureza de minha tarefa. Yahwéh me chamou para esta missão para que eu fosse também o Seu legislador e ajude os hebreus a se tornarem um povo devoto do Seu código moral, transformando-se no exemplo de Sua vontade para todos os países do mundo.

Natanael, pensaste até agora somente na libertação de nosso povo, porém deves compreender que não existe liberdade sem uma verdadeira consciência espiritual. Achas que o Egito é livre? Os egípcios podem ser livres de corpo, mas são escravos de alma!

Eu vou tirar Israel do Vale do Nilo, e depois disso outra tarefa ainda maior será iniciada. Teremos de desenvolver valores espirituais em nosso povo para que ele não venha a tornar-se tão escravo quanto este que nos impõe a sua força há quatro séculos.

Aqueles conceitos eram agradavelmente renovadores para mim. Eu realmente tinha pensado pouco sobre o período posterior à nossa saída do Egito. Nós iríamos para Canaã. Talvez chegássemos lá em algumas poucas semanas. E depois? Como encararíamos a nossa liberdade? Será que o respeito mútuo e a humildade, sentimentos típicos de povos sofridos e escravizados, não seriam substituídos pelo orgulho, arrogância e desejo de dominarmos uns aos outros? Apesar de nossa organização tribal, éramos um povo indisciplinado e sem rumo, fruto do longo período de escravidão. Certamente, a liberdade poderia

Moisés, o libertador de Israel

transformar-se em algo destruidor, assim como a explosão desenfreada das águas liberadas de uma represa.

Eu adorava filosofar. Aquelas poucas palavras que trocava com o grande libertador de nosso povo me remetiam a um fantástico mundo novo. Ele percebeu essa transformação que ocorria em meu íntimo.

Depois de alguns momentos em silêncio, olhei para o nosso líder e disse-lhe, com um franco sorriso no rosto:

— Jamais imaginei que auxiliar os necessitados do povo que nos escraviza fosse me proporcionar uma experiência tão rica e gratificante.

Moisés sorriu por ver que eu havia compreendido a sua mensagem e falou-me:

— Nunca, por motivo algum, te escravizes aos laços de sangue. Essa atitude é um erro lamentável, porque a justiça é igual para todos e independe de nossa origem ou posição. Jamais te esqueças disso!

Moisés era o oposto do homem preconceituoso descrito na Bíblia. E não poderia ser diferente, pois ele era filho de duas raças. Na verdade, era um cidadão do mundo: um homem liberto dos estreitos conceitos típicos de sociedades que não compreendem a idéia de família universal, que Jesus também elucidaria mil e duzentos anos depois com a frase: "Quem é meu pai, quem é minha mãe e quem são meus irmãos?" Se Moisés pregava a crença num Deus universal, como ele promoveria uma religião sectária e defenderia a criação de uma nação preconceituosa? A sua idéia de unificar e tornar Israel uma forte nação terminou sendo desvirtuada para conceitos xenofóbicos.

Ele meditou por poucos segundos e prosseguiu, com um brilho marcante no olhar:

— Eu fico feliz que tenhas a mesma nobreza de caráter de teu pai, o nobre Zuar. Eu o conheci antes de ter de me exilar em Madian, depois da condenação de Ramsés II.

Zuar foi um grande homem e quando fiquei sabendo de sua morte achei que seria difícil a tribo de Issacar substituí-lo à sua altura. Vejo que me enganei.

Aquelas palavras de Moisés levaram-me às lágrimas. Não sei se ele, em seu íntimo, conhecia os meus dramas de consciência ou, então, os meus atos reprováveis até o dia da morte de meu pai. Só sei que suas palavras me envolveram num imenso sentimento de felicidade. O seu voto de confiança fez-me ver que eu estava no caminho correto. Certamente, o bom e velho Zuar, lá do reino dos imortais, me observava com um sentimento parecido no peito.

Instintivamente me aproximei daquele grande homem e o abracei forte, em sinal de agradecimento por suas amáveis palavras.

Após alguns instantes, Henok colocou as suas iluminadas mãos em nossos ombros e disse-nos:

— Vamos, irmãos! Precisamos retornar para junto dos nossos, a fim que eles não se sintam abandonados em meio a essa horrível tragédia.

Moisés concordou com um gesto significativo. Assim, retornamos para o nosso bairro, enquanto Amenófis, sempre incansável, prosseguiu amparando o seu povo amado.

Ao chegarmos ao bairro dos hebreus, todos se impressionaram com a minha presença junto a Moisés. Os demais chefes estavam curiosos para saber onde o grande líder de Israel estava desde o início daquela manhã, quando a tormenta havia cessado.

A presença de Henok era natural, pois ele estava sempre próximo ao grande profeta. O que impressionou a todos, e causou certa ciumeira em alguns dos líderes de Israel, era eu estar participando daquele encontro tão seleto.

Aiezer, sempre curioso, não se conteve e aproximou-se para me inquirir. Junto com ele estava Eliabe, filho de Helom, que logo se tornaria chefe da tribo de Zebulom, pois seu pai encontrava-se muito adoentado. Certamente, o venerável Helom não agüentaria a peregrinação pelo deserto.

Eliabe era um bom e fiel amigo. Nas últimas semanas, os nossos laços tinham se estreitado, principalmente por causa do seu interesse em minha irmã mais nova, Electa. Mas eu desejava que ele se casasse com a mais velha, Eunice.

Era importante encaminhar primeiro as mais velhas para que estas não ficassem sem marido. As mais novas sempre teriam novos pretendentes. Isso fazia parte dos nossos costumes e também era uma decisão sensata. Naqueles tempos de imensas dificuldades, não encontrávamos muito tempo para romances e paixões. Os casais uniam-se pela necessidade de manter viva a descendência de Israel.

Logo relatei aos dois a interessante conversa com Moisés e mencionei as suas preocupações, após obtermos nossa liberdade.

Aiezer sacudiu os ombros e disse:

— Não acho pertinente essa preocupação. Por que o povo de Israel se rebelaria contra o seu Deus e contra o seu libertador após a saída do Egito? Muito pelo contrário, acredito que seremos todos eternamente gratos a Mosheh por nos liderar rumo à liberdade.

Concordamos com Aiezer, mas se imaginássemos naquele

Moisés, o libertador de Israel

momento o que viria a ocorrer aos pés da montanha onde Moisés recebeu de Deus as Tábuas da Lei, talvez entendêssemos melhor a gravidade de suas palavras.

Após aquela conversa, nos dias seguintes, comecei a observar mais de perto os membros de meu clã e concluí que as ponderações de Moisés tinham fundamento. Os anos de escravidão haviam embotado a mente de nosso povo. Poucos membros, como os chefes das tribos, tinham contato com outros povos e, conseqüentemente, com outras culturas. As pessoas simples, que trabalhavam de sol a sol, infelizmente assemelhavam-se a animais, no que diz respeito a valores espirituais. Eram escravos do medo e do automatismo biológico de seus corpos, tanto no que se refere à necessidade de alimentação como à procriação. Não era raro encontrarmos hebreus mantendo relações sexuais com cabras e ovelhas. Apesar da censura moral dos levitas, os manhosos, que se passavam quase sempre por vítimas, geralmente encontravam uma maneira de se justificar, ou, então, o que era pior, mentiam ou tentavam enganar. Moisés detestava esse comportamento falso e traiçoeiro.

Apesar de Moisés explicar quase que diariamente que havia um único Deus, o povo de Israel continuava acreditando que Yahwéh era o seu deus, mas que os outros povos também tinham os seus. Assim, Yahwéh era o deus nacional de Israel, Marduc era o da Babilônia, Assur o deus dos assírios, Quemoch o deus dos moabitas, Milcom a divindade protetora do povo amorita, e Amon, o deus dos egípcios, o que significava que o israelita comum não compreendia o monoteísmo, mas sim professava uma monolatria, que é o processo pelo qual um devoto, diante de uma multiplicidade de divindades, declara culto exclusivo a uma só, excluindo os demais deuses, porém, reconhecendo-os como reais.

Na mente da população simples e iletrada, a idéia de um deus único, de caráter universal e sem representação figurada, era deveras abstrata e de difícil compreensão. Esse foi um problema que Akhenaton também teve de enfrentar cem anos antes, quando tentou implantar o monoteísmo entre os egípcios, por meio da crença no deus Aton, que era representado pela ação benéfica dos raios solares.

Além disso, os hebreus eram tão supersticiosos como os egípcios. Eles veneravam pedras que consideravam mágicas. Os terafins, como eram chamadas, eram amuletos mágicos, símbolos de prosperidade, mantidas dentro das tendas ou, em alguns casos, guardadas dentro das roupas íntimas.

Deus tinha uma única função para o povo simples: protegê-los e oferecer-lhes alguma benesse. Eles não entendiam que deveriam dar uma contrapartida, ou seja, a sua fé e o cultivo de valores espirituais dignos. Por se considerarem eternamente sofredores, camuflavam as suas falhas de caráter no falso argumento de que eram apenas vítimas sofridas.

Durante a caminhada no deserto, Moisés teria de transformar aquele povo manhoso numa nação digna e próspera por seus próprios esforços. Sem dúvida um trabalho hercúleo! Outro problema que ele teria de administrar eram as crenças pagãs, que ainda hoje são comuns entre o povo simples, como, por exemplo, o "mau olhado", o poder mágico da palavra, proferido como bênção ou maldição, a crença na magia da dança da chuva e da dança da guerra, o uso mágico do vestuário, a magia da impostura da mão, o mau uso da necromancia para atender a interesses condenáveis etc. Havia também os curandeiros, os videntes, os adivinhos e outros tantos embusteiros que levaram o profeta do Deus Único, num gesto extremo, a proibir qualquer contato com o Mundo Espiritual até que o povo tomasse consciência da seriedade que essa prática exige. Somente médiuns autorizados por ele poderiam comunicar-se com o Além-Tumulo.

Depois de muito pensar sobre tais questões, reuni os demais chefes dos clãs de Israel e expus as minhas preocupações. A maioria manteve-se em silêncio, refletindo. Somente Elizur, da tribo de Rúben, e Naasom, da tribo de Judá, ironizaram e consideraram inúteis minhas colocações. O clã de Judá sempre foi um problema para o progresso de Israel, porque eram avessos ao debate e estavam sempre prontos para a luta braçal. Para eles, tudo deveria ser decidido pela força, jamais por meio de uma argumentação civilizada.

Naqueles dias, isso não era diferente. Por isso, Moisés teve fortes conflitos com os membros desse clã durante a caminhada pelo deserto, desde a península do Sinai até o rio Jordão. Sinceramente, não me lembro de nenhum momento em que Judá concordou fraternalmente com os seus irmãos. Por outro lado, obtive o apoio venerável de Abidã, do clã de Benjamim, que era o chefe de clã mais idoso, e também um dos mais respeitados.

Assim, nos dias seguintes, começamos a tentar incutir novas idéias nas mentes de nosso povo, com o objetivo de prepará-lo para as transformações que se aproximavam. Acredito que esse nosso trabalho foi importante e ajudou a amenizar as inevitáveis dificuldades durante a caminhada à Terra Prometida.

Quando atravessou o Mar dos Juncos, o povo de Israel já sabia que teria de submeter-se à lei férrea de Yahwéh e que isso seria o melhor para todos. Desse modo, somente os incautos

Moisés, o libertador de Israel   233

e mal-intencionados se rebeleram contra o grande profeta. E o preço que pagaram foi o desterro ou a morte. Cabe lembrar que o banimento em meio ao deserto inóspito significava quase uma sentença de morte.

Enquanto aguardávamos a inevitável autorização do faraó para libertar-nos, procurávamos trabalhar a mente de nosso povo para libertá-los das crenças egípcias e das influências herdadas dos fenícios. Era necessário construir um novo povo com cultura própria.

Nos dias que se seguiram não ocorreram acontecimentos dignos de menção. Apenas observávamos o movimento monótono e silencioso dos egípcios procurando reconstruir as suas vidas.

Alguns nem se movimentavam, provavelmente em razão da falta de energia ocasionada pela fome que já castigava com severidade os mais pobres. Era comum ver o povo simples da terra de Kemi vestido apenas com uma peça de algodão cobrindo-lhe as partes íntimas. Eles passavam horas recostados nas varandas de suas casas com um triste e desanimado semblante emoldurado no rosto.

Infelizmente, os humildes tornam-se sempre as maiores vítimas da intransigência e da ganância de seus governantes. Merneptah levou o próspero povo do Egito a uma situação de penúria somente comparada à época em que José previu os sete anos de seca do Nilo, durante a dinastia dos hiksos, quatrocentos anos antes.

Quanto a nós, os filhos de Israel, fomos orientados a não perder mais tempo com os cereais ainda não colhidos e proteger da umidade e da ação de animais rasteiros o que já havíamos apanhado no campo.

Naquele momento, não entendemos a preocupação de Moisés. Estávamos mais interessados em esconder a nossa colheita da ação desesperada do esfomeado povo egípcio e de seus soldados. Porém, ao observarmos a argumentação séria e enfática do grande profeta, seguimos à risca a sua orientação. A experiência anterior, na qual ele havia solicitado que reservássemos água, antes de transformar o Nilo em sangue, tinha-nos servido de grande lição.

Com o passar dos dias, a situação foi se normalizando e os egípcios começaram a se organizar para efetuar um novo ataque contra o nosso bairro para saquear as nossas reservas alimentares. Nesse clima de apreensão e medo, Moisés reapareceu, depois de ter permanecido alguns dias nas colinas. Por diversas vezes, no decorrer daquelas intermináveis semanas, ele sumiu sem que tivéssemos a menor idéia de seu paradeiro. Acredito que só Henok, e talvez os seus irmãos, Aarão e Maria,

234   Roger Bottini Paranhos

sabiam onde ele se encontrava.

Em determinada manhã, quando os egípcios moíam a sua escassa reserva de trigo para fazer o pão, o profeta de Yahwéh caminhou mais uma vez a passos largos pela avenida principal até a porta do palácio do faraó. Os transeuntes já sabiam o que aquilo queria dizer: Moisés enfrentaria o faraó novamente.

A cena era impressionante! O povo simples do Egito aproximava-se como cães assustados para beijar as mãos do inigualável profeta. Merneptah, com um olhar triste, observava a cena insólita da janela principal do palácio. E, se não me engano, pude enxergar os seus olhos marejados de lágrimas por ter de presenciar, impotente, a dor e a humilhação de sua gente.

De fato, o faraó era um homem valoroso que amava o seu povo. Apenas o orgulho e a arrogância não lhe permitiam enxergar as atrocidades que cometia em nome de seu amor-próprio.

Moisés passava a mão sobre a cabeça dos humildes que se postavam ajoelhados em sua volta, como se fossem cordeiros indefesos, e afagava a fronte daquela gente simples com respeito e carinho.

Merneptah, então, desceu a escadaria que dava acesso ao átrio central do palácio. Ele estava vestido com um fino saiote de seda; ao pescoço carregava um colar que cobria todo o seu peito e os ombros. Em suas vigorosas e envelhecidas mãos, carregava o cajado e o chicote reais, símbolos do poder faraônico. Por fim, cingia a célebre dupla coroa do Alto e Baixo Egito.

Com voz soturna e um olhar felino, ele perguntou:

— O que desejas, Hepmose? Vieste vangloriar-te da destruição causada por teu deus? Porque se aqui estás para implorar a libertação de teu povo, desiste já, pois nem em mil anos isso acontecerá. E digo-te mais, bastardo maldito, os apirus trabalharão incansavelmente para repor as perdas que causaram ao Egito.

Moisés sorriu e disse ao faraó, com um tom irônico:

— Vejo que perdestes a lucidez, faraó do Egito. Porém, a vossa intuição segue clara e cristalina como as piscinas artificiais de vosso palácio.

Realmente não estou aqui para pedir-te novamente a libertação de nosso povo. Yahwéh já concluiu que só sairemos desta terra quando estiverdes de joelhos, sem condições de reagir à nossa partida. Se aqui estou é para falar-vos sobre trabalho e remuneração.

Moisés apontou para a imensa assembléia de israelitas em seu derredor, e, segurando o seu cajado com firmeza, afirmou:

— Este povo que aqui está, sofrido e escravizado, pede-

Moisés, o libertador de Israel   235

vos o pagamento por séculos de exploração injusta. Iremos embora desta terra perversa e levaremos conosco o ouro e a prata do Egito, que nada mais é do que a riqueza que nos foi usurpada durante todos esses anos. O nosso Deus, Soberano e Único, valoriza somente o trabalho, o amor e a dignidade. Ele não reconhece a riqueza gerada às custas da escravidão alheia; portanto, a fartura da terra de Kemi agora deve passar às mãos dos sofridos filhos de Israel para que eles fundem a sua nação e reconstruam as suas vidas, que foram destruídas pela ação implacável dos faraós.

Os egípcios, a uma só voz, lançaram um suspiro de angústia e aflição, ao passo que os israelitas gritaram de alegria pela boa notícia.

O faraó ergueu as sobrancelhas e sorriu, estupefato com as loucas idéias do profeta de Yahwéh, que parecia não medir limites para a sua ousadia. Em seguida, ele meditou alguns instantes sobre as tragédias que haviam pesado sobre sua terra. Merneptah sabia que não poderia demonstrar fraqueza diante de seu povo, ainda mais depois da nova exigência de Moisés, que enterraria definitivamente o seu reinado.

Então, ele subiu alguns degraus da ampla escadaria e falou, em alto tom, para que todos o ouvissem:

— Se o pedido de libertação de teu povo já era algo insano, o que dizer do absurdo desejo de que nos despojemos de nossas riquezas para custear essa louca viagem pelo deserto inóspito?

És um recalcado! Porque não pudeste ser rei de tua pátria, em virtude da impureza de teu sangue, desejas levar essas pobres criaturas para uma viagem incerta por terras estéreis, para lá estabelecer o teu egocêntrico desejo de poder. O único reino que irás erigir é o da morte dessas ingênuas pessoas que manipulas com a tua fala fanática e envolvente. Tu te tornarás o coveiro desses que te cercam, porque enterrarás um a um no deserto, com esse teu louco desejo de partir. Parece que já vejo o teu deus Yahwéh sorrindo como um demônio do Amenti por ter enganado essa turba de ignorantes que te seguem.

Merneptah, então, olhou para os hebreus que se aglomeravam em volta de Moisés e disse-lhes:

— Ouvi o que vos digo! Esse homem louco vai conduzir-vos à morte! Ou acreditais que encontrareis suculentos gansos e melões no deserto. O Egito é o paraíso na terra. Só aqui a terra dá frutos. Antes ser escravo na terra de Kemi do que se tornar senhor no deserto, reinando sobre a penúria e a morte!

O faraó sempre procurava assustar os hebreus sobre os riscos do deserto, na expectativa de que eles se acovardassem e abandonassem o apoio a Moisés.

O profeta de Deus suspirou serenamente, com ambas as mãos apoiadas em seu cajado, mas logo retrucou:

— Pode até ser que tenhais razão, faraó! Contudo, isso não muda nada. A vontade de Yahwéh tem de ser cumprida. Ela está acima dos meus e dos vossos interesses. O Senhor deseja que o Seu povo vá ter com Ele no deserto, e é isso que todos os filhos de Israel farão, em honra aos seus antepassados e em demonstração de amor ao seu Deus.

Após breve pausa, Merneptah olhou para os seus guardas e falou formalmente:

— Estou cansado de tua conversa! Ordeno que sejas expulso do Egito, como punição pelos crimes que cometeste contra o nosso país.

Os soldados do faraó começaram a caminhar em direção ao profeta, com as pernas trêmulas e com as mãos, que carregavam as lanças, suadas. Nesse instante, Moisés ergueu os braços paralisando-os, sem realizar nenhum esforço aparente. O poder daquele mágico homem crescia a cada dia, em decorrência de sua fé na Eterna Potência. Por fim, ele disse, variando o tom de voz, de sereno a enérgico:

— Terei imenso prazer em sair desta terra, faraó. Mas isso acontecerá somente quando eu estiver na companhia de todos os meus irmãos, os filhos de Israel, os escolhidos de Yahwéh.

E como vejo que vosso coração continua endurecido, aviso que Yahwéh lançará sobre os restos dos campos do Egito, principalmente sobre o trigo e o centeio que não se perderam totalmente, uma imensa nuvem de gafanhotos que cobrirá toda a terra e destruirá tudo o que sobrou da riqueza da terra negra (Kemi), que tanto vos vangloriais de ser fértil. E como a carência de cereais nos campos é grande, os gafanhotos invadirão os celeiros de vosso país para saciarem-se, destruindo todas as vossas reservas, demonstrando que onde o Nosso Senhor desejar haverá abundância ou penúria. Vivereis em penúria no "paraíso" do Egito, e nós teremos abundância no deserto, porque a vontade de Yahwéh é maior do que as míseras limitações humanas.

Merneptah perdeu o controle e gritou, irritado, à medida que gesticulava descontroladamente:

— Cala-te, maldito! Estou farto de tuas pragas! Sai da minha presença e toma cuidado para que eu não o veja mais, porque se eu tornar a vê-lo, morrerás imediatamente.

Moisés olhou o faraó com altivez e replicou com serenidade:

— Não me vereis mais, faraó, mas não porque me ame-

Moisés, o libertador de Israel   237

açais, e sim porque é a vontade de meu Deus. Olhai bem nos meus olhos para jamais esquecer aquele que deveríeis ter obedecido desde o princípio, a "voz de Yahwéh", porque nunca mais vereis a minha face novamente na vida.

E assim, Moisés girou sobre os calcanhares e afastou-se em passos rápidos. Mas os dois gigantes voltariam a se encontrar, pois os nossos destinos estão nas mãos de Deus, e não submissos à nossa vontade. Por esse motivo, durante a travessia dos hebreus pelo Mar dos Juncos, os olhares de Moisés e Merneptah se cruzariam pela última vez.

Ao anoitecer, os sacerdotes do faraó adentraram no amplo salão de audiências e, deitados com os rostos voltados para o chão, disseram:

— Divino faraó, nós estamos temerosos... Surgiu há alguns minutos um anormal vento vindo do Oriente. Em seu âmago, respiramos um estranho aroma. É um cheiro acre... típico dos gafanhotos. Rasgamos o ventre de um cordeiro e vimos maus presságios em suas entranhas.

Na manhã seguinte, novamente o Sol foi encoberto por uma nuvem gigantesca que se assemelhava à imagem de um grande e negro predador da mitologia egípcia. O povo mais uma vez correu desesperado sem rumo pelas ruas, pois, para eles, era o retorno do deus Seth, o deus do caos e da maldade.

A morte dos primogênitos 19

Amenmés, "o usurpador", um dos cem filhos de Ramsés II.

A chegada dos gafanhotos causou novos e intensos momentos de pânico e apreensão aos egípcios, que já não possuíam mais forças para enfrentar tantas tragédias em suas vidas. Lembrei-me da praga das rãs: a segunda. Com ela, os filhos da terra de Kemi lutaram bravamente para evitar grandes perdas. Mas agora, com os gafanhotos, pareciam resignados com o seu destino.

As ruas estavam desertas, enquanto os pequenos insetos destruíam o que sobrou das lavouras, às margens do Nilo. Os cruéis gafanhotos invadiam as casas, teleguiados pela mente poderosa do profeta, sem que os egípcios esboçassem qualquer reação. Eles estavam realmente espantados com o poder de Yahwéh, o deus de seus escravos, e resignados aguardavam ansiosamente que o faraó cedesse à petição de Moisés.

Mais uma vez, preciso lembrar que a cada ação que realizava, Moisés utilizava a sua poderosa capacidade de sugestionar a todos, assombrando a população. Alguns sofriam tal influência que, mesmo durante o sono, se viam com o corpo coberto de gafanhotos. E, assim, viviam atormentados noite e dia por terríveis pesadelos.

Eu me virei para Kermosa, que se mantinha sentada na soleira da porta com um olhar apático, e disse-lhe, com um largo sorriso no rosto:

— Nós vencemos! Moisés venceu! Os egípcios estão no limite de suas forças. Agora é inevitável que o faraó nos liberte.

Minha emoção era tão grande que não percebi as estranhas variações de humor de Kermosa. Naquele dia e no posterior, ela mal pronunciou uma palavra.

Três dias depois do início da ação voraz dos gafanhotos, não havia mais um sinal de vegetação no solo, e todo o fruto que a chuva de granizo tinha deixado nas árvores foi consumido pela praga. E em todo o Delta do Nilo não ficou nada verde nas árvores nem nas lavouras.

O profeta de Yahwéh, dando-se por satisfeito, resolveu impressionar ainda mais os supersticiosos egípcios. Então, dirigiu-se à rua principal da capital do Império e esperou que o povo se aglomerasse ao seu redor, o que já havia se tornado uma rotina, quase um ritual. Ali, meditou por alguns segundos, de cabeça baixa, como se estivesse entregue à profunda oração. Em seguida, ergueu as mãos e a cabeça para os céus e falou, num impressionante diálogo com a Eterna Potência:

— Yahwéh, ó Nosso Senhor, Eterno Criador, Deus Único e Soberano, ouvi a voz deste Vosso emissário, que pede neste instante que mudeis a direção dos ventos e afasteis os gafanhotos das terras do Nilo. Ó meu Senhor, perdoai este povo e seu arrogante faraó, dando-lhes mais uma chance de compreenderem a Vossa inquestionável vontade, e assim a cumpram!

Eu poderia dizer agora que, para assombro de todos, os ventos mudaram e os gafanhotos foram carregados para longe do Egito, porém ninguém mais se espantava com o poder de Moisés. Era impressionante! O que ele dizia ou fazia não causava mais surpresa a ninguém, por mais espetacular que fosse.

E, quando os ventos começaram a vir do Ocidente e a carregar os milhares de gafanhotos para longe, os egípcios correram para as portas do palácio do faraó e gritaram a uma só voz:

— Por Osíris, libertai os apirus! Senhor das Duas Terras, nós desejamos a nossa vida como era antes de volta. Não queremos mais escravos, mas sim a nossa paz.

O povo manteve-se por um longo tempo protestando, como faziam para demonstrar luto: rasgando as roupas, jogando terra sobre a cabeça e lamuriando. Até que os soldados, cansados daquele drama sem fim, dispersaram a multidão com golpes de bastão.

Quando o disco solar se pôs no horizonte, na direção da Terra do Sol Poente, como criam os egípcios, os gafanhotos desapareceram como vieram, ou seja, pelo encanto mágico de Moisés. Inclusive, o fétido cheiro da imensa aglomeração de insetos desapareceu carregado pelo moderado, porém contínuo, vento.

Como o dia tinha sido muito agitado, senti uma forte dor no meu joelho. A artrose cármica que eu sofria, desde a minha desencarnação na personalidade de Radamés, cobrava o seu preço de forma mais intensa naquele fim de tarde. Deitei-me em meu leito e fiquei meditando com a perna erguida, para aliviar a dor intensa. Kermosa estava amorosa e embebeu um ungüento misturado com ervas num pano e amarrou-o em minha perna. Senti, então, um breve e reconfortante alívio.

A libertação estava próxima e teríamos de obter dos egípcios bois de tração, camelos e cavalos, para carregar mantimentos e conduzir os mais idosos. Moisés nos havia instruído que ameaçássemos os egípcios com novas pragas para obtermos ouro e demais riquezas necessárias à longa viagem.

Sem tardança, teríamos de pensar nos meios logísticos para facilitar o transporte do povo e da bagagem que levaríamos da terra da servidão. Não podemos esquecer que tratava-se de uma multidão inimaginável que peregrinaria por um longo tempo por terras inóspitas. Em nenhum momento da história da humanidade, um número tão grande de pessoas vagou de tal forma pelo deserto. Isso era algo tão incomum que quando os povoados da península do Sinai viam a nossa aproximação armavam-se, apavorados, acreditando que se tratava de um gigantesco exército conquistador que se aproximava de suas terras. Tivemos diversos conflitos por esse motivo.

Olhei para o meu joelho inchado e chorei. A idéia de que eu iria precisar de uma montaria por causa da artrose me entristecia demais. Todos, inclusive Moisés, iriam a pé para ceder as carroças e as montarias aos velhos e doentes. Dessa forma, a limitação física fazia-me sentir menor perante os demais líderes e guerreiros, ou o que era pior, como um inválido.

Como o chefe da tribo de Issacar seguiria viagem junto com idosos e mulheres grávidas? Esse pensamento me assustava e ao mesmo tempo me humilhava intensamente. Entretanto, em alguns segundos o cansaço me dominou e caí em profundo sono. Meus últimos pensamentos foram: "Preciso achar uma solução para esse problema."

Cinco minutos depois, o meu espírito se desprendeu do corpo físico e me vi sendo carregado para um lugar de muita Luz e paz. Em alguns segundos, do centro daquela claridade que me cegava, surgiu uma iluminada entidade que se apresentou em forma masculina, provavelmente em razão dos preconceitos da época, cuja sociedade acreditava que a sabedoria e a voz de Deus só poderia manisfestar-se através dos homens.

Grandes sábios, como Moisés, Henok e outros líderes não tinham idéias tão limitadas e primitivas. Eu também fora criado em meio à sociedade egípcia, que valorizava muito a inteligência e a sabedoria da mulher. Mas, talvez para impri-

Moisés, o libertador de Israel

mir mais credibilidade às suas palavras, a entidade assim se manifestou.

Na verdade, ali se encontrava Isetnefret, uma fada em forma de anjo, que viera me dar ânimo e me alertar com ternura:

— Natanael, filho amado, não te preocupa com as dificuldades de teu corpo para empreender a grande viagem de Israel à Terra Prometida. Ao seu tempo, o Senhor dos Mundos, cuidará de todas as coisas. Agora, busca trabalhar incansavelmente para forjar a moral daqueles que foram colocados sob a tua tutela pelo infinito amor de Deus. Os filhos de Issacar dependem de ti para vencerem as suas batalhas interiores.

A liberdade para almas primárias pode transformar-se em uma arma perigosa, assim como a criança pode machucar-se ao empunhar uma espada, por desconhecer a força destruidora dessa ferramenta. Portanto, contamos contigo, Natanael, para auxiliar Mosheh em sua difícil missão. Se acreditas que ele será amado e respeitado pelo grande bem que faz aos seus irmãos, estás enganado!

O anjo iluminado, então, sentou-se ao meu lado e prosseguiu com ternura:

— Quando os caprichos de um povo ainda em formação moral aflorarem, o ódio, a vingança e a traição surgirão como um monstro feroz nos corações que não estão amparados pelo amor de Deus. Fica sempre vigilante, porque a morte de Mosheh, antes do término de sua missão, significaria a morte da palavra de Deus! E, conseqüentemente, a morte de Israel como um povo.

O rebanho do Senhor necessita de Moisés para educá-los nas leis de Deus e uni-los; caso contrário, eles se dispersarão e se entregarão ao mal. É necessário que povo de Israel receba a mensagem divina para ser verdadeiramente livre. De outra forma, tudo terá sido em vão, pois liberdade sem maturidade é um poder sem direção.

Eu me mantinha em estado de êxtase, ajoelhado diante daquele poderoso anjo que repousava a sua destra iluminada sobre a minha cabeça. Após alguns segundos de silêncio, ousei cruzar o meu olhar com o daquela criatura abençoada. Percebi, então, uma lágrima correndo de seus belos e cativantes olhos.

Naquele instante, minha mente viajou para o passado e vagamente a minha memória resgatou cenas de nossa vida durante os anos dourados da cidade de Akhetaton, onde éramos felizes e cultivávamos o sonho de um mundo melhor e mais humano. Eu sentia, mas não compreendia, aquilo que me passava célere pelo cérebro, por causa do embotamento natural causado pela encarnação no mundo físico.

Roger Bottini Paranhos

Para desviar minha atenção e quebrar o clima de confusão em minha mente, o anjo pegou-me pela mão e disse:

— Segue-me, pois precisas evitar a tentativa das trevas, que desejam obscurecer a Luz! Os agentes das sombras procuram sempre manipular as almas em conflito, aproveitando-se de seus momentos de fraqueza.

E, olhando profundamente em meus olhos, voltou a falar:

— Mas lembra-te... age com amor, com muito amor...

Logo depois, fui conduzido novamente ao meu lar e lá encontrei Kermosa segurando um curto punhal que eu utilizava sempre escondido preso à perna direita. Olhei o meu corpo deitado no leito e pensei, com indignação: "O que essa louca pretende fazer?"

Em uma fração de segundos, pude perceber os seus pensamentos. Assim, descobri que ela pretendia matar Moisés naquela mesma noite.

Aquela informação causou-me tal choque que o meu espírito foi atraído instantaneamente para o corpo, com uma forte tração do cordão prateado.

Eu saltei da cama de forma tão abrupta que cheguei a assustá-la. Graças a Deus, consegui manter uma perfeita lembrança das emoções que eu tinha vivido instantes antes no plano espiritual. Então, corri rapidamente em sua direção e arranquei de forma brusca, o punhal da mão de Kermosa, não dando-lhe tempo para nenhuma reação.

Transtornado, disse-lhe:

— O que pretendias, sua louca? Irias subtrair a vida de nosso libertador?

Ela já estava pronta para se defender, acreditando que eu a acusaria de tentar me matar. Porém, ao ver que eu estava ciente de seu plano, que visava a atentar contra a vida de Moisés, Kermosa jogou-se em meus braços e chorou desesperadamente.

Ao me ver com o punhal na mão, o seu inconsciente despertou-lhe um incontrolável sentimento de pavor, por relembrar o momento em que a matei com aquela mesma arma, em nossa encarnação anterior.

Naquele instante, tive vontade de esbofeteá-la, mas as palavras do anjo ecoavam em minha mente, tranqüilizando-me:"Age com muito amor... com muito amor..."

Respirei profundamente três vezes, procurando soprar para o chão o ódio e a indignação que se abrigavam sorrateiramente em meu coração. Depois de alguns minutos de silêncio, quebrados somente pelos soluços angustiados de Kermosa, eu voltei a falar com serenidade, aproximando-a de meu peito:

Moisés, o libertador de Israel   243

— Dize-me, sua insensata, por que pretendias cometer essa loucura?

As minhas palavras conciliatórias a acalmaram e, então, ela resolveu desabafar:

— Eu quero que fiquemos no Egito... Somente a idéia de passarmos um longo tempo perdidos pelo deserto, em busca de uma terra que nem sabemos se existe, já me assusta. Quem diz que esse homem não nos levará para o Amenti?

Kermosa andou de um lado ao outro, esfregando as mãos, e depois prosseguiu:

— Vê o que ele está fazendo com o nosso amado país?! Ele está destruindo o Egito. Todos sabemos que não há lugar mais belo no mundo do que a nossa amada terra de Kemi. Tu também assim pensavas Natanael, antes da morte de teu pai. Agora, te entregaste à crença de que existe uma terra no Norte onde "corre leite e mel". Isso é loucura!

Com a voz quase apagada e respirando com dificuldade, por causa de seu carma da vida passada, ela prosseguiu com as mãos trêmulas e os olhos vagando em busca do nada, como se tivesse enlouquecido:

— Eu não quero saber desse deus cruel e vingativo dos israelitas. Eu amo Amon, Osíris e Ísis!

Eu sabia que não adiantava argumentar com Kermosa naquele estado. E também não estava com ânimo e paciência para mais uma interminável batalha verbal, da qual certamente ela não sairia convencida. Portanto, eu apenas lhe disse, serenamente, cansado das emoções daquele dia:

— Aqui no Egito seremos sempre escravos, ou então tratados como uma sub-raça, como bem sabes. Mosheh nos convida para a liberdade do corpo e da alma. Precisamos confiar nele, até porque não há mais outro caminho. Caso ele vá embora, nós teremos de segui-lo, porque sem dúvida alguma, o faraó perseguirá a todos os hebreus que não seguirem com Mosheh pelo deserto. E talvez até mate aqueles que queiram ficar.

Os olhos de Kermosa se inundaram mais uma vez de lágrimas e ela jogou-se no leito, desolada. Eu passei a mão em seus lindos cabelos negros e falei-lhe com afeto:

— Não chores! Confia em minha intuição! Apenas estás com medo do desconhecido. Observa o poder de Mosheh! Junto dele seremos poderosos e faremos mais história do que qualquer faraó do Egito. Nem mesmo Ramsés será mais conhecido do que Mosheh nas gerações futuras. Não percebes que Yahwéh é mais poderoso que todos os deuses do Egito juntos? Agora dorme. Amanhã é um novo dia. E todo novo dia é uma oportunidade para o recomeço.

Kermosa dormiu rapidamente, depois de sorver uma taça de um composto de ervas calmantes. Enquanto isso, eu fiquei acariciando os seus cabelos e imaginando as conseqüências daquele ato. Provavelmente ela não conseguiria realizar o seu insensato projeto, ainda mais contra um homem hábil como Moisés. Se até mesmo os melhores soldados de Merneptah nada conseguiram, não seria a frágil Kermosa que obteria êxito. Ela seria morta e criaria uma imagem de traição e desestabilização, com o ato insano. Só de pensar nisso fiquei arrepiado. Nós conseguimos com muito esforço estabelecer uma relativa união entre os filhos de Israel. Caso Kermosa tivesse concretizado a sua tentativa, teríamos de recomeçar tudo do zero, pois ainda que Moisés não se ferisse pairaria no ar um sentimento de desconfiança e desunião. E não havia mais tempo para isso, porque a libertação estava próxima... muito próxima.

Eu beijei o rosto de Kermosa e, em meu íntimo, agradeci a Deus por ter chegado a tempo de intervir. Não sei se eu teria forças para perder a companhia daquela instável mulher, que em alguns momentos eu odiava, mas que na maioria das vezes amava intensamente. Então, falei para mim mesmo:

— Yahwéh, Senhor Todo-Poderoso, dai-me forças para enfrentar tantos obstáculos. Transformai-nos em filhos valorosos e que a Vossa Luz magnânima sempre conduza os nossos passos!

Aquela prece encheu-me de ânimo e confiança. Depois, caminhei em direção à rua e me mantive por alguns instantes contemplando a abóbada celeste, sob o olhar curioso dos guarda-costas da tribo de Issacar. Eu me concentrei no cinturão de Órion, que tanta fascinação despertava nos egípcios, a ponto de eles construírem as grandes pirâmides alinhadas a essas estrelas, e pensei: "Onde estarás, anjo amigo que me socorreste nesta inolvidável noite?"

Um sentimento ilimitado de paz e amor invadiu o meu coração e percebi que talvez ele estivesse junto a mim. Lembrei-me, então, de sua mensagem centrada no amor, e sorri. Em seguida, segurei firme na espada, da qual não me separava desde que Moisés enfrentara o faraó pela primeira vez, e falei para mim mesmo:

— Sim, um mundo onde o amor reine entre os homens seria o paraíso ideal, mas, por enquanto, as coisas devem ser resolvidas de uma outra forma. Quem sabe eu venha a encontrar essa paz e esse amor quando a minha passagem nesse mundo se encerrar e eu regressar para a terra dos imortais?!

Caminhei, então, até o leito e deitei-me ao lado de Kermosa. Dormi profundamente, mas não sem antes alertar os vigias da tribo de Issacar que ela não poderia sair de nosso quarto sob

Moisés, o libertador de Israel

hipótese alguma.

Preciso abrir um parêntese para um relato que naquela época não dei muita importância. Poucos dias depois do incidente com Kermosa, eu a vi, junto com Nezmet, perto de um dos canais de irrigação do Nilo, onde as mulheres buscavam água para os afazeres domésticos. Aproximei-me sorrateiramente das duas para observar sobre o que conversavam.

O burburinho da rua dificultou o meu objetivo, porém pude ouvir Nezmet falar claramente, com os lábios fremindo de ódio:

— Ouve o que te digo, minha querida amiga, vingarei a minha família que foi dizimada pelas pragas desse bruxo perverso!

E, com o olhar perdido no infinito, ela continuou:

— Ainda me lembro do padecimento atroz que consumiu a vida de meu irmão em poucos dias. Isso não ficará assim! Eu sonho com o dia em que o faraó esmagará a cabeça desse homem, como se faz com uma cobra venenosa.

Naquele instante, pensei em intervir para defender Moisés. Mas, como eu estava atrasado para uma reunião dos chefes de clãs e minha relação com Kermosa ainda estava estremecida, resolvi relevar aquelas perigosas palavras de Nezmet. Ainda mais que eu teria de justificar a minha indiscrição em ouvir a conversa alheia.

No momento pensei: "Depois eu aviso Aiezer para que ele fique alerta e tome as providências necessárias". Mas, infelizmente, me esqueci completamente do caso, em razão dos diversos assuntos que tínhamos de pensar naqueles dias. Esse foi um grave erro meu.

A mudança cultural da sociedade egípcia para a israelita foi muito difícil para algumas mulheres. As egípcias eram independentes e, geralmente, levavam uma vida fácil e tranqüila, porque sempre tinham escravas para realizar os afazeres domésticos. Já as hebréias, principalmente durante a peregrinação pelo deserto, tiveram muitas dificuldades, além de se defrontarem com uma sociedade machista, como era a israelita, que dava pouco espaço para o pensamento feminino. Para Kermosa e outras mulheres de sangue egípcio que partiram para o êxodo, esse foi um doloroso processo de adaptação, que, apesar de tudo, forjou em suas almas virtudes imperecíveis para as suas futuras encarnações.

Nos dias que se seguiram, ficamos aguardando ansiosamente os acontecimentos, que não tardaram muito a eclodir. A Bíblia narra esse próximo episódio como a "última das pragas" de Moisés ao povo egípcio, mas, na verdade, o que ocorreu foi ape-

Roger Bottini Paranhos

nas uma conseqüência natural de acontecimentos anteriores.

O apodrecimento das águas do Nilo e a conseqüente mortandade dos peixes, das rãs e demais animais rasteiros tornaram a água do rio sagrado propícia à formação de colônias de bactérias nocivas ao homem. Para agravar a situação, depois da chuva de granizo houve uma inundação anormal das margens, que avançou até os celeiros das propriedades ribeirinhas, contaminando os cereais com um mofo altamente tóxico. Como no Egito Antigo os primogênitos tinham a precedência na alimentação, foram eles os únicos a consumirem esse estoque de alimento contaminado. Os demais comiam eventualmente e em porções bem racionadas, o que provavelmente tenha-lhes poupado a vida.

Fato é que os primogênitos egípcios começaram a morrer, um a um, como se fossem vítimas de uma inexplicável e incontrolável epidemia, que foi entendida como uma "doença mágica", ministrada pelo deus dos escravos. Em nossas preces, agradecemos fervorosamente a advertência de Moisés para protegermos os nossos estoques, que ficavam afastados das margens do Nilo.

Assim, durante a chuva intensa, evitávamos a ação da umidade e, a todo momento, impedíamos a presença de qualquer animal nas proximidades dos nossos depósitos de cereais.

Pelo que vim a saber depois, muitos egípcios morreram também de leptospirose, contaminados pela urina dos ratos que invadiram os seus celeiros durante a segunda praga.

Os egípcios eram muito espertos para algumas coisas, mas, para outras, nos impressionavam com a sua estupidez, o que se devia ao fato de que eram extremamente supersticiosos e acreditavam que todas as conseqüências da vida tinham a influência dos deuses, conforme pensavam os gregos.

Já Moisés, embasava toda a sua liderança no poder de Deus. Ele entendia que as engenhosidades, e não o acaso, eram fruto da iluminação divina. Portanto, lutava a todo instante contra as adversidades, procurando achar respostas na lógica e no bom senso, jamais depositando as soluções dos problemas nas mãos do Criador. Em nenhum momento presenciávamos o conformismo em seu semblante. Ele modificava tudo que o contrariava, só se conformando quando a solução era impossível.

Moisés antevia os problemas, através da observação sistemática, e uma prova disso foi ter-nos recomendado a proteger os nossos cereais. Ele sabia que o desfecho que viria a colocar o faraó aos seus pés era justamente as conseqüências, em cascata, oriundas da primeira praga, ou seja, a contaminação das águas do Nilo. Portanto, em nenhum momento ameaçou diretamente

Moisés, o libertador de Israel

o faraó, conforme narra a Bíblia, no caso dos primogênitos.

Antes de ser obra de Deus, o poder que fluía por suas mãos era obra de sua engenhosidade e perspicácia. Todavia, somente espíritos iluminados sabem modificar o mundo à sua volta como ele o fez naqueles inesquecíveis dias.

Era necessário enfraquecer o faraó e o Egito para o povo de Israel poder partir, pois, ao contrário do que se crê, Merneptah jamais libertou os israelitas. Os apirus é que abandonaram o Egito quando perceberam a incapacidade dos egípcios de esboçar qualquer reação para evitar essa evasão.

No momento em que a mortandade dos primogênitos alastrou-se, Moisés, como excelente estrategista que era, determinou ao povo hebreu que percorresse as casas dos egípcios para dizer-lhes que o Grande Deus dos apirus aplacaria a sua ira, caso fossem doados todo o ouro, toda a prata, os cavalos e as carroças de suas famílias. E também que eles deveriam pleitear junto ao faraó a nossa libertação. Então, voltávamos para o bairro dos apirus com carros puxados por bois, abarrotados de ricas peças de ouro e prata. Algumas, inclusive, que seriam dedicadas aos rituais fúnebres das abastadas famílias egípcias.

Durante a jornada até a Terra Prometida teríamos de comprar mantimentos pelos povoados por onde passássemos. Sem contar os diversos atritos que teríamos de solucionar com o pagamento em ouro e prata.

Imagine o leitor: cinqüenta mil pessoas invadindo terras alheias em sua marcha. Éramos como os gafanhotos que atacaram o Egito. Houve momentos em que Moisés preferiu pagar pela água das fontes onde repúnhamos os nossos estoques do que partir para a luta armada. Ele era avesso às guerras, porém jamais recuou quando esta tornava-se inevitável.

Foram nesses dias que começamos a organizar de forma mais clara a nossa retirada do Egito. Como havia milhares de israelitas reunidos no Delta do Nilo, era imprescindível que nos arranjássemos como pelotões de um exército para caminharmos de forma organizada e sigilosa, pois Moisés insinuava que talvez tivéssemos de partir durante a noite, sem a autorização do faraó.

Analisando a dureza de Merneptah, nós, os chefes das tribos, começamos a especular também sobre esse assunto. A fraqueza do Egito, a desorganização de seu exército e o desejo do povo para que fôssemos embora com as nossas "pragas", talvez facilitassem nossa saída num momento que nos fosse propício. Para isso, precisávamos nos organizar a fim de que partíssemos sem que a nossa ausência fosse percebida imedia-

Roger Bottini Paranhos

tamente pelo faraó.

Segundo os nossos planos, caso o filho de Ramsés II se negasse mais uma vez a nos libertar, partiríamos pela madrugada por fora da cidade, sem passar perto do palácio e das ruas principais. O nosso bairro era como uma cidade satélite da capital do Império. Portanto, a falta de policiamento facilitaria o nosso objetivo. Naqueles dias da mortandade dos primogênitos, o único local policiado à noite era o palácio do faraó e os principais templos.

Assim, começamos a perceber o espírito de liderança de um jovem de apenas quatorze anos de idade. Ele tinha uma impressionante firmeza em suas argumentações e demonstrava tal interesse que terminou chamando a atenção do próprio Moisés.

Logo notamos que o grande profeta passou a acompanhar os seus passos. O nome dele era Josué, filho de Num, que era a reencarnação de Horemheb, general de Akhenaton que tornou-se o último faraó da décima oitava dinastia.

A sintonia de Josué com Moisés e os chefes dos clãs foi muito natural. Algumas vezes, eu perguntava a Aiezer se ele não sentia algo de especial em relação àquele jovem, como se ele fosse um conhecido de longa data. O nobre amigo afirmava que ultimamente tinha percebido tal sentimento, mas não conseguia explicar o porquê.

Naquela semana, vivemos fortes emoções. Inesperadamente, Seti, o herdeiro do faraó, adoeceu de novo, vitimado pela alimentação contaminada. Esse fato surpreendeu a Moisés, que não imaginou que as reservas alimentares do palácio poderiam estar infectadas e escassas, a ponto de o herdeiro da coroa do Alto e Baixo Egito ter de comer alimento com qualidade duvidosa, provavelmente de depósitos de safras passadas.

Nesse ínterim, aconteceu um fato notável que nos beneficiou de forma extraordinária. Um dos mais de cem filhos do grande faraó Ramsés II tentou derrubar o reinado de Merneptah e estabelecer-se como o novo senhor das Duas Terras.

Amenmés, que ficou conhecido como "o usurpador", recebeu o apoio de alguns nobres da região do Delta do Nilo que estavam insatisfeitos com as atitudes vacilantes do faraó desde o início das pragas. O amotinador, então, argumentou que o seu meio-irmão por parte de pai — pois ele era filho de uma das muitas esposas do harém —, era incapaz de vencer os apirus e que suas decisões equivocadas estavam destruindo o país, por sua teimosia em nos reter. Já o seu sobrinho, Seti II, fraco e novamente adoentado, não teria pulso e carisma para reerguer o Egito.

Moisés, o libertador de Israel

Realmente, o reinado de Merneptah fora totalmente desastrado: o seu pai, Ramsés II, tinha conduzido o Egito ao apogeu, mas ele viria a entregar a terra de Kemi destruída ao seu futuro sucessor, em decorrência da ação perspicaz de Moisés. Ele foi um grande general na época do pai, mas mostrou-se um péssimo faraó. Por esse motivo, os nobres e alguns militares importantes duvidavam de sua competência e temiam que ele levasse o país a uma situação irrecuperável; resolveram, então, apoiar o ambicioso Amenmés que, no seu íntimo, sempre desejou herdar o trono do pai.

Além disso, Merneptah já era um homem velho, e os egípcios estavam cansados de faraós sem vitalidade. Ramsés tinha avançada idade quando morreu, mas era um líder carismático e competente. Já Merneptah, além de não possuir tais predicados, era turrão e teimoso.

Amenmés era um dos últimos filhos de Ramsés. Logo, tinha pouco mais de trinta anos, idade semelhante à de Moisés, o grande inimigo do Egito. E, para preocupação de Merneptah, ele era viril, destemido e determinado. O povo, naquela época, não valorizava a sabedoria, mas sim a virilidade para vencer batalhas. Esse era um ponto negativo para Merneptah, que estava cada dia mais abatido.

A desestabilização política da corte e a enfermidade de seu primogênito fizeram com que o faraó esquecesse completamente os israelitas. Os problemas à sua frente eram muito urgentes para que ele se preocupasse conosco naqueles dias. Esse foi o momento em que Moisés marcou uma data para o nosso êxodo da terra de servidão.

Poucas horas depois da reunião em que foi definida essa estratégia, o meu irmão, Uziel, aproximou-se, nervoso, e chamou-me para conversarmos em particular. O que ele me contou deixou-me tão impressionado que pedi que ele repetisse e jurasse que tratava-se de uma informação fidedigna.

Depois de certificar-me da veracidade do fato, chamei Aiezer, enquanto meu irmão foi buscar Abel, o jovem que havia aprisionado a alma do faraó num espelho de vidro polido, algumas semanas antes.

Então, falei com firmeza ao amigo, pois os laços de amizade que nos uniam eram tão fortes que eu sabia que era o único capaz de lhe dar aquela amarga notícia.

— Aiezer, a revelação que Abel tem para nos fazer talvez venha a chocar-te, porém é imperativo que tomemos uma providência.

O pobre e tímido Abel tremia da cabeça aos pés, temeroso de revelar o segredo que guardava. Ele conhecia bem a fama do peso da mão de Aiezer, que, sem nada entender, indagou:

— Fala, Abel! Sabes que confio em tua palavra; és um homem honrado, assim como o teu nobre pai.

Eu coloquei a mão no ombro do rapaz, demonstrando-lhe que ele estava seguro. Gaguejando muito e, quase chorando, ele falou:

— Aiezer, perdoa-me, mas eu vi! Que Yahwéh me fulmine com um de seus raios se eu estiver mentindo... Mas eu vi a tua amada Nezmet enviando um mensageiro aos escritórios militares dos egípcios com o objetivo de marcar um encontro com alguns oficiais do faraó.

Os segundos que se seguiram estabeleceram um silêncio sepulcral. Após repor-se do choque, Aiezer falou com tranqüilidade, demonstrando que confiava nas palavras de Abel e reconhecia a sua coragem em revelar-lhe aquela informação delicada.

— Nós precisamos descobrir onde e quando esse encontro vai acontecer. Quem é o mensageiro?

Não demorou muito para encontrarmos o cúmplice de Nezmet e obtermos os detalhes sobre o encontro. Moisés foi, então, avisado e rapidamente planejamos uma emboscada para a comitiva egípcia.

Às altas horas da madrugada, fomos encontrar Nezmet esgueirando-se pelas ruas da capital do Império para encontrar-se com um grupo de oito soldados egípcios numa ruela deserta. Enquanto aguardávamos o momento do ataque, acompanhei as reações de Aiezer, que permaneceu frio e impassível, como se Nezmet nada mais significasse para ele. Ao comando de Moisés, desembainhamos as nossas espadas e partimos de forma selvagem em direção aos egípcios, que mal tiveram chance de reagir.

Era necessário evitar que os nossos planos de fuga chegassem aos ouvidos do faraó, mas, para a nossa agonia, um dos soldados pulou no lombo de um cavalo e fugiu rapidamente. Todos nos olhamos apreensivos.

Nesse momento de vacilação, um dos soldados feridos que ainda respirava pegou a sua espada e arremessou-a nas costas do irmão de Aiezer, o jovem Crispo. A lâmina atravessou o fígado e seccionou a artéria aorta abdominal, em sua ramificação hepática. Por último, rompeu a musculatura do abdômen e saiu a dois centímetros do umbigo. A intensa perda de sangue fez com que ele morresse em poucos minutos nos braços do irmão, tal era a gravidade do ferimento.

Aiezer abraçou forte o irmão morto, enquanto duas lágrimas escapuliram de seus aguerridos olhos. Em seguida, ele

Moisés, o libertador de Israel

repousou Crispo no chão e caminhou lentamente até Nezmet. Com serenidade, ele perguntou à traidora:

— Contaste a eles?

Ela ergueu a cabeça e falou com irritação e ironia:

— Não houve tempo.

O futuro chefe da tribo de Dã, com uma agilidade incrível, sacou a adaga que carregava junto à cintura e cortou o pescoço de Nezmet, de um extremo ao outro. A veia jugular espirrou sangue aos borbotões, enquanto a traidora caía de joelhos com os olhos arregalados e, enfim, tombou com o rosto na terra úmida da madrugada.

Alguns segundos depois, Aiezer olhou para a sua vítima e disse com um tom de voz sinistro:

— Estás dispensada de tua infame tarefa, traidora!

Em silêncio, erguemos o corpo de Crispo e caminhamos de volta para casa, pensativos. Foi uma noite muito triste, pois a mãe de Aiezer amava intensamente o jovem Crispo. Ela chorou de tal forma que temos que o seu coração enfartasse. Já Amisadai, permanecia apático ao lado do filho morto. A todo instante ele dizia, como se tivesse enlouquecido:

— Crispo era um bravo homem, morreu por sua pátria, por seus irmãos. Temos de nos orgulhar, porque mais vale morrer bravamente do que viver como um covarde.

Esse era Amisadai, um grande idealista e guerreiro. Mesmo já estando em avançada idade na época, ele irradiava a energia dos jovens.

Percebi, então, que Aiezer já não estava mais suportando represar tantos sentimentos em seu peito e o conduzi para as colinas, na região onde Moisés costumava meditar. Lá, ele expeliu para fora toda a sua dor.

A perda do irmão querido e da mulher amada numa mesma noite fora demais para ele. Além do mais, Nezmet tinha morrido não como uma heroína, mas como uma desprezível vilã, fato que intensificou a dor de Aiezer.

Em um desabafo, ele gritou com os olhos voltados para o céu, enquanto corriam-lhe intensas lágrimas, que demonstravam a dor que lhe dilacerava a alma:

— Por que, meu Deus... Por que tanto sofrimento? Nós lutamos com garra e coração para estabelecer Vosso reino na Terra e nos retribuís com dor e sofrimento.

Eu me aproximei do amigo para repreendê-lo, pois ele estava blasfemando contra Yahwéh, algo que Moisés não tolerava. Porém, no último instante, percebi que era melhor deixá-lo desabafar.

Aiezer era muito contido em suas emoções. Raras vezes

o vi extravasar os seus sentimentos. Aquele seu desafogo, que somente eu, Deus e o Mundo Espiritual fomos testemunhas, lhe daria novas forças para continuar a sua jornada. Eu pensei em falar algo para consolá-lo. Mas o que dizer? Então, apenas coloquei a mão sobre o seu ombro irradiando-lhe o meu carinho, a minha amizade e atenção.

Em determinado momento, ele procurou continuar o seu doloroso monólogo, questionando a justiça do Criador, mas a voz extinguiu-se-lhe na garganta asfixiada de lágrimas. Ele se recostou numa pedra e ficou soluçando até que terminou por entregar-se a um profundo sono.

Inclinei-me e, com os olhos voltados para o céu, fiquei acompanhando o movimento quase que imperceptível dos astros. Pensei nos desígnios de Deus e no porquê de Ele permitir que aqueles que estavam afastados do Seu amor e de Sua paz se tornassem detentores do luxo, do conforto e das glórias do mundo.

A idéia de conquista de valores espirituais ainda era algo muito vago para as civilizações da época. Esses conceitos eram restritos a alguns poucos sábios. Assim como todos os povos do passado, acreditávamos que o nosso Deus deveria nos propiciar riquezas e domínios, da mesma forma que acontecia com aquelas nações que invejávamos.

As palavras do anjo amigo, que vez ou outra aparecia para mim em sonho, repercutiam em minha mente: "Amar aos teus semelhantes".

Lembrei-me também que Moisés tinha me dito a mesma coisa no dia em que socorríamos alguns egípcios que sofreram mais intensamente com a chuva de granizo.

As cenas das lutas contra os egípcios, algumas vezes dantescas, me causavam repulsa, mas eu sabia que eram necessárias. De que outra forma conquistaríamos a nossa liberdade, se mesmo por meio da força o faraó não cedia aos nossos apelos? Inconscientemente, lembrei-me da campanha militar contra os hititas, em minha encarnação anterior, junto ao general Horemheb, que agora surgia como o jovem Josué. Naquela época, durante as noites nos campos de batalha prometi por diversas vezes a mim mesmo que jamais lutaria novamente.

Eu estiquei o braço e peguei calmamente a minha espada. Fixei nela o meu olhar, por alguns instantes, pensando sobre o poder que ela conferia àqueles que bem a manejassem... mas a que preço! Moisés não desejava que os chefes dos clãs lutassem diretamente, porque a nossa vida deveria ser preservada para que o espírito de liderança das tribos não se apagasse. Ele dizia: "O chefe do clã é a sua cabeça. O corpo pode viver sem os membros, mas não sem a cabeça. Não deveis vos expordes desnecessariamente!"

A muito custo, Aiezer conseguiu convencer o nosso grande líder a nos deixar participar do ataque à comitiva de soldados. Somente o fato de Nezmet estar diretamente envolvida fez com que ele permitisse a nossa participação.

O grande profeta nos queria como educadores do povo, e não como guerreiros. Ele desejava que fôssemos a "cabeça" que transforma o mundo por gerações, e não simples "membros" que em geral vivem uma existência fugaz e apagada.

Em meio aos meus pensamentos, nem percebi que Aiezer havia acordado e me observava silencioso. Quando os nossos olhares se cruzaram, ele perguntou:

— Sobre o que pensas, Natanael?

Eu suspirei profundamente e, depois de alguns instantes de meditação, respondi-lhe:

— Eu penso que o mundo seria muito melhor se os homens se amassem uns aos outros como Yahwéh nos ama. Mas penso também que essa máxima divina parece ser uma realidade muito distante da nossa. Amanhã, certamente, teremos de erguer novamente as nossas espadas para obter a liberdade... a liberdade de nossos filhos e das gerações futuras. Não há outro meio. Mas eu gostaria que houvesse...

Eu me mantive calado por alguns segundos, para que Aiezer digerisse aquelas palavras, e depois prossegui:

— Eu concluí, enquanto dormias, que Mosheh está certo. Nós devemos abandonar a espada e nos preocupar em educar os nossos clãs a amar e servir a Yahwéh. A espada e as glórias humanas são perecíveis, mas a palavra de Nosso Senhor, que rege o mundo lá das nuvens, é eterna. Somente através do cumprimento das leis divinas é que Israel tornar-se-á uma grande nação. Pela espada, seremos apenas mais um império que se desfaz na poeira dos séculos.

Aiezer me olhou com atenção por alguns minutos e, enfim, disse:

— Idéias interessantes! Acho que vou meditar sobre elas. Mas agora devemos voltar para casa, porque eu preciso sepultar o meu irmão.

Eu me levantei e estendi a mão para o amigo. Em seguida, caminhamos abraçados lentamente até o bairro apiru, à medida que o astro rei surgia soberano nos céus do Egito.

Na manhã seguinte, Aiezer estava firme como uma rocha nos funerais de Crispo, demonstrando a sua personalidade forte e o seu equilíbrio diante das adversidades. Moisés admirava muito esse ponto da personalidade do filho de Amisadai. Já à tarde, poucas horas depois de sepultar o irmão, ele já falava ao seu clã sobre a importância do momento em que vivíamos e em depositar toda a nossa fé no Deus de Israel.

Nos dias posteriores, a companhia sempre agradável de Raquel, que o amava intensamente, terminou trazendo paz ao coração atormentado desse grande filho de Israel. Nezmet não havia contado nada sobre a nossa iminente fuga da terra de Kemi, mas a morte dos soldados egípcios alertou o faraó sobre o explosivo estado de espírito em que os seus escravos se encontravam, fato que ele tinha esquecido por estar envolvido com problemas mais urgentes.

Assim, no dia seguinte, recebemos a visita de um pelotão do exército egípcio; porém, dessa vez, Merneptah nos subestimou. O contingente era pequeno e desmotivado e nós estávamos no auge de nosso idealismo e desejo de vitória sobre nossos algozes.

Naqueles dias, Josué já começava a demonstrar sua habilidade militar e sua inigualável capacidade de motivação sobre os seus comandados. Nós, os chefes das tribos, assistimos, impressionados, o seu pequeno grupo de seguidores conquistar uma vitória fantástica sobre os egípcios. O nosso nascente exército era em menor número, porém nenhum soldado egípcio retornou para dar notícias ao faraó.

Entre esse pequeno grupo destacou-se também Misael, que era a reencarnação do faraó Ramsés I, fundador da décima nona dinastia e principal general de Horemheb, e que assumiu o trono após a sua morte.

Alguns dias depois, somente a lua foi testemunha de um insólito fato. Uma luxuosa liteira, conduzida por vigorosos escravos núbios, cruzou as ruas secundárias da capital Pi-Ramsés em direção ao majestoso Templo de Amon. Lá chegando, um alto homem, vestido com uma longa túnica branca e com o rosto coberto por um capuz, desceu e entrou rapidamente no átrio do templo. Logo depois, ele despiu-se completamente e caminhou em passos lentos, cruzando as imponentes colunatas e pisando descalço no requintado piso do templo, até chegar aos pés da estátua de ouro do deus Amon, que se encontrava sobre um imponente altar. Era Merneptah. Somente ele e os sacerdotes do deus poderiam aproximar-se da imagem de Amon no recinto do templo. O povo só via o deus durante as procissões anuais para celebrar o festival de Opet, no início da estação da inundação do Nilo.

Com um olhar abatido e completamente nu, ele se prostrou de rosto para o chão, aos pés da fria imagem do principal deus dos egípcios. Com a voz asfixiada pelas lágrimas, rogou

Moisés, o libertador de Israel

ao deus:

— Soberano entre os deuses, peço-vos que me ilumineis e me mostreis o caminho da vitória. Há dias ando com o coração acabrunhado por não encontrar o apoio dos imortais à minha luta contra o maldito feiticeiro Hepmose. Será que protegeis o inimigo e abandonastes à própria sorte a pátria que vos ama? Estou aqui, despido e desprovido de minhas insígnias reais, como um reles plebeu, para mendigar a vossa proteção, ó grande Amon. Erguei o vosso braço pesado e esmagai o inimigo! Peço humildemente a vossa intervenção, tu que és rei entre os deuses.

Amon, o oculto, era representado como um homem com uma coroa alta, encimada por duas plumas de avestruz. Ele era casado com a deusa Mut. O casal divino, unido ao seu filho Khons, formava a trindade, a sagrada família de Tebas. O próprio nome Amenófis, utilizado por alguns faraós da décima oitava dinastia, significava "Amon está satisfeito".

O deus Amon-Rá representava uma idolatria do terror. O poder desse deus pode ser comparado com o da igreja cristã medieval, onde contrariar os padres poderia custar a vida. A arrogância e a vaidade dos "cabeças raspadas", como eram conhecidos os sacerdotes de Amon, não tinham limites. Eles desafiavam os faraós e possuíam o povo em suas mãos com ardilosas manobras, explorando o espírito supersticioso das classes pobres. Os padres de Amon procuravam sempre se unir àqueles que demonstravam maior força política. Eles abandonavam os faraós ao simples sinal de declínio de uma dinastia, assim como fazem alguns políticos modernos.

Enquanto Mernpetah se humilhava a Amon, não percebeu a presença de Nebenteru, o sumo sacerdote do deus, a espreitar o seu momento de fraqueza e devoção. O ardiloso padre, que já tinha percebido a derrocada do reinado de Merneptah, se associou imediatamente aos projetos de Amenmés, usurpador do trono.

Sem se fazer perceber, ele caminhou em direção ao anexo do templo e enviou um comunicado aos rebeldes relatando o gesto de fraqueza e impotência do faraó. Nesse momento, o cerco dos revolucionários em torno de Merneptah se intensificou definitivamente. Além de sua luta contra os hebreus, ele teria de enfrentar a traição dos nobres e principais sacerdotes de seu país.

Nos dias seguintes, aguardamos com apreensão uma forte retaliação do faraó, mas esta terminou não ocorrendo. Parecia que Merneptah ignorava a derrota de seus soldados, em uma total demonstração de fraqueza e descontrole sobre o seu reino. Moisés, então, reuniu os chefes dos clãs e falou-nos, com empolgação:

— Merneptah não reagiu. Isso significa que ele está fraco ou desinteressado pela sorte de nosso povo.

Com os seus olhos brilhando, como duas pérolas negras, e com a sua vasta cabeleira agitando-se com o brando vento da manhã, ele concluiu:

— Vamos partir esta madrugada! Avisai a todas as famílias de Israel. E, como símbolo de nossa união e agradecimento ao Nosso Senhor, esta noite, todos devem cear um cordeiro em memória de nossa libertação.

Gravai em vossos corações, ó Israel, a partir de hoje, este dia, mês e ano passará a ser o primeiro de nossas novas vidas, pois deveremos contar a história de nossa nação a partir deste novo marco.

Exultantes de alegria, nós corremos para espalhar a Boa Nova do renascimento da nação de Israel e a futura concretização de nossa liberdade, no mês de Nissan, quando, a partir daquele ano, instituiu-se a celebração da páscoa judaica. Esse mês correspondia ao começo de abril do nosso calendário, período em que iniciava-se a primavera na bacia do Mediterrâneo.

Moisés, o libertador de Israel

O Mar dos Juncos

Múmia do faraó Merneptah.

O dia da libertação foi muito agitado. Enquanto os homens organizavam as bagagens nos carros de bois e tomavam as últimas providências para o êxodo, as mulheres preparavam grandes fornadas de pão para a longa viagem. Era necessário aproveitar os fornos, que obviamente não poderiam ser levados na longa jornada; portanto, a massa deveria ser feita sem fermento. Esse foi o único motivo pelo qual os israelitas comeram os pães dessa forma.

O preparo do cordeiro também não seguiu nenhuma regra específica, e muito menos os extensos e infundados rituais descritos na Bíblia. Essas crendices foram adicionadas aos textos sagrados, no decorrer dos séculos, em decorrência da superstição das gerações posteriores que acabaram adulterando gravemente a mensagem de Moisés.

Tomamos também o cuidado de aprisionar os israelitas que não desejavam sair do Egito e que, indiretamente, conspiravam contra o projeto de libertação, pois se eles ficassem livres poderiam comportar-se como Nezmet, delatando-nos.

Moisés disse-lhes calmamente, porém sem permitir a menor contestação:

— Faço isso para o vosso bem! E vou levá-los porque o faraó matará a todos os apirus que não fugirem conosco. Não tenhais dúvidas disso! Só há um caminho para todos que possuem sangue hebreu, e este é o da terra prometida a Abraão pelo Grande Deus.

As palavras de Moisés foram tão enfáticas que vários estrangeiros oriundos de outras raças, considerados "poeirentos" pelos egípcios, e também alguns sacerdotes de Aton seguiram conosco para a grande viagem. Houve alguma relutância entre casais das duas raças, mas o medo de represálias fez com que alguns egípcios casados com israelitas seguissem conosco. Eles e os seus filhos mestiços poderiam ser alvo de perseguição para o resto da vida, e, quem sabe, até mesmo serem mortos pela ira do faraó.

Enquanto o povo realizava as tarefas mais simples, nós, os chefes dos clãs, e Moisés, estudávamos o roteiro de fuga que havíamos planejado com atenção durante todos aqueles meses: após contornar a cidade, procurando não despertar a atenção dos soldados na região central, iríamos seguir por dezenas de quilômetros até as margens do "Grande Negro", numa caminhada que levaria quase dois dias.

Os egípcios abominavam o mar e, portanto, tinham pouco contato com ele. Talvez por detestarem ausentar-se de sua amada terra, eles tinham aversão a tudo que lhes fosse diferente. O Nilo, com a sua suave correnteza, era algo agradável aos filhos da terra de Kemi. No entanto, os mares, com as suas imprevisíveis ondas, repuxos, marés, e o seu gosto salgado, não os atraía de modo algum.

Eles chamavam o Mar Mediterrâneo de o "Grande Verde do Norte", o Mar Vermelho era conhecido por "Grande Verde do Leste" e o braço de mar que ligava o Golfo de Suez ao Mediterrâneo era chamado de o "Grande Negro". E era para lá que seguiríamos.

Segundo Moisés, se os egípcios nos perseguissem depois de darem por nossa falta, provavelmente nos procurariam na estrada costeira, que era o caminho mais comum para as terras do norte, onde ficava a Palestina. Como o nosso plano era seguir na direção oposta, ganharíamos um tempo considerável em nossa fuga. Já que os egípcios tinham medo do mar, estaríamos livres definitivamente quando atravessássemos o Mar dos Juncos, ao sul do "Grande Negro", a alguns quilômetros além do povoado de Sucot.

Ao anoitecer, partimos em viagem, porém era impossível evitar o ruído das rodas das carroças e dos bois, cavalos e carneiros que levávamos conosco. As riquezas que despojamos dos egípcios aumentaram consideravelmente a nossa bagagem. Além disso, havia o natural burburinho de uma multidão de milhares de pessoas ansiosas e assustadas.

Outro problema era manter em silêncio os camelos, que haviam sido domesticados há pouco tempo e eram utilizados como veículos de transporte pelos beduínos do deserto em seu trabalho de intercambiar mercadorias entre povos distantes.

Moisés, o libertador de Israel

O povo simples de Israel já tinha visto esses animais, mas mal sabia conduzi-los, causando um grande alvoroço.

Mesmo depois que Moisés nos advertiu a respeito do silêncio, não houve como evitar um tumulto que alertou os moradores das zonas mais afastadas do centro da capital. Muitos apareciam nas portas de suas casas e nos observavam com temor. Eles sabiam que era melhor que partíssemos de uma vez por todas, porque só assim estariam livres das desgraças que se sucediam umas às outras, por causa de nosso "amaldiçoado" povo.

Para a nossa sorte, todos estavam cientes desse fato e voltavam-se para dentro de seus lares procurando disfarçar, como se não tivessem nos visto. Caso contrário, não conseguiríamos andar um quilômetro sem que o exército do faraó estivesse em nosso encalço.

Somente depois fomos saber que naquela noite Merneptah estava na nomarquia de Pitom, a outra cidade-armazém construída com o suor de nosso povo, a poucos quilômetros da capital. A rebelião contra o seu reinado estava a ponto de estourar e ele fora pessoalmente tentar obter apoio na cidade próxima.

A situação do faraó era perturbadora. Ele não sabia se ficava ao lado do leito do filho ou se buscava construir alianças para evitar o motim que se avizinhava do palácio faraônico.

À medida que nos distanciávamos da outrora gloriosa terra de Kemi, eu observava no que se tornara aquele país arrogante que acreditava ser o centro do mundo. O Egito era agora apenas uma terra sombria e destruída pela força soberana de Yahwéh. Os anos seguintes reservavam apenas dor e penúria para os seus habitantes. Seriam necessários muitos anos de trabalho e perseverança para que o Egito recuperasse as condições mínimas a uma vida digna. Após a libertação de Israel, a terra de Kemi jamais tornaria a ser novamente um grande império. O destino reservado às Duas Terras seria o de servir como simples colônia a novos conquistadores.

Ergui os meus olhos para o céu, procurando Yahwéh entre as nuvens que obscureciam a luz solar, e pensei: "Realmente não devemos depositar a nossa fé na luta por riquezas perecíveis, mas direcioná-la para a conquista de valores espirituais, que serão sempre eternos."

E, assim, o Egito cumpriu o seu carma por ter desprezado a mensagem sublime de Akhenaton, que foi o inesquecível porta-voz do amor que redimiria definitivamente o mal cometido por todos os impérios do mundo, do passado e do porvir. A geração egípcia que sucumbiu ao poder de Yahwéh era composta da reencarnação dos antigos sacerdotes de Amon e de todos aqueles que exploraram os seus semelhantes na terra dos faraós em gerações anteriores.

O orgulho e o desprezo à mensagem amorosa de Akhenaton estava sendo resgatado, portanto, cem anos depois pela dor, única ferramenta capaz de despertar almas enrijecidas no egoísmo e na indiferença.

Assim, em meio a essas reflexões, diante de um cenário tétrico de destruição e caos, rumamos como mendigos pelo deserto afora, carregando as nossas trouxas e conduzindo os nossos velhos, doentes e mulheres grávidas nas carroças puxadas por bois.

A cada passo, o som envolvente e gracioso da correnteza do Nilo, beleza imperecível da terra de Kemi, ficava mais distante. Um misto de alegria e tristeza nos envolvia. De certa forma, era impossível não sentir uma ponta de saudade, pois aquele local tinha sido a nossa casa desde o nosso nascimento. Que novo mundo nos esperaria naquela caminhada incerta? Eu já tinha viajado por terras distantes para importar produtos do Oriente para o Egito, porém os escravos simples jamais tinham se distanciado um quilômetro sequer das margens do Nilo e estavam muito temerosos e apreensivos. Alguns, inclusive, tremiam o corpo todo, como se fossem vítimas de um frio que não existia.

Os homens e mulheres, jovens e saudáveis, seguiam a pé, com um brilho no olhar e repletos de esperança, a caminho do desconhecido, sob o amparo de Yahwéh.

Eu mal havia percorrido alguns poucos quilômetros, mergulhado em profundas reflexões, e fui abruptamente despertado de meus devaneios. Kermosa estava tendo mais uma crise nervosa, porque a viagem que ela tanto temia estava começando a tornar-se uma realidade inevitável. Então, tive de abandonar as minhas ponderações para embrenhar-me em mais uma interminável discussão. Mas, como eu estava com pouca paciência, apenas lhe disse:

— Esquece os malditos egípcios, agora és tão-somente filha de Israel!

Ela esperneou e gritou, enlouquecida, com o rosto inundado de lágrimas:

— Eu não faço parte desta raça de assassinos! Matastes Nezmet e todos aqueles que vos contrariaram. Nós, egípcios, queremos apenas ser livres. Ide daqui junto com esse mago monstruoso e insensível que destruiu o nosso país!

Depois de ouvir essas palavras de Kermosa, eu perdi a cabeça e desferi uma violenta bofetada em seu rosto. Ela cambaleou assustada e, então, falei-lhe:

Moisés, o libertador de Israel

— Cala essa boca, blasfemadora! Não quero ouvir mais uma insensatez sequer neste dia de glória.

Ela se encolheu com os olhos assustados, temendo por mais um ataque de ira, já que o meu olhar severo assim o indicava. Enfim, ministrei-lhe fortes doses de calmantes. Ela adormeceu rapidamente e tive de colocá-la no único espaço livre numa carroça que eu havia reservado, justamente para efetuar rápidos descansos durante a longa e apressada primeira parte da jornada. Dessa forma, eu conseguiria suportar a minha terrível artrose no joelho direito.

Só Deus sabe o quanto sofri naqueles intermináveis quilômetros. Em determinado ponto da caminhada, eu suei de tal forma que temi morrer de desidratação, e tive até algumas alucinações por causa da dor intensa que se assemelhava à de terríveis punhaladas, a cada passo que eu dava.

Em alguns momentos, quando eu percebia que ninguém me observava, apoiava-me nas carroças e mancava a perna direita para aliviar o atroz sofrimento. Eram tantos problemas ao meu redor, a cada novo quilômetro, que os amigos e a minha mãe, Diná, nem perceberam a minha agonia. Só foram dar por conta da minha situação quando, por volta do final da tarde, quase dezoito horas depois de partirmos, eu desmaiei, caindo de rosto na areia quente do deserto.

Por pouco não fui pisoteado pelos bois que puxavam a carroça que vinha à minha retaguarda. Algumas crianças perceberam o meu corpo estendido no chão e gritaram para que o condutor do veículo segurasse os animais. Depois, chamaram o meu irmão e Aiezer. Rapidamente, vários doentes e idosos, em condições melhores que as minhas, ofereceram os seus lugares para colocarem o meu corpo inconsciente. Moisés foi então chamado imediatamente.

O meu desgaste era tão grande que apenas percebi vigorosas mãos massageando todo o meu corpo com uma essência à base de cânfora. Depois, notei que as massagens se concentravam sobre o meu joelho que sofria de artrose.

Nesse ínterim, fui acometido por uma febre intensa, que alternava intensos arrepios com um suor gelado que me encharcava o corpo. Ouvi, então, algumas palavras distantes, à medida que visualizava ondas de cores intensas. Acreditei que fossem as belas luzes do crepúsculo vespertino, mas era Moisés extravasando o seu inigualável poder magnético.

— Eu preciso de tua cooperação, de corpo e alma, Natanael. Vamos encerrar esse carma, pois já sofreste o bastante — falou-me o fantástico profeta.

Nesse momento, uma energia mais intensa que o fogo

inflamou o meu joelho por completo. Eu abri os olhos e vi as mãos de Moisés a alguns centímetros de distância do foco da enfermidade. Ele me olhava de forma penetrante e sorria.

Passados alguns momentos, balbuciei:

— Por que precisamos ir tão rápido? Eles não virão atrás de nós.

O profeta sorriu e, com os seus longos cabelos desgrenhados, disse-me, com uma voz sarcástica:

— Sim, Natanael, Merneptah virá. Ele não tem outra saída. O seu reinado está desmoronando e ele preferirá morrer com honra a entregar-se à humilhação de ver-nos partir sob o seu nariz.

A dor intensificou-se ainda mais e desabafei:

— Não agüento mais... a dor... é forte demais!

Então, ele se concentrou no passe energético que realizava e apenas disse, enquanto colocava a sua destra em minha fronte:

— Dorme agora, neste instante!

Em uma fração de segundo apaguei, como se tivesse recebido uma anestesia geral da medicina moderna. Acordei somente no outro dia, às margens do Mar dos Juncos, em meio a um pandemônio épico que ficaria registrado para a posteridade. Todos corriam de um lado ao outro, desesperados. As mulheres choravam, enquanto os homens lamentavam-se como crianças assustadas:

— É o faraó e seu exército! Seremos trucidados sem piedade!

Alguns tiravam da cintura os malditos amuletos que haviam jurado que não cultuavam mais. Outros chegavam ao disparate de pedir proteção ao deus Amon. Eu me levantei rapidamente em busca de minha espada e nem percebi que a dor no joelho tinha desaparecido por completo. Em seguida, gritei para a turba ensandecida:

— Lutai, frouxos! Não chegamos até aqui para morrer.

Ouvi, então, alguém gritando para Moisés a célebre frase que ficou registrada no livro do Êxodo:

— Será que não havia sepulturas lá no Egito? Tu nos trouxeste ao deserto para morrermos! Porque fizeste isso conosco, tirando-nos do Egito, onde tínhamos alimento e moradia?

Mais adiante, um pequeno grupo composto daqueles que não desejavam o êxodo, falavam em alto tom para todos ouvirem e se rebelarem contra o seu líder:

— Não é isso que havíamos te dito lá no Egito? Deixai-nos servir os egípcios, pois melhor é servi-los do que morrer no deserto.

Moisés, o libertador de Israel

Moisés olhou com tédio e indignação para aquele povo sem fibra e falou com a sua voz metálica e autoritária:

— Não temais, ó raça incrédula! Yahwéh mais uma vez, e pela última, mostrará o seu poder aos nossos inimigos. Acreditai no que vos digo: hoje será a última vez que veremos os egípcios.

Quando a corte egípcia descobriu a nossa fuga, Merneptah foi ironizado por aqueles que desejavam sua queda. A evasão de mais de cinqüenta mil escravos atestava, de forma inquestionável, a sua incompetência. Indiretamente o êxodo dos apirus fortaleceu ainda mais a posição de Amenmés, que pleiteava ardentemente o trono e não esperaria outra oportunidade para destronar Merneptah.

Em uma atitude desesperada, o faraó abriu as portas do templo da deusa da guerra Sekhmet e reuniu os seus principais oficiais especializados em guerrear com carros de combate para buscar os seus escravos, vivos ou mortos. Como Moisés tinha previsto, eles primeiro desceram para a estrada costeira. Nada encontrando por lá, saíram no encalço de nossos rastros, que não eram poucos.

No momento em que eu acordava, já era possível perceber o estrondo alucinante da cavalaria ao longe, anunciando a aproximação do faraó e de seus soldados. O anestésico que Moisés ministrou em mim fez com que eu caísse em sono profundo por diversas horas.

A batida dos cascos dos cavalos e o som abafado das rodas dos carros era assustador, mesmo a longa distância. Graças a Deus, Moisés foi previdente e iniciou a travessia daquela "lagoa" de água salgada durante a madrugada.

O Mar dos Juncos, naquele ponto, ao sul do "Grande Negro", possuía um trecho raso, um vau, que media uns quatro metros de largura, e sua extensão entre as duas margens era de uns trezentos e cinqüenta metros.

Para os beduínos do deserto era uma travessia muito rápida e tranqüila, mas esse não era o nosso caso. O povo de Israel carregava muitas bagagens, idosos e doentes. Além do mais, era necessário atravessar pesadas carroças e animais. E o pior: o povo jamais tinha viajado para qualquer lugar, que dirá para terras inóspitas!...

Apesar de a água estar na altura dos joelhos, a leve correnteza desequilibrava os mais fracos, atrasando o percurso. Os doentes tiveram de descer e atravessar a pé para aliviar o peso das carroças, dos camelos e dos cavalos. Sem contar que muitos hebreus, assim como os egípcios, desconheciam o mar e começaram a se amedrontar, causando uma histeria coletiva que chegou a ponto de nos irritar profundamente. Onde estava a fibra e a garra dos filhos de Israel?

Para piorar ainda mais a situação, a aproximação do exército do faraó agravou o sentimento de pânico entre os fugitivos. A idéia dominante entre todos era de que a margem oposta do Mar dos Juncos não os protegeria. Certamente os soldados do faraó também realizariam aquela travessia sem problemas. Ao perceber que o medo estava se alastrando, Moisés correu em direção a um cavalo, saltou em seu lombo e percorreu a multidão de israelitas que ainda se encontrava na margem ocidental.

Ele, então, acalmou o povo gritando:

— Yahwéh é o nosso Senhor! Yahwéh é o nosso Senhor! Ele não nos abandonará. Tende fé, Israel! Não chegamos até aqui para perecer!

Os olhos brilhantes do grande profeta, que demonstravam a sua fé e confiança, trouxeram um pouco de tranqüilidade ao povo. Em seguida, então, falou a todos com a sua voz autoritária e inquestionável:

— Caminhai em ordem e orando pela proteção de nosso Senhor! Ele, que nunca nos desamparou nesta jornada, não falhará neste momento crucial.

Maria e Aarão, irmãos de Moisés, conduziram o coro em voz alta e confiante, à medida que a multidão caminhava pelas águas rasas do Mar dos Juncos:

— O Senhor é a minha força e o meu cântico. Ele é a minha salvação; Ele é o meu Deus e, portanto, O louvarei. A Vossa destra, ó Senhor, é gloriosa em poder; a Vossa destra, ó Senhor, destruirá o inimigo.

Enquanto o povo cantava, o incipiente exército de Josué se organizou para retardar o ataque dos egípcios sobre os indefesos. Todos os homens em condições de lutar se uniram a eles. Apesar de nossa insistência, bravos homens em avançada idade, como Amisadai, pai de Aiezer, e Abidã, da tribo de Benjamim, sacaram as suas espadas e prepararam-se para o confronto, liderando as frentes de combate e inflando o ânimo dos mais jovens.

Dessa forma, a uma só voz, rogamos a proteção de Yahwéh.

— Yahwéh é o nosso Senhor! Com Ele nada tememos e nada nos é impossível. Deus de Abraão, Isaac e Jacó, protegei os Vossos filhos e dai-vos destreza para neutralizarem o inimigo!

As preces fervorosas repletas de fé insuflaram um novo ânimo nos guerreiros de Israel. Já tínhamos visto muitas proezas de Moisés sob o amparo de Yahwéh para duvidarmos da Providência Divina.

Moisés, o libertador de Israel

Assim, nem mesmo o exército do faraó, em maior número e melhor equipado, fez com que tivéssemos dúvidas sobre a nossa vitória. Depois de tantas glórias obtidas anteriormente contra o rei inimigo, não faria sentido sermos derrotados no último obstáculo que nos separava da liberdade.

Não podemos dizer o mesmo da disposição dos soldados egípcios. Além de estarem receosos por terem de enfrentar mais uma luta contra aquele poderoso mago, ainda tinha um fato agravante: o reinado de Merneptah estava por um fio. Agora ele era apenas um faraó desacreditado e abandonado por seus próprios deuses.

Os egípcios mudavam de ânimo de acordo com as suas crenças. Como eles não acreditavam mais no faraó, inconscientemente passaram a apostar na vitória do deus dos apirus. Mas jamais poderiam externar esse sentimento, sob o risco de serem executados sumariamente por traição.

Então, Josué montou uma rápida estratégia que retardaria a chegada, próxima ao mar, dos carros de combate do exército egípcio, permitindo que as últimas famílias de Israel atravessassem o vau. O jovem era pura intuição, ou melhor, pura recordação intuitiva de sua excelente habilidade como estrategista de guerra, obtida na sua encarnação anterior, na personalidade do engenhoso general Horemheb.

Tínhamos poucas espadas, lanças e arco-e-flechas; somente o que obtivemos junto aos egípcios antes de nossa partida, mais aquelas que tentamos fabricar por nossa própria conta, de forma rústica, nas últimas semanas. O exército egípcio apresentava-se vestindo imponentes armaduras e elmos, empunhava armas bem trabalhadas e conduzia belos carros de batalha, puxados por vigorosos corcéis. O carro do faraó era todo decorado com relevos em ouro.

Era a batalha da imponência e da riqueza contra a fé e a pobreza. Possuíamos apenas as nossas armas artesanais e nos vestíamos como mendigos do deserto. Descortinava-se ali uma antecipação épica da batalha entre Davi e Golias, que se tornaria símbolo da cultura judaica nas gerações futuras.

A cada minuto que se passava, as nossas mãos que seguravam as espadas suavam de forma abundante. Era preciso secá-las no manto a todo instante, tal o nosso nervosismo.

Nesse ínterim, um vento incomum surgiu vindo do sul do Mar dos Juncos. Junto com ele, uma fina e gelada chuva caiu do céu, que ficou negro tão rápido que nem percebemos.

Moisés chamou-nos e gritou, antes de começar a atravessar o vau:

— Confiai em Yahwéh e ouvi as minhas ordens! Em

poucos minutos estaremos na margem oriental e os egípcios estarão mortos.

O grande profeta cobriu o rosto com o manto, girou sobre os calcanhares e caminhou rapidamente pelas águas rasas do canal. Quando voltamos o olhar para os nossos inimigos que se aproximavam, um forte vento levantou a areia do deserto cegando-nos a todos. Os egípcios perderam o rumo e desorganizaram-se em seu plano de ataque.

Cobrimos o rosto com os nossos mantos e partimos para cima deles, aproveitando a "ajuda" improvisada de Yahwéh. Alguns egípcios caíram de seus carros e assim lutamos bravamente de igual para igual. A nossa feroz determinação logo nos colocou numa agradável posição de vantagem.

Aqueles que estavam mais acostumados com os cavalos, desatrelaram-nos dos carros e subiram em seus dorsos para melhor atacarem os arqueiros que, certamente, assim que o vento permitisse, lançariam uma saraivada de flechas sobre o povo humilde que cruzava o instável canal do Mar dos Juncos.

Os israelitas que atravessavam o vau e aqueles que já se encontravam na margem oriental ouviam, sob forte ansiedade, o alucinante tilintar das espadas em meio à nuvem de areia. Alguns aplaudiam e gritavam vivas para os seus irmãos que lutavam com bravura, outros permaneciam apáticos, com os olhos quase saltando das órbitas.

Em meio ao confronto, o pé-de-vento diminuiu e foi-nos possível enxergar melhor o rosto de nossos adversários. Nesse instante, eu tive um choque. O destino me havia reservado uma surpresa. O soldado com quem eu combatia era justamente aquele que tinha decapitado o meu pai alguns anos antes. O sangue, então, me subiu à cabeça e parti para cima dele, urrando como um leão feroz. Eu desferi-lhe uma seqüência de golpes violentos que o fez ajoelhar-se nas águas rasas do Mar dos Juncos. Impotente, ele apenas defendia-se de minha animosidade.

Então, finalmente, gritei como um animal, expulsando para fora toda a dor que sentia pela perda de meu pai. O soldado egípcio apenas me olhou com uma expressão aterrorizada, à medida que eu desferia um violento golpe lateral com a espada que arremessou a sua cabeça a vários metros de distância. Com um olhar enlouquecido e com os braços erguidos para o alto, passei a gritar:

— Zuar está vingado! Zuar está vingado! Glória a Yahwéh!

Em seguida, olhei para o céu e falei:

Moisés, o libertador de Israel

— Vê, meu pai, tu que estás aí nos Céus, ao lado do Grande Deus, vê o teu filho honrando o teu nome e conduzindo com dignidade a tribo de Issacar, como pediste!

Os soldados israelitas não entendiam o que eu dizia, mas, ao verem a minha determinação e garra, também começaram a gritar e avançaram sobre os soldados com assombrosa voracidade. Assim, derrubamos em poucos minutos uma infinidade de inimigos.

Os meus compatriotas me olhavam com respeito e admiração por eu ter-lhes insuflado aquele sentimento de autovalorização e garra naquele momento crucial. Eu retribuí o olhar, ergui minha espada e gritei para todos a frase com que Moisés levantava os nossos ânimos para lutarmos em busca do direito de sermos homens livres:

— Liberdade! Liberdade! Liberdade! Não há vida sem liberdade!

O pequeno exército israelita vibrou de forma desvairada, assustando o inimigo. Josué, então, mirou-me com aquele mesmo sorriso dos velhos tempos, em encarnações passadas. Eu correspondi o gesto amigo e partimos para cima do inimigo mais uma vez, fazendo com que este recuasse, afastando-se da margem da praia, contrariando as inquestionáveis determinações de seu rei.

Pouco mais de uma hora depois do início do confronto, o vento cessou por completo no mar, mas intensificou-se na praia, em forma de redemoinho, envolvendo de forma fascinante o assustado exército do faraó. Ouvimos, então, gritos dos últimos homens que atravessavam o mar:

— Mosheh está dizendo: "Recuai guerreiros de Israel!"

Por causa da distância, os que ainda estavam atravessando o vau reproduziam a ordem do grande líder que já encontrava-se na margem oriental, sobre um pequeno monte, em uma posição imponente, com o seu manto e os cabelos esvoaçando em virtude da ação feroz e imprevisível das rajadas de vento.

Mesmo a longa distância, nós enxergávamos o nosso líder como um gigante imbatível. Moisés parecia o próprio Yahwéh encarnado no mundo físico. O vento levantava o seu manto, que se assemelhava a asas que tremulavam sobre os seus ombros. O anjo justiceiro, no início do êxodo, era alto e forte, muito diferente do idoso narrado na Bíblia. Ele era um poderoso guerreiro que não precisava usar as mãos para vencer batalhas. A sua presença e o seu poder hipnótico e mental eram suficientes para insuflar um fantástico ânimo ao povo eleito e amedrontar os seus adversários.

Os que estavam mais atrás da linha de combate, e mais

próximos à margem oriental do Mar dos Juncos, começaram a recuar e a atravessar lentamente o vau. Discretamente, os que estavam mais distantes dos egípcios sinalizavam aos que lutavam na frente de batalha para que estes também recuassem. Até que, em determinado momento, um novo redemoinho de areia envolveu totalmente os nossos inimigos. Não sei dizer se era mais uma das fantásticas hipnoses coletivas de Moisés ou se ele realmente estava dominando com maestria os fenômenos da natureza, fato que não lhe era, de forma alguma, impossível.

Nesse momento, os guerreiros de Israel correram de forma desorganizada para a outra margem, enquanto alguns poucos davam cobertura. Então, pude ver Aiezer discutindo com o seu pai, Amisadai. O chefe do clã de Dã não desejava recuar. Ele queria fazer parte da equipe de cobertura. A teimosia de Amisadai também me preocupou. Ele era um homem velho e, conseqüentemente, mais lento. Seria impossível para ele correr em direção à margem oriental sem receber várias flechadas nas costas. Era imperativo que voltasse imediatamente, enquanto distraíamos os inimigos.

Em poucos minutos, o turbilhão enraivecido de areia arrefeceu novamente e os egípcios partiram em direção ao mar com toda a sua ira. Mas, ao se aproximarem das águas, o vento os seguiu como se os estivesse perseguindo. O mar ficou agitado e assustou aquele povo que temia as águas salgadas. Eles mantiveram-se em silêncio por alguns segundos. E o faraó, percebendo a indecisão de seus homens, gritou do alto de seu carro de combate:

— Atirai as flechas! Matai os fugitivos!

Em segundos, uma saraivada de flechas atingiu aqueles que estavam ainda longe da outra margem. Amisadai, percebendo a situação, serviu-se de um dos nossos arcos e começou a atingir, um a um, os arqueiros egípcios.

Com uma disposição invejável e segurando as demais flechas na boca, ele prosseguiu lançando-as com uma rapidez que lembraria as metralhadoras modernas. Até que, finalmente, uma flecha egípcia atingiu o seu peito. Ele arqueou o corpo por alguns segundos e, para a surpresa e admiração de todos, urrou como um bravo guerreiro e gritou para nós:

— Correi, filhos de Israel! Em breve, o meu espírito estará feliz, junto de vós na Terra Prometida.

Eu segurei Aiezer, pois ele queria desesperadamente salvar o pai. Amisadai fez um sinal afirmativo com a cabeça e disse-me, respirando com dificuldade:

— Em breve, Natanael, estarei junto ao teu pai, o grande Zuar. Velaremos pela tarefa de nossos filhos, lá do Alto... lá do

Moisés, o libertador de Israel

reino de Yahwéh, pois aqui se encerra a minha tarefa.

Depois dessas emocionantes palavras, ele voltou-se para Aiezer e falou:

— Sê, meu filho, um líder honrado e digno como o teu irmão, que está ao teu lado!

Com o punho cerrado, Amisadai gritou com energia:

— Vive, Aiezer, com honra, hoje e sempre!

Nós o miramos com lágrimas inesquecíveis nos olhos e, de alma para alma, agradecemos a oportunidade de viver ao lado daquele grande homem. Ele voltou-se novamente para os egípcios que invadiam o mar e continuou acuando-os com as suas flechadas certeiras, à medida que corríamos em direção à margem oposta, coberta de juncos. Quando lá chegamos, voltamos o olhar para o campo de batalha e vimos o corpo do grande chefe da tribo de Dã, flutuando, morto, nas águas que começavam lentamente a tornarem-se turbulentas.

Naquele momento, pois tudo foi muito rápido, Merneptah e Moisés trocaram olhares, que seriam os últimos. O profeta de Yahwéh apenas sussurrava no alto da colina, mas Merneptah parecia ouvir claramente aquelas palavras no fundo de sua alma:

— Vinde, Merneptah! Vinde a mim e trazei convosco os vossos soldados! E pagai com a dor àqueles que fizestes sofrer, quando deveríeis tê-los amado e respeitado!

O faraó vacilou por alguns instantes e depois, cerrando os dentes, irado, gritou como um selvagem, ordenando a todos os carros de combate que atravessassem o vau no encalço dos hebreus.

Instantaneamente, aquela pesada máquina de guerra para a época começou a percorrer o estreito vau do Mar dos Juncos. Todo o nosso povo já se encontrava na outra margem. Ficamos apenas em silêncio aguardando os acontecimentos. Olhávamos com apreensão para Moisés, esperando um sinal que identificasse o peso da mão de Deus aproximando-se para esmagar os nossos temíveis algozes. Mas nada acontecia! A única coisa que nos tranquilizava era o sorriso confiante e o brilho nos olhos do libertador de Israel, que pareciam dois inigualáveis diamantes.

Os carros de combate avançavam com dificuldade por causa de seu peso, do solo lamacento e da insegurança dos egípcios para atravessar aquele terreno estranho. Enquanto isso, o olhar aterrorizador de Merneptah angustiava-nos. Caso ele chegasse até a nossa margem, certamente seríamos trucidados pela infinidade de soldados que o seguia.

Com a aproximação do inimigo, os seus urros enlouquecidos intensificaram-se, causando pânico entre as mulheres e crianças israelitas, que começaram a chorar assustadas.

Nós, os guerreiros, ficamos inertes segurando firmes as nossas armas e com os olhos vidrados em nossos oponentes. Josué, sempre dinâmico e valente, começou a nos passar instruções para a estratégia de defesa. Isso no momento em que percebeu que quase todo o exército egípcio já estava no vau. Sendo que o batalhão de frente já se encontrava a menos de cinqüenta metros de nossa margem.

Nesse instante, Moisés caiu de joelhos no alto do monte que margeava o Mar dos Juncos e, erguendo as mãos e o seu cajado para os céus, clamou em alta voz:

— Ó Senhor, calai a voz dos inimigos de Vosso povo escolhido! Descei pela última vez a Vossa pesada mão sobre eles... e mostrai pelos séculos vindouros o Vosso poder para todas as nações do mundo!

Após as palavras do grande profeta, um vento furioso vindo do lado sul do "Grande Negro" quase arrancou os nossos mantos e encrespou a face da sempre tranqüila "lagoa" do Mar dos Juncos. Em segundos, os soldados tiveram de se segurar em seus carros e controlar a excitação dos cavalos.

Não mais que dois minutos após, uma onda fantástica com quase três metros de altura encobriu o apavorado exército do faraó. O nível da água subiu dos quarenta centímetros para mais de três metros, em alguns poucos instantes, encobrindo a tudo e a todos, sob o olhar espantado do povo de Israel, que se pôs de joelhos, impressionado pelo poder assombroso de seu Deus. A formação estreita do Mar dos Juncos favoreceu a subida imprevisível da maré, surpreendendo a todos e comprovando definitivamente a ação soberana do Maior entre os deuses.

A grande onda, então, passou inundando as margens. Vimos diversos guerreiros do exército inimigo debatendo-se em meio à turbulência inesperada do mar. A repentina correnteza carregava homens com olhares assustados que demonstravam o quanto o mar os atemorizava, ainda mais em uma situação que os levaria à morte. Os poucos que tinham acabado de ingressar no Mar dos Juncos abandonaram imediatamente os seus carros e voltaram apressados para a terra firme. Eles se jogaram, vencidos, na praia oposta e permaneceram estáticos, acompanhando o desfecho trágico daquela missão militar.

Longos minutos de silêncio se passaram. Ouvíamos apenas o barulho agitado das ondas do mar, o vento uivante que assolou a região e alguns gritos esporádicos dos soldados que tentavam evitar o afogamento iminente.

Moisés, então, ergueu-se e falou com energia ao povo

Moisés, o libertador de Israel

escolhido:

— Ó Israel, povo incrédulo, que esta manifestação da Eterna Potência sirva-vos de alimento para fortificardes a vossa vacilante fé! Lembrai sempre que Yahwéh ama e protege aqueles que Lhe são fiéis e pune com rigor os que desprezam a Sua voz!

Abaixamos as nossas cabeças e mantivemo-nos em silêncio, meditando sobre as palavras de nosso líder. Os poderes fantásticos de Moisés são encarados como lendas pelo homem moderno, mas realmente podem ser possíveis nas mãos de homens incomuns, assim como o foi o profeta que legou ao mundo a crença no monoteísmo, imprimindo um novo rumo evolutivo à humanidade terrena.

Em seguida, o povo cantou um hino de louvor a Yahwéh, enquanto os guerreiros jogavam as suas armas pelo chão e sentavam-se para descansar. Com um olhar cansado, acompanhamos o movimento sem rumo dos poucos egípcios que sobreviveram à hecatombe de seu exército. Eles pareciam ébrios, tal era o choque que sofreram. Andavam de um lado ao outro sem rumo, e sem líder.

Moisés dirigiu-se aos guerreiros de Israel, que foram fundamentais para a vitória, e disse para cada um, enquanto nos abraçava:

— Yahwéh seja louvado!

— Que assim seja! — repetíamos.

O profeta, então, me abraçou e falou:

— Zuar deve estar vibrando pela honra de seu filho, lá no reino dos imortais.

Nesse instante, os demais guerreiros proferiram novamente o grito de guerra que nos impulsionou à vitória naquela fantástica batalha:

— Liberdade! Liberdade! Liberdade! Não há vida sem liberdade.

Moisés sorriu e disse a todos:

— Sim. A liberdade é tão importante como o ar que respiramos. Que nosso Senhor nos dê força e honra para mantê-la por todo o sempre!

A multidão, magnetizada por seu líder, gritou vivas a Yahwéh e a ele.

Por fim, Moisés abraçou Aiezer e falou-lhe:

— Amisadai era um homem honrado. Morreu pela glória de Israel.

O novo chefe da tribo de Dã deixou escapulir grossas lágrimas pelas faces e desabafou:

— Se possuis o poder de Yahwéh, traze o meu pai de volta

à vida!

Após essas palavras, ele caiu de joelhos ao pé do gigante de Israel, agarrando a barra de seu manto. Moisés abaixou-se e, abraçando paternalmente Aiezer, falou-lhe em tom fraternal:

— Chega um momento em que se encerra a nossa missão neste mundo. Temos de ter grandeza para compreender os desígnios de Yahwéh, que é o Senhor de todos os porquês... Não compreendemos a Vontade Divina, porém temos de confiar na sabedoria Daquele que a tudo criou.

Amisadai agora está sentado ao lado de Deus Pai Todo-Poderoso e recebe as glórias divinas por sua vida honrada e digna. A ti, Aiezer, cabe assumir a posição de teu pai e a tarefa de conduzir os filhos de Dã à Terra Prometida. Honra a memória de Amisadai e permite que ele usufrua em paz as glórias que conquistou por meio de uma vida dedicada à causa da libertação de Israel!

Aiezer acalmou-se e fez um significativo gesto com a cabeça, demonstrando que compreendia as palavras de nosso líder.

Algumas horas mais tarde, o mar aquietou-se novamente, como se nada tivesse acontecido. Os soldados egípcios recolheram os seus colegas mortos e, principalmente, o corpo do faraó Merneptah, para que todos recebessem um enterro justo, segundo as suas crenças. Com olhares sombrios, eles amontoaram os seus mortos nos carros de combate que ficaram à margem e partiram para o Vale do Nilo.

Acompanhamos com alívio a imagem dos inimigos desaparecendo pouco a pouco no horizonte, sob a poeira levantada pelos poucos carros de combate que retornavam. Ao chegarem na capital do Império, o faraó foi encaminhado para a casa da Morte onde o seu corpo foi entregue ao processo de mumificação. Setenta dias depois, ele foi conduzido aos braços de Osíris pelos rituais de Anúbis, o deus com cabeça de chacal.

A morte de Merneptah mergulhou o Duplo País no caos. Amenmés, "o usurpador", filho de Ramsés II, obstruiu a posse de Seti II, o adoentado filho de Merneptah, e apoderou-se da dupla coroa do Alto e Baixo Egito, com o apoio dos revolucionários e dos padres do deus obscuro.

Três anos depois, os sacerdotes de Amon mudaram novamente de lado e rebelaram-se contra o novo faraó, Amenmés, e o depuseram, elevando ao trono o filho de Merneptah, que era mais fácil de ser manipulado por aqueles que detinham interesses escusos.

O reinado de Seti II foi inexpressivo, vindo a terminar poucos anos depois, enfraquecendo definitivamente a dinastia dos ramessidas, que, por ironia do destino, teve a sua derrocada

Moisés, o libertador de Israel

com o apoio de seu próprio fundador, Ramsés I, que reencarnara na personalidade de Misael, uma das principais peças do exército israelita. Os faraós que se sucederam até o final dessa grandiosa dinastia egípcia foram insignificantes.

Os faraós, que se consideravam como deuses vivos e imbatíveis, vangloriavam-se somente de suas vitórias. Eles jamais registravam para a posteridade um fracasso, ainda mais tratando-se de uma derrota para um povo escravo. Inclusive, a guerra de Ramsés II contra os hititas, na famosa batalha de Kadesh, foi alardeada como uma grande vitória. Mas, na verdade, caso Ramsés não assinasse um tratado de paz e não se casasse com uma princesa da terra de Hati, talvez o desfecho fosse desastroso para o Egito.

Dessa forma, os faraós posteriores apagaram todos os registros sobre Moisés e o povo de Israel para esconder de sua história essa derrota vergonhosa. Por esse motivo, são raríssimos os registros históricos sobre essa epopéia que fundamentou a crença monoteísta na Terra.

Após a partida dos inimigos, fomos recolher os nossos irmãos que morreram pelas flechas e lanças dos egípcios. Foram poucos, mas alguns muito valorosos, como Amisadai.

Aiezer e sua mãe passaram um longo tempo abraçados ao corpo daquele grande idealista e guerreiro que serviu de exemplo às gerações futuras. Mais uma vez eles enfrentavam uma dolorosa perda.

Estávamos exaustos; precisávamos repousar o corpo e a mente, pois os nossos corações ainda batiam de forma descompassada. Moisés, então, ordenou que armássemos acampamento ali mesmo.

— Amanhã, ao amanhecer — disse-nos o profeta —, caminharemos em direção ao Sul. Iremos a Madian, onde Yahwéh nos concederá a Sua Lei nas montanhas do Sinai. Depois, seguiremos para a terra de Canaã, onde verte leite e mel, a Terra Prometida por Deus aos nossos ancestrais. E lá será instituída a pátria dos descendentes do povo de Deus. E lembrai sempre, Israel, agora somos um povo livre e jamais serviremos a outro que não seja o nosso Deus, Yahwéh. Sempre que trabalharmos, será por uma justa remuneração, para contribuirmos com a nossa sociedade ou para servirmos ao nosso Deus.

Os homens simples, que não haviam participado da luta, montaram a minha tenda. Finalmente, Kermosa acalmara-se. Sempre que a Eterna Potência surgia de forma assombrosa, ela se comportava como um coelho assustado.

Em silêncio, ela organizou o nosso leito para que pudéssemos repousar. Enquanto isso, eu fiquei sentado acompanhando o Sol abrindo-se mais uma vez naquele deserto inóspito. Então, pensei: "Chuva no deserto... ondas no Mar dos Juncos... somente a obra de Yahwéh, pelas mãos de Seu profeta, pode ser tão grandiosa."

Assim, o vento frio e desagradável desapareceu e o Sol acolhedor tranqüilizou-nos a todos. Eu estava livre. Na verdade, sempre o havia sido. Jamais em minha vida havia trabalhado como escravo. As prerrogativas de herdeiro e chefe de um clã sempre me mantiveram afastado da servidão direta. Como dizia o meu pai, eu era apenas um escravo moral. Contudo, a travessia daquele estreito braço de mar tinha transformado o meu espírito. Eu me sentia um novo homem. Um homem verdadeiramente livre de corpo e alma. E não era só eu. Era gratificante ver belos e cativantes sorrisos emoldurando as faces cansadas daquelas pessoas simples, sempre sofridas e acuadas. O medo abria espaço para a alegria; a dor para a paz; e a insegurança para a tranqüilidade. Mães abraçavam filhos; irmãos confraternizavam-se num abraço que terminava em torrentes de lágrimas, mas eram lágrimas de alegria, e não de dor, como no passado.

Então, comemoramos a nossa vitória. Alguns ensaiaram tímidos passos de dança e algumas cantorias alegres. Pouco a pouco, fomos nos abraçando e relaxando os nossos músculos, enrijecidos com o estresse. Aiezer terminou assimilando a morte do pai e abriu um largo sorriso. Enfim, a vida tinha de continuar...

Os inimigos de Moisés, no seio de nosso povo, não tiveram outra alternativa senão a de abaixar a cabeça e reconhecer o notável feito; porém, essa trégua não duraria muito tempo, conforme está no texto do Pentateuco.

Quando a excitação e o estresse diminuíram, o profeta de Yahwéh ordenou que os homens recolhessem as armas egípcias que não estivessem submersas e todos os cavalos. Necessitaríamos daquele arsenal em nossa caminhada até a Terra Prometida. Em seguida, ele se reuniu com os demais chefes das tribos, com um sorriso cativante no rosto que demonstrava a sua satisfação.

Eu olhei para todos e falei:

— Nem acredito que conseguimos! Esse nosso feito parece um maravilhoso sonho.

Henok, que havia se mantido distante do confronto, conduzindo as famílias durante a travessia, apenas disse:

— Natanael, são os sonhos que nos mantêm vivos. Sem eles, a vida perde todo o sentido.

Moisés, então, recordou que quando ainda era uma crian-

Moisés, o libertador de Israel

ça, Henok lhe havia dito que os filhos de Israel seriam os escolhidos por Yahwéh, e não a orgulhosa e politeísta nação egípcia. Ele meditou alguns segundos e falou:

— Sim, mestre Henok, tem razão! E antes de ser de qualquer um de nós, este sonho foi vosso. Desenhastes com brilhantismo a realidade que neste momento comemoramos. Ninguém, mais do que vós, merece as bênçãos de Yahwéh pela concretização deste sonho que mudará a face do mundo. Fostes o maior profeta deste sonho!

Não compreendemos a conversa íntima entre aqueles dois grandes homens; portanto, apenas nos integramos ao fraternal abraço. Algumas vezes, achávamos que Moisés tinha exagerados sonhos de grandeza, acreditando que a sua mensagem e o nosso Deus teria um alcance tão grande. Todavia, a história mostrou que ele estava certo, e que nós éramos homens de pouca fé. Talvez por isso, jamais tenhamos realizado as proezas que esse homem incomum realizou com tanta facilidade. Assim como Jesus, que realizou feitos ainda maiores, indicando que para isso é necessário apenas termos a fé do tamanho de um grão de mostarda, a menor das sementes.

À noite, enquanto os filhos da liberdade dançavam alegres em torno das fogueiras, os chefes dos clãs ouviam atentos os planos futuros daquele jovem chamado "Mosheh", que havia sido "salvo das águas" para tornar-se o maior líder dos judeus de todos os tempos, sendo superado apenas por Jesus de Nazaré, o espírito mais excelso a pisar o solo terreno, mas que não foi reconhecido pelos seus compatriotas. A sua vinda foi profetizada pelos grandes profetas de Israel, inclusive pelo próprio Moisés; porém o orgulho e a cobiça das castas obscureceu a visão do povo escolhido, fazendo com que este, salvo raras exceções, não reconhecesse o raio de sol que iluminava as trevas da ignorância humana, mil duzentos anos depois dos fatos aqui narrados.

Moisés palestrou naquele dia inesquecível sobre as alternativas de rota para Canaã e, principalmente, sobre o projeto educacional que ele sonhava realizar para a formação da grande nação de Yahwéh. Esse empreendimento obteve tanto sucesso que mesmo tendo passado por diversas dificuldades em sua história, esse povo jamais perdeu a sua identidade por ter sido forjado segundo os ideais do grande profeta.

Pena que essa bela cultura escravizou-se ao passado, jamais aceitando a chegada do Messias. Caso contrário, talvez hoje em dia fosse um exemplo magnífico de fé, amor e união para a Nova Era que já desponta em nosso planeta neste terceiro milênio.

Sem dúvida, Moisés foi um homem inigualável e o exemplo disso foi o alcance de sua mensagem. Dela nasceram três das mais importantes religiões do mundo: o Judaísmo, o Cristianismo e o Islamismo. Esta última foi criada por ele mesmo, reencarnado na personalidade de Maomé, porém sem utilizar-se dos fantásticos poderes que demonstrou como Moisés.

No dia seguinte, acordamos cedo e levantamos o acampamento, carregando em nossos corações a esperança de construirmos um mundo novo. Eu acariciei o meu joelho e dei graças a Yahwéh pela bênção recebida. A dor havia desaparecido por completo e sua mobilidade era perfeita. Sorri e, falando para mim mesmo, coloquei a mão sobre ele e disse-lhe:

— Vamos lá meu amigo, temos ainda muito chão a palmilhar!

Mas essa é uma outra história que muito em breve traremos às mãos dos leitores, se essa for a vontade de Yahwéh, ou, simplesmente, se for o desejo do Criador.

Moisés, o libertador de Israel

Akhenaton
A Revolução Espiritual do antigo Egito
ROGER BOTTINI PARANHOS
ISBN 85-7618-114-2 • Formato 14 x 21 cm • 448 pp.

Jesus deveria ter nascido em solo egípcio e pregado suas verdades imorredouras às margens do sagrado rio Nilo, em meio à mais desenvolvida e espiritualizada das civilizações da Idade Antiga. Esta não é uma ficção, mas sim a programação que a alta espiritualidade planejou para concretizar-se no palco terreno e que promoveria o grande avanço da humanidade encarnada nos séculos futuros, caso a ação perversa de espíritos enegrecidos pela ignorância e pelo ódio não tivessem colaborado para a derrocada do grande projeto monoteísta no antigo Egito.

Akhenaton - A Revolução Espiritual do Antigo Egito é o livro que conduzirá o leitor nesta fantástica viagem ao passado, desvendando a verdade que se oculta atrás de fatos que a História pouco registrou ou que são matéria de especulação entre os arqueólogos modernos. Impressionante por sua mensagem filosófica-espiritual, esta obra mediúnica ditada por Hermes e Radamés retrata com fidelidade a trajetória do mais brilhante e enigmático faraó, Akhenaton, o enviado do Cristo, que muito além de seu tempo revolucionou o Egito, dando início à transformação religiosa na crença a um só deus, que abalou os alicerces da sociedade egípcia no século XIV antes de Cristo.

Da extinta Atlântida, há doze mil anos, a Moisés, novo profeta do Deus único, aqui está registrada uma instigante história que o leitor nunca ouviu.

Moisés, em busca da terra prometida
ROGER BOTTINI PARANHOS
ISBN 85-7618-067-7 • Formato 14 x 21 cm • 352 pp.

Israel estava livre! Depois da fantástica demonstração do poder de Deus, por meio das dez pragas do Egito, Moisés finalmente conduziu o povo cativo aos braços da liberdade. Mas essa não seria a sua maior proeza: ainda era necessário transformar aquele povo fraco e sem valores morais na primeira nação monoteísta da humanidade. Para isso, o profeta teria de realizar um longo trabalho de renovação cultural, a fim de que o seu povo não pisasse o solo da Terra Prometida com os pés impuros. E, utilizando-se do mesmo pulso de ferro com que dobrou aos seus pés o poderoso faraó Merneptah, ele subjugaria os rebeldes e enalteceria aqueles que compreendessem a mensagem do Deus Único, ainda que para isso levasse o tempo de uma geração.

Essa profunda transformação por que passou o povo israelita, durante anos no deserto, até alcançar os verdadeiros valores da alma, é narrada aqui, nas páginas de *Moisés — Em Busca da Terra Prometida* (volume 2), de forma clara e incontestável, tão necessária aos dias atuais. Que o leitor se envolva profundamente com a mensagem trazida do Alto pelas mãos de Roger Bottini e dela faça uso em sua reforma íntima!

A História de um Anjo
ROGER BOTTINI PARANHOS
ISBN 85-7618-061-8 • Formato 14 x 21 cm • 448 pp.

Um ser de luz volita, sem asas, e desce das esferas superiores ao plano terrestre, em missão transcedental. O próprio dirigente planetário, Jesus, o envia. Objetivo: promover o universalismo, aproximando religiões antagônicas, rumo à unidade de crenças prevista para o Terceiro Milênio.

Ele conquista seguidores. Multidões o escutam. Seu toque cura enfermos, levanta paralíticos; transforma espíritos trevosos. Seu olhar cativa os corações. Será um anjo?

Em plena época da transição planetária que estamos vivendo, Gabriel é o mensageiro da transformação religiosa programada para o planeta Terra. E, pela cronologia desta obra, encontra-se encarnado atualmente. Mas quem é Gabriel? Um anjo?

O leitor poderá tirar as próprias conclusões acompanhando sua trajetória, nesta obra instigante e de cunho profético. Dos cenários paradisíacos de uma comunidade de luz aos quadros dantescos de uma cidade trevosa do Astral, da vida na matéria à preparação das caravanas de exilados que migrarão para um planeta inferior, Gabriel encarna a presença da luz crística.

Será um anjo?

MOISÉS - O LIBERTADOR DE ISRAEL
foi confeccionado em impressão digital, em julho de 2025
Conhecimento Editorial Ltda
(19) 3451-5440 — conhecimento@edconhecimento.com.br
Impresso em Luxcream 70g., StoraEnso